东盟外商直接投资法律制度研究丛书

文莱外商直接投资法律制度研究

谭洁/编著

中国出版集团公司
世界图书出版公司
广州·上海·西安·北京

图书在版编目（CIP）数据

文莱外商直接投资法律制度研究 / 谭洁编著. —广州：世界图书出版广东有限公司，2018.3

ISBN 978-7-5192-4360-9

Ⅰ. ①文…　Ⅱ. ①谭…　Ⅲ. ①直接投资—外国投资法—研究—文莱　Ⅳ. ①D934.422.9

中国版本图书馆CIP数据核字（2018）第038431号

书　　名	文莱外商直接投资法律制度研究 WENLAI WAISHANG ZHIJIE TOUZI FALÜ ZHIDU YANJIU
编 著 者	谭　洁
策划编辑	刘正武
责任编辑	魏志华　李　婷
装帧设计	书窗设计
责任技编	刘上锦
出版发行	世界图书出版广东有限公司 （广州市海珠区新港西路大江冲25号　邮编：510300）
电　　话	（020）84451969　84453623　84184026　84459579
网　　址	http://www.gdst.com.cn
邮　　箱	wpc_gdst@163.com
经　　销	各地新华书店
印　　刷	广州市德佳彩色印刷有限公司
开　　本	787mm × 1092mm　1/16
印　　张	17
字　　数	295千
版　　次	2018年3月第1版　2018年3月第1次印刷
国际书号	ISBN 978-7-5192-4360-9
定　　价	55.00元

前言

preface

2017年5月15日，“一带一路”国际合作高峰论坛举行圆桌峰会，习近平主持会议并致辞。习近平指出，中方主办这次高峰论坛，目的就是共商合作大计，共建合作平台，共享合作成果，让“一带一路”建设更好造福各国人民。希望通过圆桌峰会，进一步凝聚共识，为“一带一路”建设国际合作指明方向，勾画蓝图。“丝绸之路经济带”和“21世纪海上丝绸之路”简称为“一带一路”。早在2013年9月7日，习近平主席在哈萨克斯坦发表重要演讲，首次提出了加强政策沟通、道路联通、贸易畅通、货币流通、民心相通，共同建设“丝绸之路经济带”的战略倡议；2013年10月3日，习近平主席在印度尼西亚国会发表重要演讲时明确提出，中国致力于加强同东盟国家的互联互通建设，愿同东盟国家发展好海洋合作伙伴关系，共同建设“21世纪海上丝绸之路”。“一带一路”不是一个实体和机制，而是合作发展的理念和倡议，它将充分依靠中国与有关国家既有的双多边机制，借助既有的、行之有效的区域合作平台，旨在借用古代“丝绸之路”的历史符号，高举和平发展的旗帜，主动地发展与沿线国家的经济合作伙伴关系，共同打造政治互信、经济融合、文化包容的利益共同体、命运共同体和责任共同体。

东盟是“一带一路”建设的重点和优先地区。中国和东盟将围绕政策沟通、设施联通、贸易畅通、资金融通、民心相通，推进基础设施、自贸区升级版、海洋经济、人文交流等合作，力争把“一带一路”建设打造称中国—东盟战略合作伙伴关系发展的新亮点。中国将文莱视为东盟事务方面的重要国家，尤其是涉及塑造中国在东南亚地区形象方面。因此，中国一直在发展与文莱的商业关系，视文莱为其石油和天然气的主要来源国之一；而文莱当前迫切需要摆脱资源价格下降带来的财政危机，因此该国正在致力于促进贸易发展和投资。文莱政府吸引中国投资是其促进以石油出口为主导的经济进一步多样化的努力的一部分。这与中国为自身利益（包括南中国海问题）而争取东盟国家支持的努力十分契合，因此，中国提出与东盟国家共建“21世纪海上丝绸之路”，得到了文莱的积极配合。2014年9月，广西壮族自治区和文莱工业与初级资源部签署了《文莱—广西经济走廊经贸合作谅解备忘录》，确定双方在农业、工业、物流、清真食品加工、医疗保健、制药、生物医药等领域开展全面合作，这是21世纪“海上丝绸之路”的重要组成部分。2016年4月18日，中国商务部副部长高燕和文莱外交与贸易部常秘林玉辉在文莱首都斯里巴加湾市共同主持召开了中国—文莱经贸磋商第四次会议。高燕副部长充分肯定了双边经贸关系所取得的积极进展，并就进一步深化中文经贸合作提出六点建议：一是加强两国战略规划对接，统筹发展双边经贸关系，适时考虑商签双边经贸合作五年发展规划；二是发掘新的增长点，推动双边贸易稳定增长；三是加强中文产能合作，扩大投资合作规模；四是加强基础设施合作，提升经济合作水平；五是加强两国地方合作，丰富双方合作内涵；六是深化多边经贸合作，促进区域共同发展。双方就能源、金融、农渔业、旅游、基础设施建设、人力资源等领域合作以及“一带一路”建设、区域全面经济伙伴协定（RCEP）、中国—东盟自贸区升级、中国—东盟产能合作和两国地方合作等议题展开了全面讨论并达成广泛共识。

《文莱外商直接投资法律制度研究》一书是在国家推进“一带一路”建设的大背景下完成撰写工作的，内容紧密结合文莱与中国投资合作的现实需求，旨在为中国投资者到文莱直接投资提供法律参考。全书共八章：第一章（文莱外商投资环境及法律制度概述）主要对“文莱外商投资环境”、“‘21世纪海上丝绸之路’视域下的文莱与中国投资合作”以及“文莱外商投资管理体制及法律依据”等内容进行整体勾画；第二章（外商投资企业法律制度）、第三章（文莱投资鼓励与优惠政策）、第四章（文莱劳动法）、第五章（文莱金融法律制度）、第六章（对外资的监管和保护制度）、第七章（中国和文莱的投资协议）、第八章（文莱外商直接投资争端解决机制）是对有关文莱外商直接投资的具体法律制度进行详细阐述。

因水平有限，书中难免存在不少的瑕疵，欢迎各位专家学者指正。借此机会，特向为完成本书撰写工作提供帮助和支持的广西民族大学东盟学院和《东南亚纵横》编委、广西社科院东南亚研究所的马金案老师表示衷心的感谢！

谭　洁

目录

第一章

文莱外商投资环境及法律制度概述

第一节 文莱外商投资环境概述

文莱全名称文莱达鲁萨兰国（Negara Brunei Darussalam）。Negara是马来文，意为“国家”。Brunei一词源于梵文，意为“航海者”，马来人理解为海上商人。Darussalam 是阿拉伯语，英文译为“Abode of Peace”，意为“和平的土地”或“和平之邦”，全名的贴切意思应是“生活在和平之邦的海上贸易者”。日常简称“文莱”。[①]

文莱是东南亚地区的一个有着悠久历史的文明古国，该国最早见于文字记载的是印度史诗《罗摩衍那》，印度人在当时称文莱为“耶婆毗婆”。阿拉伯人在7世纪以前，称其为“坎龙”或“穆贾”。1378年写成的《爪哇史颂》称其为“勃如宁”。在欧洲人绘制的地图中，最早提到文莱的是1595年出版的佛兰芒地理学家墨卡托绘制的地图集，该图集称文莱为Brune，称全岛为Bruneo。欧洲人写的其他早期著作，对该地地名的拼法各有不同，如Borney、 Borne 、Brunai 等。后来，多数人采用Brunei。现在文莱国语即马来语通常也将其写成Brunei。

中国古籍有关文莱的记载，曾有几种称呼，如公元5世纪中叶，中国史籍就有“婆黎”的记载，指的就是文莱。6世纪时的梁朝、隋朝和7世纪到9世纪的唐朝，将该国称作“婆利”。唐朝有时也将其称作“婆罗”。也有称文莱为勃泥或浡泥。13世纪以后的宋朝称其为“渤泥”。到15世纪以后，中国史籍《东西洋考》和《明史》等则称其为“渤泥”或“文莱”、“婆罗乃”。从此中国就一直称该国为文莱。当地华人多将其写作“汶莱”。从我们查看到的有关我国史籍的记载看，对古代的文莱称谓，我国史籍有许多译法，《宋史》作“勃泥”；《诸蕃志》作“渤泥”；《岛夷志》和《明史》作“浡泥”。其实，这3个称谓的第一个汉语拼音字都是“bo”，都可以写成汉字渤、勃、浡，语音相同，只是写字不一样而已。

从投资环境来看，文莱的竞争优势明显，其政治稳定，国家富裕，市场化程度高，税收政策优惠，政策透明度较高，同时地理位置较为优越，辐射东盟东部地区，贸易和投资的风险相对较低。近年来，文莱政府陆续推出一系列措施，努

①马金案、黄斗主编：《文莱国情与中国—文莱关系》，北京：世界知识出版社，2008年，第1页。

力延伸油气产业链，对政府所属企业和公共事业实行私有化，鼓励创新产业和中小企业发展，加大吸引外资力度。未来，文莱油气中下游加工、高新科技产业、清真食品、生物科技、农业和旅游业等多元化重点行业将迎来良好发展机遇。不过，文莱在木地市场规模、劳动力资源供应、产业配套能力以及社会工作效率等方面仍存在诸多不足，总体营商环境仍有待提高。在世界银行《2015年全球营商环境报告》排名中，文莱位列189个经济体中的第101位。根据美国传统基金会（The Heritage Foundation）和《华尔街日报》（The Wall Street Journal）发布的2015经济自由度指数，在全球178个经济体中，文莱的经济自由度排名第40位。根据联合国开发计划署发布的《2014年人类发展报告》，2014年文莱的人类发展指数（HDI）为0.852，位列187个国家中的第30位。

一、文莱自然环境

（一）地理位置

文莱位于亚洲东南部的加里曼丹岛（旧称“婆罗洲”）的西北部，地处北纬4°2′～5°3′、东经114°4′～115°22′之间。北濒南中国海，东南西三面与马来西亚的沙捞越州接壤，两国陆地边界线长381千米，被沙捞越州的林梦分隔为不相连的东西两部分。文莱国土面积5765平方千米，东西最长处为150千米，南北最长处为65千米。海岸线长约162千米，共有33个岛屿，东部地势较高，西部多沼泽地。文莱最高山峰是巴贡山，海拔1841米。四大河流为文莱河、都东河、马来奕河和淡布隆河，其中文莱河、淡布隆河交汇入文莱湾，与南中国海汇成一体。

文莱属于东8时区，没有夏令时，与北京没有时差。

文莱与马尼拉相距约1000千米，与广州和香港相距约1900千米，与新加坡和吉隆坡相距约1200千米。

（二）地形地貌

文莱属于海岛国家，其国土由陆地与海洋两部分构成。海岸线长约162千米。有33个岛屿，总面积为79.39平方千米。大部分岛屿分布在文莱河下游或河口地区。靠近海边的地带是长满红树林的淡水沼泽，约占陆地总面积的10%。近海海底平缓，海水较浅，海面平静，素有“少女海”之称。

文莱的地表是典型的海岛地形，陆地是在第三纪地盘的基础上演变而来的，由砂岩、页岩和黏土组成。

尽管有森林覆盖，但由于文莱属热带雨林气候，终年炎热多雨，因而文莱的非火山岩土壤长期受到雨水较大的冲击，致使土壤受到过滤和流失，长年累月的高温和高降雨量导致地表遭到严重的腐蚀和风化，造成了地层沉降，形成了起伏不平的山脉和险峻的沟壑。由于洪水和河流冲刷山坡，使山坡上的水土流失非常严重，其沉淀物形成了沿海平原。文莱的北部是平原，南部是丘陵。陆地约占总面积的3/4，海洋约占1/4。地势东高西低，西部沿海多为平原，内地多为山地，东部多为沼泽地。其东南与沙捞越交界处的的巴贡山（有的称阿干山）海拔1841米，为文莱的最高山峰。海洋部分，大陆架较长，海底比较平坦，海水也比较浅，一般在18米以下。海面平静。沿海缺乏能避风和深水的港湾，领海内岛屿也不多。潮汐比较频繁，有时一天两次。正由于这种地形和长年累月的雨水冲刷，使文莱内陆河溪纵横，虽然国土面积狭小，但其境内却有几条大河，较大的河流有4条，即马来奕河（也译称白拉奕河）、都东河、淡布隆河（也译称淡布伦河）、文莱河。这些河流发源于沙捞越南部的高原地带，由南向北流向，经丘陵，越平原，入大海。河道曲折狭窄，水流湍急，可航距离较长，入海处多沙洲与冲积平原。马来奕河为文莱最大的河流，发源于文莱和马来西亚沙捞越交界的山区，由东南向西北，纵贯马来奕区全境，最后注入南中国海，全长32千米。河谷为沼泽地，河道已部分疏浚，可以通航。都东河由南往北流经都东区境内，注入南中国海。文莱河也是由南往北流，经过文莱—穆阿拉区，在首都斯里巴加湾市附近流入大海，该河的河水是咸的。淡布隆河发源于淡布隆区南部与马来西亚沙捞越交界处，由东南向西北纵贯淡布隆区，最后流入文莱湾。此外，还有一条林梦河，它主要流经淡布隆区与文莱—穆阿拉区之间的马来西亚沙捞越林梦地区，也是由南向北，在文莱—穆阿拉区境内注入文莱湾。①

（三）气候条件

地处低纬度的文莱属热带雨林气候，常年高温多雨。年平均气温为28℃之间，没有明显的干旱季节，一年中只有3个星期的无雨天气。在这段时间里，天空晴朗，阳光灿烂。每年3月至8月气候炎热，少雨。10月至次年2月，雨量较丰

①马金案、黄斗主编：《文莱国情与中国—文莱关系》，北京：世界知识出版社，2008年，第6-7页。

沛，气候较凉爽。由于文莱地面海拔较高，而季候风对雨量又影响不大，故雨水充沛，有时还会出现倾盘大雨，雨流如注，几小时内河水就急速上涨达100厘米，沿海的年降雨量为2500毫米，内陆则在5000毫米以上。

从地理位置看，文莱地处热带，一般来说气候炎热难受，但由于文莱陆地与大海相连，是典型的海洋国家，经常下雨，而且雨量较多，再加上加里曼丹上空的云层极大地缓和了阳光的直射，故气温不算太高，变化也不大，年平均气温28℃。沿海地区全年平均气温27℃，最高不超过35℃，最低不低过20℃。月温差为2.3℃，日温差为4℃；内陆地区气温还低些，年平均只有20℃，最低时可达12℃。丘陵地带的深夜，有时还有凉意，气候还是宜人的。但由于雨水较多，故湿度较高，年平均相对湿度在67度～91度之间。

（四）自然资源

1. 水资源及其利用情况

文莱属于热带雨林气候，是典型的海洋国家，经常下雨，而且雨量较多，年平均降雨量在2500～3500毫米以上，水资源丰富，不缺水。文莱建设有水库，作为储水，供应居民用水及灌溉田地。而文莱最大问题是国人不注意节约用水，据文莱《文莱时报》2013年12月13日报道，虽然文莱国小民寡，但耗水量惊人，长期将面临水源危机。文莱水源供应主要依靠雨水及地下水，全国共6个水处理厂，每日向全国用户供水1.21亿公升。 6个水处理厂分别为达石水源过滤站（1953年建成，日供水1360万公升）、都东区武吉巴隆水处理厂（2180万公升）、诗里亚水处理厂（5450万公升）水源过滤站、那威水处理厂（110万公升）、拉尤水处理厂（1090万公升）及宋毕林水处理厂（550万公升）。

2. 土地资源及其利用情况

文莱是一个较小的海岛国家，森林面积大和矿产丰富，致使文莱可利用的土地资源不多，特别是耕地面积不多，约占陆地总面积的4%，而且土地贫瘠，不利于发展农业生产。其土地资源主要是用来保持自然生态，以及开辟建设一些工业园区。

3. 生物资源及其利用情况

文莱属于海洋气候的国家，其特点是多雨高温，这种气候有利于植物生长，所以，文莱的植物资源较为丰富，其中以木本植物居多，超过5000多种，树林也有2000多种。沿海一带草本植物和灌木占比重较大，在泥泞的海岸和河湾里生长着红树属植物。森林面积46.9万公顷，属热带雨林，森林覆盖率为78%，有11个森林保护区，86%的森林保护区为原始森林，总面积为2355平方千米，占陆地面积41%，其中有55%为从未采伐过的原始森林。都东、马来奕、淡布隆各河上游广大地区生长的树木质量最好，树身高大，通常在60英尺以上。文莱的树林主要有以下几类：红树林生长在与海平面差不多的低地；常青灌木石南树林通常在海拔不到100米的泥沙冲积的土壤上，但在地势较高的淡布隆区的沙石山坡上也有一些石南树。泥炭沼泽树林沿主要河流两岸的低地生长，它们被海边的红树林和石南树林分割开。混合林紧挨着泥炭沼泽林，一直延伸到海拔4200英尺以上，只在淡布隆的东南部才有这种树。文莱严格实行保护森林的政策，限制森林砍伐和原木出口，实行“砍一树、种十树”和每年10万立方米限额伐木政策，主要满足国内市场需要。总的来说，生态保持良好。

由于文莱森林覆盖面积较大，海岸线长，河流较多，为野生动物提供了生存的良好条件，所以，文莱的动物资源也很丰富，陆地上较大型的动物有象、犀牛、野牛、猿、猴、野猪和鹿等，在河流和沼泽里有鳄鱼，丘陵里有巨蟒、眼镜蛇、狐蝠、松鼠和蜥蜴等。文莱还有很多鸟类，如犀鸟、鹰、野鸡和雨燕。[①]

4. *矿产资源及其利用情况*

文莱国土由陆地和海洋构成，经过地壳长期的变动，使这块土地有着丰富的矿产资源，文莱的矿产资源主要是碳氢化合物，即石油和天然气，其蕴藏量非常丰富。根据2015《BP世界能源统计年鉴》，截至2014 年底，文莱已探明石油储量为11亿桶，占全球总量的0.1%； 天然气储量为3000亿立方米，占全球总量的0.1%。文莱是东南亚第三大产油国和世界第四大天然气生产国，产油量在东南亚仅次于印度尼西亚和马来西亚。按照目前每年开采量，石油天然气可开采30～40年。2010年年底，文莱与马来西亚达成协议，协议规定此前双方存在争议的海上石油区块将归属文莱，因此，文莱石油储量未来将翻番。

除石油和天然气以外，文莱经过勘探蕴藏量较大并具有开采价值的矿产资源还有金、炭、锑、铅、矾土、硅。另外，经过勘探还发现有煤、石灰石、铁、锰、汞、铅、独居石和硅砂等，但蕴藏量都较少。[②]

---

①马金案、黄斗主编：《文莱国情与中国——文莱关系》.北京：世界知识出版社，2008年，第9页。

②邵建平、杨祥章：《文莱概论》.广州：世界图书出版公司，2012年，第8页。

二、文莱政治环境

（一）政治制度

1. 政体

我们从文莱建国以来的情况看，文莱的政治体制是比较独特的。文莱的国家政治体制从苏丹国建立时起，经历了从14世纪苏丹国建立时起到1988年正式沦为英国保护国时止、从1888年到1983年被英国统治的保护国时期和1984年独立以后3个历史时期。尽管经历了以上3个时期的变化，但文莱的国家政治体制的实质并无根本变化。文莱从建国起就实行苏丹专制制度。苏丹为最高统治者，采用世袭制。

文莱苏丹在1984年1月1日在独立时宣告文莱永远是一个享有主权、民主和独立的马来伊斯兰君主制国家。独立以来，苏丹政府大力推行“马来化、伊斯兰化和君主制”政策，巩固王室统治，重点扶持马来族等土著人的经济，在进行现代化建设的同时严格维护伊斯兰教义。国内政局一直保持稳定。

2. 文莱现任国家元首、王储和亲王

苏丹·哈吉·哈桑纳尔·博尔基亚·穆伊扎丁·瓦达乌拉[①]：苏丹、国家元首、首相兼国防部长、财政部长。1946年7月15日生于斯里巴加湾市。幼年在国内受宫廷教育，1959年就读于吉隆坡维多利亚学院（中学）。1961年被封为王储。1966年在英国皇家圣赫斯特陆军学院受训，获上尉军衔。1967年10月5日在其父退位后继任第29世苏丹，翌年8月1日加冕。1984年独立时任国家元首兼首相、财政部长和内政部长。1986年10月改兼任首相和国防部长。1997年2月重新兼任财政部长。苏丹还担任武装部队总司令，并掌握立法大权。

阿尔穆塔迪·比拉王储：系苏丹与苏丹后长子，1974年2月17日出生于斯里巴加湾市。曾在文莱大学和英国牛津大学学习伊斯兰教、文莱历史、政治、经济、文化和外交课程，后到文莱政府部门和企业广泛学习，以了解文莱国情和政府部门运作，培养治国能力。1998年8月，被封为王储。2004年3月，被封为皇家武装部队四星上将。2004年7月与王室宗亲之女萨拉完婚。2005年5月，被任命为文莱皇家警察部队副总督察，同年5月内阁改组时被任命为首相府高级部长。

穆罕默德·博尔基亚亲王：外交与贸易部部长。1947年8月27日生于斯里巴加

---

①邵建平、杨祥章：《文莱概论》.广州：世界图书出版公司，2012年，第121-122页。

湾市，系苏丹大弟。1960年赴吉隆坡维多利亚学院学习，1964年返文莱，就读于赛福鼎学院。1965~1967年，在英国皇家圣赫斯特陆军学院受训。1971年，在伦敦加入爱尔兰卫队，后到英国国防部工作。1984年，担任外交部部长至今。现兼任文莱皇室继承与册封委员会和国家经济发展理事会主席。

3. 议会

文莱立法委员会相当于文莱的议会。立法委员会的职责是审议和通过经苏丹批准的管理国家、维护治安和秩序的法律。事先未取得苏丹同意，立法会议不能讨论涉及某些问题（如财政、王室经费等）的法案、建议和要求；政府提出的某些法案或建议。如果该会讨论这些事项虽未通过，但苏丹认为符合国家利益时，他仍可宣布这些法案或建议为有效。

1962年曾举行选举。1970年取消选举，议员改由苏丹任命。1984年2月，苏丹宣布终止立法会，立法以苏丹圣训方式颁布。2004年7月，苏丹宣布重开立法会。9月，立法会恢复运作，议长卡马鲁丁和21名议员（包括当然议员6人、高官议员5人和委任议员10人）均由苏丹直接任命。2005年9月，苏丹解散立法会，重新任命卡马鲁丁为议长，并任命30名新议员。 2011年2月，苏丹任命伊萨为立法会新任议长，6月，任命新一届立法会议员。

4. 政府和行政区划

本届政府于1988年12月1日由文莱苏丹宣布组成，1989年1月，进行改组。2005年5月，苏丹再次改组内阁，新增首相府高级部长、能源部长、第二财政部长、第二外交部长4个职位，将国家大祭司、总检察长两职位由副部级升至正部级，并首次宣布所有内阁部长以及副部长的任期均为5年。2008年8月和2010年5月，苏丹对内阁略作调整。经过调整以后，内阁有14位部长和8位副部长，包括首相、国防部部长和财政部部长由苏丹兼任，首相府高级部部长阿尔穆塔迪·比拉王储（Crown Prince Haji Al-MUHTADEE BILLAH），外交和贸易部部长穆罕默德·博尔基亚亲王（Prince MOHAMED BOLKIAH），教育部部长阿布·巴卡尔（Pehin Dato Haji Awang ABU BAKAR），卫生部部长阿德南（Pehin Dato Awang Haji ADANAN），发展部部长苏约伊（Pehin Dato Haji SUYOI），交通部部长阿卜杜拉（Pehin Dato Awang Haji ABDULLAH），工业和初级资源部部长叶海亚（Pehin Dato Awang Haji YAHYA），首相府第二财长阿卜杜拉·拉赫曼（Pehin Dato Haji ABD RAHMAN），第二外交和贸易部部长林玉成（Pehin Dato LIM JOCK SENG），首相府能源部部长穆罕默德·亚斯敏（Pehin Dato Paduka

Haji MOHAMMAD YASMIN），宗教事务部部长穆罕默德（Pengiran Dato Seri Setia Dr. Haji MOHAMMAD），内政部长巴达鲁丁（Pehin Dato Paduka Seri Haji Awang BADARUDDIN），文化、青年和体育部部长哈扎伊尔（Pehin Dato Haji HAZAIR），总检察长哈亚提（Datin Paduka Hajjah HAYATI），国家大祭司阿卜杜勒·阿齐兹（Pehin Dato Paduka Seri Setia Haji Awang ABDUL AZIZ）。2015年5月，文莱内阁完成新一轮调整。

文莱全国分区、乡和村三级。全国划分为4个区：文莱—摩拉（Brunei-Muara）、马来奕（Belait）、都东（Tutong）、淡布隆（Temburong）。区长和乡长由政府任命，村长由村民民主选举产生。各区设区长分别负责区内的日常行政事务，由内政部办公室统筹管理。

5. 主要党派

1985年5月30日，苏丹宣布准许政党注册，文莱成立了4个政党，但其中3个因故被取缔或撤销注册，目前仅拥有1个注册政党，即2005年8月31日成立的国家发展党。政党在政治生活中不活跃，政府公务员、军人和警察不得加入任何党派或从事任何政治活动。

（二）对外关系

1. 与联合国等国际组织的关系

在对外关系中，文莱将联合国视为维护世界和平的重要力量，重视联合国的作用和影响，文莱独立后仅1个月（1984年2月24日）就加入了联合国。为庆祝文莱加入联合国，文莱苏丹向联合国儿童基金会捐赠了100万美元。此后又向联合国捐助了200万文莱元（约110万美元），分别用于柬埔寨的战后恢复和波斯尼亚—黑塞哥维那的救援穆斯林工作，还派了一支12人的警察小组参加联合国驻柬埔寨维和部队。1985年6月，文莱加入了联合国的一个专门机构——世界卫生组织。文莱认为，进入21世纪以来，国际形势的变化对国际关系产生了深刻影响，联合国和地区组织应在维护和平、保持稳定和促进发展中发挥作用。文莱支持联合国改革，希望通过改革加强联合国的地位和作用，提高联合国的效率和活力，认为安理会改革应多倾听中小发展中国家的声音，增加发展中国家的代表性。在2006年9月的联合国大会上，文莱外交大臣提出超越政府改革的建议，并重申了对不结盟运动所持立场的坚持。

文莱积极发展与国际组织的关系。文莱既是伊斯兰会议组织成员国，又是亚太经济合作组织（APEC）和亚欧会议（ASEM）成员及英联邦和不结盟运动等国际组织成员国。1993年12月9日加入关贸总协定。1994年4月15日在乌拉圭回合谈判最后文件上签字，成为世界贸易组织成员国。

2. 与欧洲、北美洲及澳洲各国的关系

文莱积极发展同欧洲、北美洲及澳洲的关系，进行政治、经济等方面的合作。1988年1月，文莱—欧共体联合投资委员会宣告成立。同年5月，文莱外长到德国出席第七次东盟—欧共体外长会议，参与讨论了广泛的政治、经济问题。这次会议的成果之一是决定在文莱建立一个联合管理培训中心，由文莱支付600万文莱元（约330万美元）的建筑费用，欧共体则负责提供设备和200万文莱元（约110万美元）的日常开支。这个项目被列入东盟—欧共体联合合作委员会的议事日程。

（1）同美国的关系

文莱重视与美国的关系，1984年独立的当天，美国就在文莱设立了大使馆，文莱则于同年3月在华盛顿设立大使馆。两国关系良好。1994年，两国开始互免签证。双方在军事和石油勘探开采上都有密切的合作。文莱和美国自1995年起，每年都联合举行一次海上备战合作与训练演习，目的是加强双方的合作，促进两国的友好关系，提升参加演习军官的技术与能力。近年来，美国积极发展与文莱的关系。2011年，美国新任文莱大使丹尼尔希尔兹在向文莱苏丹递交到任国书时表示，希望加强两国在教育、军事和商业等领域的交流和合作，如在全球安全课题上合作、增加学生交流和建立新的商业立足点。他鼓励文莱人多到美国进行商业和休闲旅游，文莱是获得美国给予90天免签证待遇的国家之一。7月6日，美国舰艇在文莱参加了国际海上阅兵式，并于9日与日本、澳大利亚在文莱近海海域举行联合军事演习。据文莱《婆罗洲公报》2012年9月7日报道，美国国务卿希拉里6日抵达文莱，对文莱进行其2009年1月21日出任美国国务卿以来首次正式访问。美国国务院表示，希拉里短暂访文，望同文莱苏丹陛下“重塑友好关系”，并开展教育和商业合作。文莱积极参加以美国为主导的于2006年成立的“跨太平洋伙伴关系协定”（简称TPP）。据文莱易华网2010年3月26日美国商务部的统计数字，目前，文莱是美国的第139位贸易伙伴国，美国出口到文莱的物品主要包括飞机、机械、电子机械及汽车。文莱是美国第124个主要供应国，文莱出口到该国的物品主要有编织品、石油、海产、成衣等。[①]

（2）同英国的关系

文莱独立前曾长期为英国的保护国，自1888年起至1983年止的95年间，文莱的外交事务一直由英国掌管。独立至今两国仍保持着密切的政治、军事、经济、司法联系。文莱仍然是英联邦的一个成员国。文莱苏丹·哈吉·哈桑纳尔·博尔基亚在独立前夕就说过，文莱与英国之间有着特殊的关系，文莱独立后将继续维持这种关系。文莱在军事上与英国的联系最为密切，主要表现在：英国帮助文莱培训高级军官，并供应武器装备；文莱独立以来，一直让英军的一个营留驻文莱，负责守卫油田，文莱每年为此向英国支付300万英镑；在文莱皇家武装部队中也有130名英国军事顾问在指导工作。在贸易方面，英国向文莱出口的商品数量仅次于新加坡而居第二位。1992年11月文莱苏丹应邀对英国进行独立以来的首次国事访问。1995年1月，文英双方签署了新的司法安排协议，规定自1995年1月31日起，文莱上诉法庭将成为刑事案件的终审庭，但仍允许民事案件上诉到英国枢密院。1997年2月，英国国防大臣波蒂洛访问文莱，同文莱苏丹和外交大臣进行会谈，双方就文莱购买英武器和英国廓尔喀部队留驻文莱一事达成协议。4月，两国举行历史上规模最大的联合军事演习，参加部队约1万人。1998年4月，文莱苏丹在伦敦出席第二次亚欧首脑会议期间会见了英国首相布莱尔。9月，英国女王伊丽莎白二世对文莱进行国事访问。1999年2月，英国外交国务大臣德里克·法切特访问文莱。2000年，英国国防部总参谋长查尔斯访问文莱。2001年5月，英国安德鲁王子对文莱进行工作访问；8月，文莱苏丹应英国女王伊丽莎白二世邀请参加英海军学院毕业典礼，并被英女王授予英国皇家海军上将军衔。2002年4月，文莱苏丹赴英国参加英国皇太后葬礼；5月，英国国防部高级代表团（副部长级）访问文莱；6月，英国军舰访问文莱，与文莱海军进行常规训练和演习；7月，文莱奥林匹克委员会主席苏弗里亲王与文化、青年和体育部大臣侯赛因赴英国出席英联邦体育部长会议及第17届英联邦运动会开幕式；10月，英国国防部高级代表团再次访问文莱。2004年5月，苏丹会见英国皇家海军参谋长艾伦威斯上将；6月，苏丹在伦敦向英国查理斯王子颁发2004年回教国际奖；8月，英国军舰访问文莱；11月，英国安德鲁王子访问文莱。近年来，文莱仍然保持与

①马金案、黄斗主编：《文莱国情与中国——文莱关系》.北京：世界知识出版社，2008年，第196-197页。

其传统关系国——英国的密切交往与合作。每年，文莱政府高层领导都要访问英国。文莱苏丹于2011年5月3日访问英国，与英国首相卡梅伦会谈，表示将进一步加强双边关系。在教育、卫生、防务及环境保护等领域，两国通过经常的部长级会面不断加强合作。与英国加强教育合作是文莱与英国合作的重点。文莱教育部部长本·哈吉·阿朋于2011年1月9—12日到英国伦敦出席2011年世界教育论坛时顺访英国大学，拜访英国大学科学部长大卫·威勒，讨论文莱与英国教育合作事宜，两国教育部长就改进学生交换计划和年度海外计划以及高等研究领域中的合作进行交流。文莱文化、青年体育部长应英国政府的邀请于12月16日对英国进行访问，与英国讨论加强对文莱留学生的教育问题。在文化和教育上，英国对文莱也有很大的影响力。文莱在外国的留学生有将近一半在英国接受教育。

（3）与欧洲、澳洲其他国家的关系

文莱独立不久就分别与德国（1985年）、法国（1986年）建立了外交关系。加拿大总理特鲁多1983年1月在文莱尚未独立时访问了文莱，是当时除了东盟国家外第一个访问文莱的外国政府首脑。近年来，文莱与加拿大加强了在教育方面的合作，文莱派学生到加拿大深造。

在澳洲，文莱与澳大利亚关系密切。1983年，澳大利亚在文莱设立了一个外交代办点，文莱独立后升格为大使馆。两国之间开展经贸往来，文莱在澳大利亚北部买下了两个大型牧牛场，其总面积比文莱本土还要大。两国之间的军事合作非常密切，每年都举行双边防务会谈，彼此向对方通报各自的长期防务计划。根据1985年11月两国签订的防务合作协定，文莱派步兵连队到澳大利亚昆士兰州的一个地面战训练中心进行丛林战训练，并派文莱军官到澳大利亚的几所参谋学院深造。自1986年9月以来，两国海军定期举行联合军事演习。

3. 与东盟各国的关系

文莱是东南亚的国家，与东南亚各国关系如何将涉及到其国家的根本利益和安全问题，所以，文莱把东盟当作保持东南亚安全与繁荣的可靠支柱，视东盟为其外交基石，积极发展与东盟各国的关系。文莱在1984年1月7日独立之后仅一周即被批准加入东盟，成为东盟第六个成员国。这是该联盟1967年成立以来第一次接纳新成员，而文莱之所以能够如此迅速地被批准加盟，主要是因为其具备加盟的全部资格：在地理上，它处于东南亚地区的核心位置；在文化上，包括宗教、语言和风俗习惯等，也属于马来族；更重要的是，印度尼西亚与马来西亚都已感觉到，为了本地区的安全和稳定，需要文莱参加到东盟这个组织中来。

文莱主张通过东盟实现地区稳定、繁荣与团结，重视维护地区和平、安全与稳定，对区域性经济合作持积极态度，主张各国实行贸易、投资自由化和开展经济技术合作。为此，文莱实施了一系列积极的行动，努力发展同东盟各国的关系。

在与东盟各国的国际交往中，文莱独立后加强了与邻国新加坡、印尼的关系，改善了同马来西亚的交往，巩固了在独立前就与泰国建立起来的外交关系，进一步发展了与菲律宾之间的友好关系。1992年，文莱又与越南建立了大使级外交关系。东盟组织扩大后，文莱与老挝、柬埔寨和缅甸的来往和交流逐渐增多。在1997年发生的亚洲金融危机中，文莱积极援助有关国家，分别向泰国、马来西亚、印尼提供了5亿、10亿和12亿美元双边贷款援助。足见富庶的文莱并没有忘记邻居的困难。目前，文莱的对外活动仍然以东盟为主，每年都有政府高层领导和各个部门领导及各个领域的代表团分别访问东盟各国，保持了政治与经济密切的关系。在区域和全球性重大问题上文莱以东盟成员国的身份与东盟其他国家保持一致。尽管文莱在东盟国家中人口少、资历浅，但仍受到其他成员国的尊重，并以其雄厚财力在东盟机构中发挥着一定的作用。2001年和2013年，在任东盟轮值主席国期间，文莱主办了一系列东盟会议。

2012年11月18日，柬埔寨外交与国际合作部国务秘书高金洪在第27届东盟峰会后举行的发布会上表示，东盟领导人宣布将在2015年12月31日建成以政治安全共同体、经济共同体和社会文化共同体三大支柱为基础的东盟共同体，同时通过了愿景文件《东盟2025：携手前行》。东盟的目标是在2015年年底前建立东盟经济共同体（AEC）。东盟经济共同体的最终目标是让东盟十国之间能够展开自由贸易，自由投资以及劳动力的自由流动。2015年12月31日，东盟轮值主席国马来西亚外长阿尼法发布声明说，东盟共同体当天正式成立。未来，文莱与东盟各国的关系将会更加紧密。

4. 与中国的关系

1984年1月1日，文莱摆脱英国的殖民统治宣布独立的时候，时任中国国家主席李先念和国务院总理赵紫阳分别致电文莱苏丹哈桑，通知中国政府承认文莱政府；同年10月，文莱外交大臣电贺中国国庆。1989年，中国经贸代表团首次访问文莱。1991年9月30日，中国外交部部长钱其琛和文莱外交大臣穆罕默德·博尔基亚亲王在纽约联合国总部签订了关于两国正式建交的联合公报，宣布两国即日起建立大使级的外交关系，两国政府同意在和平共处五项原则和联合国宪章的基础上发展友好合作关系。中文建交后，双方友好和合作关系发展迅速。

两国高层互访频繁。每年均有高级别官员互访，文莱多数内阁大臣都曾访华。以时间为序，1992年7月，中国国务委员兼外交部部长钱其琛应邀对文莱进行正式访问；1993年3月，文莱政府取消对公民访华的限制；1993年6月，文莱外交大臣穆罕默德·博尔基亚亲王对中国进行正式访问；1993年10月和11月，两国先后在对方首都设立使馆，随后双边互派常驻大使；1993年10月，两国正式通航；1993年11月，文莱国家元首哈桑纳尔·博尔基亚苏丹对中国进行国事访问，受到中国政府隆重热烈欢迎，访问期间两国签署了《民用航空运输协定》；同月，文莱投资代表团到中国访问，洽谈在中国投资事项。1993年两国外交部建立定期磋商制度，到2003为止，两国已经举行了10次磋商。1994年文莱苏丹胞妹、外交部无任所大使玛斯娜公主访华。1995年1月，中国国务委员兼国务院秘书长罗干应邀对文莱进行友好访问；7月，副总理兼外交部长钱其琛赴文莱出席第二届东盟地区论坛会议。1996年两国签署了《卫生合作谅解备忘录》。1997年6月，文莱外交大臣穆罕默德亲王应邀出席香港政权交接仪式。1998年6月，中国全国人大常委会副委员长谢非应邀对文进行友好访问。1999年8月22—26日，应中国国家主席江泽民邀请，文莱国家元首苏丹·哈吉·哈桑纳尔·博尔基亚对中国进行工作访问。访问期间两国发表了关于双边合作关系发展方向的《中华人民共和国和文莱达鲁萨兰国联合公报》，签署了《文化合作谅解备忘录》。两国外交部已建立了定期磋商制度。双方在经贸、文化、体育、医疗卫生、民航等领域的交流与合作逐步扩大。进入21世纪以来，两国高层来往更加频繁。2000年，江泽民主席对文莱进行国事访问。2005年4月，胡锦涛主席对文莱进行国事访问。2001年，李鹏委员长访问文莱。2004年11月，温家宝总理在老挝万象出席中国与东盟领导人等会议期间会见文苏丹哈桑纳尔·博尔基亚。2001年，朱镕基总理来莱出席中国与东盟领导人等会议。2011年，温家宝总理对文莱进行正式访问。2013年，李克强总理来文莱出席东亚领导人系列会议并对文莱进行正式访问。其他领导访问文莱的有：吴仪副总理（2005年）、贾春旺检察长（2006年）、中纪委吴官正书记（2007年）、陈炳德总装备部长（2007年）、中央军委曹刚川副主席（2008年），杨洁篪外交部部长（2008年和2012年）、周铁农副委员长（2009年）、葛振峰副总参谋长（2009年）、南海舰队苏支前司令员（2009年）、天津市委张高丽书记（2009年）、戴秉国国务委员（2010年）、华建敏副委员长（2011年）、全国政协陈宗兴副主席（2011年）、回良玉副总理（2011年经停）、全国政协副主席、全国工商联主席黄孟复（2011年）、全国政协主席贾庆林（2012年）、全国政协副主席孙家正（2012年）、解放军副总参谋长戚建国中将（2013年）、王毅外长（2013年）、国务委员兼国防部长常万全上将（2013年）、解放军总参谋长助理陈勇中将（2013年）、解放军副总参谋长王冠中中将（2013年）、国防大学校长宋普选（2013）等先后访问文莱。

值得一提的是，2013是中国与文莱关系史上不平凡的一年，2013年两国确定建立战略合作关系。中国和文莱高层领导及相关部门领导非常重视中、文两国关系，相互交往密切，把两国关系推上了新台阶，各个领域的合作正在不断深入，成果明显。这一年，中国国家主席习近平和国务院总理李克强与文莱苏丹交往密切，把中、文两国关系推上新的台阶。2月28日，文莱苏丹携同主要皇室成员和内阁大臣造访当地华社新春团拜活动，并表示对中国春节的祝贺。3月15日，文莱苏丹分别向习近平主席、李克强总理致贺电，祝贺他们分别当选国家主席和国务院总理。苏丹在致习近平主席的贺电中表示，希望与习近平主席共同努力，进一步加强两国长期友好合作关系和地区伙伴关系。由此打开了中、文两国最高领导人密切交往的序幕。4月4—7日，文莱苏丹对中国进行国事访问。[①]中国国家主席习近平在同来访的文莱苏丹举行会谈时强调，中、文双方要坚持优势互补，加强油气、石化、新能源等领域合作，中方鼓励中国企业积极参与文莱基础设施、农业等领域建设，支持文莱经济多元化发展。双方要加强人民往来，增加互派留学生，推动文艺团组互访和医疗卫生机构交往。两国元首积极评价中文关系发展，决定将中文关系提升为战略合作关系。会谈后，双方共同发表了《中华人民共和国和文莱达鲁萨兰国联合声明》。李克强总理、全国人大常委会委员长张德江分别会见文莱苏丹一行。7日，文莱苏丹出席在海南省举行的博鳌亚洲论坛2013年年会开幕式并致辞。4月22日，文莱苏丹就中国四川省芦山“4.20”7.0级强烈地震分别致电习近平主席和李克强总理，对中国政府和人民表示慰问和支持。5月4日，文莱苏丹在斯里巴加湾皇宫会见到访的中国外交部部长王毅。5月8日，文莱苏丹会见了正在文莱访问和出席第三次中国—东盟国防部长会晤的中国国务委员兼国防部部长常万全。6月20日，文莱苏丹参观正在文莱参与由18国组成的人道主义援助救灾和军事医学联合演练的中国海军“和平方舟”号医院船。7月

①祥林：《人民日报大使随笔：友谊蓄积促成战略合作》[EB/OL].（2013-04-16）[2015-03-10]. http：//opinion.people.com.cn/BIG5/n/2013/0416/c1003-21148932.html。

15日，习近平主席致函文莱苏丹祝贺其迎来67岁生日。习主席表示，多年来，文莱坚持走符合本国国情的发展道路，国家建设取得显著成就，他对此表示诚挚祝贺。10月1日，文莱苏丹兼首相哈桑纳尔分别致电习近平主席和李克强总理，祝贺中华人民共和国成立64周年。10月9—11日，李克强总理出席在文莱斯里巴加湾市举行的第十六次中国—东盟（10+1）领导人会议、第十六次东盟与中日韩（10+3）领导人会议和第八届东亚峰会，并发表讲话。同时对文莱进行正式访问。访问期间，两国发表《中华人民共和国和文莱达鲁萨兰国联合声明》。双方决定进一步深化两国关系，并一致同意加强海上合作，推动共同开发。

与此同时，2013年两国有关部门也保持了密切来往。以时间为序，2013年1月27—29日，文莱皇家武装部队司令阿米努丁少将对中国进行为期3天的访问，28日，受到时任中国国务委员兼国防部部长梁光烈上将会见；1月30日，中国国务院副总理张德江在北京会见来访的文莱外交与贸易部第二部长林玉成；2月24—28日，应中国外交部部长杨洁篪邀请，文莱外交与贸易部长穆罕默德亲王正式访华，2月27日，时任中国全国政协主席贾庆林在北京会见穆罕默德亲王；4月1日，文莱外交与贸易部第二部部长林玉成第三次访华，中国国务委员杨洁篪、外交部部长王毅在北京分别会见来访的林玉成；5月4日，中国外交部部长王毅访问文莱；5月7—8日，中国国务委员兼国防部部长常万全出席在文莱举行的第三次中国—东盟国防部长会晤。6月17日，中国海军“和平方舟”号医院船参加了“10+8”东盟防长扩大会机制首次人道主义援助救灾和军事医学联合演练；中国外交部部长王毅率团参加在文莱举行的第四十六届东盟外长会议、第十四届东盟与中日韩（10+3）外长会议；8月19—21日，中国商务部部长高虎城率团先后出席了在文莱举行的区域全面经济伙伴关系协定（RCEP）经贸部长会、中国—东盟经贸部长会、东盟—中日韩经贸部长会和东亚峰会经贸部长会。会议期间，高虎城还会见了文莱外交和贸易第二部长林玉成；8月21日，中国国家发展改革委副主任杜鹰率代表团来文莱出席东盟—湄公河流域开发合作机制（AMBDC）第十五次部长级会议；8月28日，中国—东盟互联互通合作委员会中方工作委员会主任、商务部副部长高燕和东盟互联互通协调委员会轮值主席、文莱外交和贸易部代副常秘都迪亚蒂在文莱共同主持召开中国—东盟互联互通合作委员会第二次会议；8月29日，文莱外交与贸易部部长穆罕默德亲王出席在北京举办的“中国—东盟特别外长会”，以纪念中国—东盟建立战略伙伴关10周年；8月28—29日，中国国务委员兼国防部部长常万全出席在文莱举行的第二届东盟防长扩大会议会议；11月11—14日，国防大学校长宋普选率团出席在文莱召开的第十七届东盟地区论坛（ARF）国防院校长会议（HDUCIM）；11月13日，文莱外交与贸易部无任所大使玛斯娜公主到北京赴华出席"APEC女性领袖峰会"。这是玛斯娜公主2013年第二次赴华。此外，2013年，一些地方及部门领导也相互访问，中国方面：1月21—23日，中国香港工业与贸易署署长麦靖宇访问文莱。5月23日，中国共产主义青年团中央书记处书记周长奎到文莱参加东盟青年部长会期间顺访文莱。5月24—26日，于2011年11月与文莱斯里巴加湾市结为友好城市的南京市人大常委会主任陈绍泽率团访问文莱斯里巴加湾市。5月19-22日，中国国家邮政局副局长王梅率代表团访问文莱。6月14日，南京师范大学附属中学陈亚君副校长一行访问文莱。文莱方面： 9月3—6日，文莱工业与初级资源部部长叶海亚代表苏丹陛下和文莱政府出席在广西南宁举办的第十届"中国—东盟博览会"。[①]

5. 与其他亚洲国家的关系

文莱与亚洲其他主要国家如日本、韩国、巴基斯坦、印度、尼泊尔等国家，都建立了友好的外交关系。近年来，文莱积极参加地区和国际事务，1999年以来，文莱苏丹每年出席了亚太经合组织领导人非正式会议、东盟领导人会议和东盟与中国、日本、韩国（10+3）领导人会议及英联邦国家首脑会议等。

（1）同日本的关系

日本是文莱的最大经济贸易合作伙伴，是文莱石油和天然气的主要出口市场，文莱每年生产的大部分天然气和一半左右的石油都出口到日本。日本主要向文莱出口工业制品和进行大量投资，如协助文莱建立饲养肉用牛的畜牧场，协助制定造林计划，建立造纸厂和造船厂等，日本还帮助文莱投资局进行海外投资。日本外务大臣政务官菊田真纪子于2011年5月7—8日对文莱进行访问。文莱能源部部长亚斯敏·本·哈吉·乌玛尔于2011年12月13—20日访问日本。能源合作是文莱与日本合作的重点，文莱是日本重要的油气进口国。据文莱《婆罗洲公报》2011年8月30日报道， 文莱苏丹批准日本三井集团在文莱投资28亿美元建设天然气下游综合产业基地。该产业基地选址在双溪岭工业园区内，将建立包括生产氨、尿素、二铵磷酸盐、硫酸铵、三聚氰胺和己内酰胺的6个工厂，生产制造化肥、纺织品和塑料的原料。

①文莱工业和初级资源部部长叶海亚发表主旨演讲. [EB/OL].（2015-09-08）[2016-01-08].http://gx.people.com.cn/n/2015/0908/c373010-26288397.html。

（2）与韩国的关系

1984年文莱独立时，韩国予以承认并要求建立外交关系。1986年7月，文莱外长访问韩国，与韩国外长讨论了发展和加强双边关系的问题，韩国方面答应让韩国的公司参与文莱1986—1990年五年计划中拟定的建筑和农业开发项目。1987年2月，文莱在汉城开设了大使馆。1988年6月，韩国贸促会在文莱首都斯里巴加湾市举办了韩国贸易博览会。

进入21世纪初以来两国之间的贸易发展迅速。韩国出口文莱的商品种类繁多，其中包括汽车。文莱向韩国出口的主要是石油，其生产的石油有17%出口韩国。韩国在文莱的建筑业中有大量的投资，另外，还参与文莱的小型农业开发项目。

（3）与巴基斯坦的关系

文莱与巴基斯坦同属伊斯兰国家，在文莱独立前两国就已有友好往来，巴基斯坦派了顾问到文莱的财务部门帮助工作。1984年2月，齐亚·哈克总统应文莱苏丹的邀请，参加了文莱的独立庆典。在访问期间，两国决定建立外交关系，使现有的友谊得到巩固和发展。1985年3月，巴基斯坦在文莱开设了大使馆。

1992年9月，文莱苏丹博尔基亚对巴基斯坦进行了4天的正式访问，两国领导人同意在教育和农业方面开展合作，并由巴基斯坦向文莱提供劳动力。

（4）与印度的关系

文莱与印度有着悠久的历史关系。根据有关史料记载，远在公元4世纪时，印度人曾来到文莱，并带来了印度的文化影响。文莱独立后，文莱与印度逐步建立了关系。文莱与印度于1984年5月10日建立外交关系，文莱苏丹于1992年9月对印度进行国事访问，两国于1995年2月24日设立双边联合委员会以进一步加强双边合作。两国于1995年签署航空服务协定，进而于1997年8月5日签署在文莱设立一个遥测追踪及指令站的协定。目前，文莱还是印度石油的供应国之一。印度与文莱于2003年开始有原油贸易关系，当年采购了两船原油；2004年，采购量增加到200万桶；2005年7月初，文莱壳牌石油公司与印度第三大石油公司签订了180万桶原油贸易合同，即每天5000桶诗里亚轻质油，占目前文莱日产量的2.5%。2011年9月26日，印度外交事务部国务部长阿哈马德访问文莱，文莱苏丹在会见阿哈马德时表示要进一步加强文莱与印度的双边关系和各个领域的合作。

（5）与尼泊尔的关系

文莱与尼泊尔有着特殊的关系，这是因为驻扎在文莱负责保卫文莱油田的廓尔喀营的士兵全都是尼泊尔人。

1985年9月和1986年初，尼泊尔国王比兰德拉陛下和一个尼泊尔代表团先后访问了文莱，两国决定扩大贸易和旅游业方面的联系。1986年年底，文莱开始按国际市场价格向尼泊尔出售石油。

6. 与伊斯兰世界的关系

由于历史和宗教的原因，文莱非常重视发展同伊斯兰教国家的关系，这是文莱外交政策的另一个基础。文莱独立后不久即成为伊斯兰会议组织成员国。1984年2月，文莱苏丹亲自出席该组织在卡萨布兰卡召开的会议。1987年3月，文莱决定参加伊斯兰开发银行的长期性资助商业计划，以促进伊斯兰各国之间的贸易。伊斯兰会议组织于1989年3月在利雅得召开会议，在会上文莱重申：它坚决支持巴基斯坦人民对其国家所拥有的主权和阿富汗人民决定其未来的权力。文莱同其他穆斯林国家一起呼吁人们谴责引起争论的著作《撒旦诗篇》，并支持“伊斯兰教徒与巴基斯坦人的团结”。基于以上原则，文莱于先后同约旦（1985年3月）、卡塔尔（1992年4月）、阿拉伯联合酋长国（1992年5月）等国家建立了外交关系。自从1984年以来，文莱苏丹及政府各个部门领导都分别访问伊斯兰教国家。

三、文莱经济环境

文莱是世界上最富有的国家之一，2014年人均国内生产总值近5万美元，人均收入在亚洲排名第三。文莱是个以原油和天然气为主要支柱的国家，总产值几乎占整个国家国内生产总值50%。在东南亚，石油储量和产量仅次于印度尼西亚和马来西亚，居第3位。世界银行集团报告指出，在企业经营环境宽松度方面将文莱排在178个国家中的第78名，文莱在法律环境方面排位相对靠前。文莱经济将在2013年增长2.3%，非油气产值有望实现3%增速，经济多元化发展效果将逐步显现。文莱将坚持实施稳健的财政政策并不断加大对非油气产业的支持，文莱经济发展在未来将不断提速，最终实现文莱“2035宏愿”发展目标。

（一）《文莱达鲁萨兰国长期发展计划（2035年远景展望）》

2008年1月20日，文莱首相署经济规划和发展局发布《文莱长期发展计划（2035远景展望、2007—2017发展战略和政策纲要、2007—2012年国家发展计划）》。规划提出，到2035年，文莱将建立起富有活力和可持续发展的经济，并在生活质量和人均收入上进入世界前10名。文莱在第九个国家发展计划（2006—

2010年）里，将支出总额达95亿文莱元来推动826个项目，推进国民经济发展。同时，文莱政府还将增加每年用于发展建设项目的投资，预计2012年的投资金额将达到17亿文莱元，可望带来GDP年平均增长6%的速度。文莱第八届立法会议于2012年3月19日批准了52亿文莱元（约合40亿美元）的2012—2013财年的财政预算。其中，8.1亿美元投入文莱第十个国家发展规划（2011—2015年），该规划主要是为推动文莱经济重心从油气产业转移，实现经济多元化发展，目前，已有1048个项目纳入国家发展规划。据文莱《婆罗洲公报》2014年3月23日报道，文莱政府在2014—2015财年预算中，共支出59.8亿文莱元（约合47.47亿美元），除了保障一般性支出外，主要用于发展经济多元化。

为了更好地解决经济可持续发展问题，在文莱苏丹授意下，文莱于2004年成立了长期发展理事会，苏丹大弟、外交与贸易部部长穆罕默德亲王任理事会主席。文莱长期发展理事会主要任务是制定《文莱达鲁萨兰国长期发展计划（2035年远景展望）》。2008年1月19日，文莱首相府举行新闻发布会，公布《文莱达鲁萨兰国长期发展计划》，计划分三部分："2035年远景展望"、"2007～2017年发展战略和政策纲要"和"2007—2012国家发展计划"。2014年，文莱新设立"2035宏愿"理事会，首相府高级部长、王储比拉任理事会主席，旨在协调政府各部门行动，进行战略和政策顶层设计，以实现宏愿目标。

《2035年远景展望》主要内容如下：

（1）"2035年远景展望"提出了远景三大奋斗目标：到2035年，拥有最高国际标准衡量的受过良好教育和技术熟练的人民；人民生活质量进入全球前10列；充满活力的可持续发展经济，人均收入进入世界前10列。为实现这些目标，文莱将实施由八大战略构成的国家战略部署：教育战略、经济战略、安全战略、机制发展战略、本地企业发展战略、基础设施发展战略、社会保障战略和环境保护战略。

（2）"2007—2017年发展战略和政策纲要"具体阐述了为保障2035年宏愿实现，文莱在今后10年在教育、经济、安全、机制发展、本地企业发展、基础设施建设、社会保障、环境保护等领域需要实施的8个战略方向和50个政策方向：

①教育：实施早期儿童教育；吸取国际先进教学经验；采纳一流的中等教育和高等教育体制，包括发展工商业所需的职业教育、专才教育、技术教育等；加强发展信息产业所需的人才培养和课程；发展终身教育课程，拓宽接受高等教育人群；促进科研和创新；提高教育效率；增进教育机构管理能力。

②经济：保证宏观经济稳定；确保经济高速增长，保证就业；培育强健资本

市场，包括伊斯兰债券市场；出台有利于提高生产力、开放度和竞争力的政策，促进经济竞争力；投资于对提高文竞争能力、出口潜力和就业有帮助的油气下游产业和其他类似产业；投资国际一流的基础设施，吸引国际国内投资，促进出口；根据实际国情，发展能源规划，促进油气下游产业多元化；服务业私有化；对发展本地工商业所需的技术、知识、科研进行投资；促进国际经济双边和多边合作；鼓励妇女平等。

③安全：促进外交、国防和安全部门的紧密协调，确保国家安全；增强安全部队能力，包括国防部队、警察和情报部门；提高军队基础设施和装备的改进；促进执政能力建设；加强突发事件应急处理体制建设；确保文化和社会和谐。

④体制建设：确保现代法制；引进国际先进政府管理经验；建设现代高效公务员制度；精简政府机制；建立独立的公共和私有部门监督体制；确保经济政策的有效性和可执行度。

⑤本地企业发展：引进规划有效的本地企业融资计划，帮助中小城市企业提高竞争力；发展中小城市企业科技孵化中心；提高外资对本地企业的提携作用；鼓励使用本地产品；通过私有化、商业化和政府采购等来增加本地企业机遇；简化政府程序，减少企业成本；确保政府决策和付款迅速。

⑥基础设施发展：提供足够的社会基础设施，特别是公共住宅、卫生保健和教育；健全法制，保障社会和工业基础设施的投资；确保重要政府基础设施项目建设资金；评估政府项目招投标和项目管理机制，确保按时保质完成。

⑦社会保障：为脆弱人群提供经济上可持续发展的社会保障体系；培育提升创业精神和自力更生精神的计划；为私有企业员工提供与公共部门一样的享受社会保障的机遇。

⑧环境保护：继续保护文莱生物多样性、热带雨林和自然生态；要求各产业和工业项目执行最严格环保标准；对建筑物和著名文化遗产建立明确保护指南；对有关公共卫生和安全的环境维护执行严格管理办法；支持国际和区域对跨境和区域环境关注的努力。①

①商务部国际贸易经济合作研究院、商务部投资促进事务局、中国驻文莱大使馆经济商务参赞处.对外投资合作国别（地区）指南——文莱，2015年，第18-19页。

（二）文莱经济结构

随着石油工业的发展，文莱经济结构过于单一的弊端日趋显露。石油、天然气属于不可再生资源，总有一天会开采殆尽。文莱政府已认识到这一问题的严重性，将“改变经济过分依赖石油、天然气的开采生产的单一结构”作为未来经济发展的主要战略措施。文莱政府从国家可持续发展考虑，于20世纪80年代中期就制定了实行多元化的经济发展战略，并于1988年宣布成立一个新的政府部门——工业与初级资源部，负责策划和推动多元化经济活动。进入21世纪以来继续加大实施这一战略的步伐。文莱国家元首苏丹在2003年7月的一次讲话中再一次强调，文莱要改革现行的管理体制，大力提高经济竞争力，以应对新千年的各种挑战，使文莱继续享受和平与繁荣。

文莱调整经济结构的一个重要特点是实行多元化政策，政府鼓励发展的主要领域有：一是石油、天然气的下游产业及能源工业，如炼油、天然气液化、化肥、塑料、化工原料；二是农业开发，这是文莱经济多元化鼓励发展的重点领域，扩大和增加农、林、渔业的生产包括扩大粮食和蔬菜种植面积，增加牛、羊、鸡、鱼、虾的养殖及蛋奶的生产，增加食品的自给率，减少进口。文莱政府在第八个5年计划（2001—2005年）期间拨款9050万文莱元支持农业的发展（占政府拨款总额的1.24%）。提高大米自给率是文莱政府发展农业的一项目标。文莱全国每年需要3万吨大米，98%以上需要进口。为改变这种状况，文莱农业局提出，争取在第八个5年计划期间，把大米的自给率由目前的不足2%提高到4%，达到1300吨。在蔬菜方面，文莱政府的目标是在“八五”期间争取自给率达到94%。2002年，文莱的蔬菜总产量已达8900吨，满足了国内70%的需求；三是鼓励国内外商人在文莱投资、经商，促进中小型私人企业、商业部门的发展，允许外资在高科技和出口导向型工业项目拥有100%的股权；四是推行私有化，逐步将政府管理的电讯、邮政、水电、交通等公共服务部门私有化，以提高服务质量和办事效率，减少政府财政负担。通过推动私有化，实现文莱经济发展朝着由政府主导逐步转向以私营为主导型的方向发展。在这一政策的指导下，文莱加快了其他行业的发展。文莱的建筑业发展较快，成为仅次于油气工业的重要产业。服装业亦有较大的发展，截至2001年年底，文莱已建立12家服装厂，现已成为继油气业之后的第二大出口收入来源。旅游业也是文莱近年来除油业外大力发展的又一产业，每年为文莱创汇5亿美元。据中国驻文莱大使馆经济商务参赞处2011年7月28日发表的调研报道，从2008年以来，为促进经济向多元化方向发展，改变经济过度依赖油气资源的局面，文莱政府积极推行经济多元化战略，重点规划和建设工业区，扶持中小企业发展。中小企业是文莱私营经济的主体，也是文莱发展多元化经济的主要力量。为鼓励支持中小企业发展，文莱政府首先提出要实施3项改革：一是加强行政体制改革，提高政府运转效率和官员责任心；二是改善投资环境，包括提供商业注册便利、修改现有土地政策等，吸引跨国企业投资；三是改变人力资源结构，大力发展职业教育，积极引进国外优秀人才。另外，文莱政府还采取了一系列具体措施。文莱设立了战略发展资本基金，并成立专门委员会，负责重新审查和推介相关政策，以吸引更多外国投资。在这方面，文莱工业与初级资源部和经济发展理事会互为补充，其中前者提供投资优惠政策，如免税、提供工业用地等，后者负责招商引资并为投资活动提供便利。文莱工业与初级资源部为中小企业制定了投资优惠政策，并在工业区及配套设施、中小企业培训服务、财务支持等方面提供了大力支持和保障。文莱经济发展理事会专门为中小企业建立了企业孵化园和信息中心。文莱交通部则设立了年度“文莱信息通讯技术奖”，并由其信息中心主办“Think Big”商业计划大奖赛，均着眼于激励当地企业提高创新能力，并为当地商业人才提供鉴定、培训和展示的平台，以推动本国的信息和通信产业发展。早在2008年1月，文莱政府就宣布启动“文莱2035宏愿”，开始推动经济向多元化方向发展，并争取到2035年使国民人均收入进入世界前10名。2008年以来，文莱政府对中小企业采取了大面积、大幅度的减税计划，仅2008—2009年就减税4.5%，极大调动了国内中小企业和外国公司的投资积极性。经多年努力，文莱经济对油气产业的依赖已开始减少，其他产业在经济中的比例已有明显提高，文莱实施经济多元化战略已初见成效。 明显效果是中小型企业得到了较快的发展，目前，文莱的中小型企业占了文莱国内私人企业界的95%。据文莱经济发展规划局2013年6月份最新统计，到2013年5月，文莱有全国5486家中小企业，其中小型企业共3560家，占65%；中型企业1787家，占33%；大型私人公司仅139家，只占总数的2%。全国私人企业中，4127家设在文莱摩拉区，占总数的75.2%；马来奕区有885家，占16.1%；都东区有390家，占7.1%；淡布隆区84家，占1.5%。

经过多年实施经济多元化战略，文莱经济结构取得了明显的进步。据世界经济论坛2008年10月8日公布的2008—2009年报告，文莱首次参加全球134个国家竞争力排名，列第39位，其中宏观经济稳定性指标排名全球第2。其他排名靠前指标项目包括：劳工市场效能（第16位）、基础设施（第39位）、制度（第41

位）、保健及基础教育（第47位），以及技术应用（第54位）等。据2012—2013世界经济论坛全球竞争力报告，文莱在全球142个国家中排名继续保持第28位。据文莱《婆罗洲公报》2012年11月27日报道，文莱首相署副部长兼经济发展局主席拿督阿里对该报记者表示，2012年，文莱保持既无内债又无外债，同目前世界许多国家面临债务危机且外债总额已超过国民收入相比，经济状况较为可喜。近年来，文莱人均国内生产总值一直保持在近48000美元左右，据《文莱时报》2010年9月20日引自美国《金融杂志》最新公布关于全球182个国家和地区的调查结果，其中文莱以人均GDP为48714美元排名第5位；2011—2013年人均GDP为48333美元；2014年人均GDP近5万美元。

（三）文莱的特色产业

1. 油气产业

文莱油气资源丰富，根据2015（BP世界能源统计年鉴），截至2014年底，文莱已探明石油储量为11亿桶，占全球总量的0.1%；天然气储量为3000亿立方米，占全球总量的0.1%。文莱政府一方面积极勘探新油气区，另一方面对油气开采奉行节制政策。近年来，文莱石油日产量控制在20万桶以下，是东南亚第三大产油国；天然气日产量在3500万立方米左右，为世界第四大天然气生产国。

除陆地油田外，文莱现有冠军号（Champion）、西南文姆巴（Southwest Amba）、费尔里 （Fairly）、费尔里—巴拉姆（Fair1y-Baram ）（与马来西亚共管）、迈格帕（Magpei）、甘纳特（Gannet）、铁公爵（Iron Duke）7个海上油田。文莱90%的石油和商用天然气几乎全部出自上述7个海上油田。海上油田共有46个钻井平台、490多个油井、1300公里海底输油与输气管道。

表1　2009—2013年文莱原油、天然气产量、出口量和价格

单位		2009年	2010年	2011年	2012年	2013年
产量						
原油	千桶／日	167	170	166	159	135
天然气	百万标准立方英尺／日	1140	1208	1256	1230	1201
出口						
原油	千桶／日	148	155	155	151	126
天然气	百万英热单位／日	920240	934860	985204	957647	961393

续表

价格						
原油	美元/桶	64.54	79.27	116.13	117.58	115.07
天然气	美元/百万英热单位	10.46	11.64	16.50	17.69	16.92

资料来源：文莱首相府经济规划发展局

荷兰壳牌集团（Royal Dutch·Shell Group of Companys）最早进入文莱，与文莱政府及日本企业先后成立了四家合资公司，即文莱壳牌石油公司（BSP）、文莱壳牌销售公司（BSM）、文莱液化天然气公司（BLNG）、文莱天然气运输公司（BGC）。

表2　文莱壳牌石油公司及其合资子公司

公司名称	成立年份	合资方	股权构成
文莱壳牌石油公司（CBSP）	1975	文莱政府、壳牌	50%：50%
文莱壳牌销售公司（CBSM）	1975	文莱政府、壳牌	50%：50%
文莱液化天然气公司（BLNG）	1969	文莱政府、壳牌、三菱	50%：25%：25%
文莱天然气运输公司（CBGC）	2005	文莱政府、壳牌、三菱	80%：10%：10%

资料来源：文莱首相府经济规划发展局

道达尔公司（Total Fina Elf E &P Borneo B.V.）1986年开始在文莱经营，1989年与文莱签署包括393平方公里的岸外B区块石油开采协议。1999 年商业化开采成功，所产原油和天然气销售给文莱壳牌石油公司和文莱液化天然气公司加工。2002年初，以道达尔公司为首的国际财团被文莱政府授予了文莱深水J区块的勘探许可证，道达尔公司作为该区块的作业者拥有60%的股权，澳大利亚的BHP Billiton石油公司拥有25%的股权，AmeradaHess公司拥有剩余15%的股权。

2002年壳牌国际的分公司壳牌海外集团以超过10亿美元的价格购下壳牌深海（婆罗）公司（Shell Deepwater Borneo Ltd）。这一并购将壳牌在新西兰、澳大利亚和文莱的油气运营整合起来。壳牌深海（婆罗）公司与Unocal（26.95%）和文莱政府（46.10%）建立的合资公司共同开发A区块（Bendehara Selatan油田）和C、D区块（Laksamana Utara油田以及East Egret油田），它拥有26.95%股份。

除上述公司外，2010年文莱和马来西亚两国已就海上两个争议区块归属问题达成一致，文莱深海区块勘探开发力度将加快，油气储量预期大幅提升。文莱将深海油田划分为两个区块，分别为CA1和CA2区块，多家国际大型公司已参与文莱深海油田勘探开发。CA1区块股份中，法国Total 占54%，澳大利亚BHP Billiton占22.5%，美国Hess占13.5%，马来西亚国家石油公司和美国Murphy各占5%。CA2区块中，马来西亚国家石油公司占45%，美国墨菲占30%，壳牌占12.5%，美国ConcocoPhillips's和日本三菱各占6.25%，该区块预计投资90亿至100亿美元。

文莱致力于到2017年将油气产业本地成分从目前的15%提高到25%，到2035年提高到60%，并实现油气行业岗位本地人占据80%，达5万人。

2. 工业

文莱工业政策是鼓励发展进口替代和出口导向型工业。文莱工业基础薄弱，经济结构单一，多年来主要以石油和天然气开采与生产为主。建筑业在数年前曾发展较快，其收入占国内生产总值的5%，为文莱第二大工业。

3. 农业

随着20世纪70年代油气和公共服务业的发展，很多人弃农转业，使传统的农业受到冲击。现仅种植少量水稻、橡胶、胡椒和椰子、木瓜等热带水果。2014年农业收入在国内生产总值中仅占0.8%。文莱牛肉及制品主要从澳大利亚、印度等地进口。文莱大力扶持国内以养鸡为主的家禽饲养业，鸡肉96%自给，鸡蛋已经实现自给。随着政府大力实施经济多元化战略，农业对GDP的贡献有所增加。但蔬菜、水果、装饰植物、鲜花只能部分满足国内市场需求，而肉类、大米和新鲜牛奶的自给率还非常低，90%左右的食品仍需进口。 为保障国家粮食安全，提高粮食自给率，文莱政府2009年年初制定了农业中长期发展规划，主要目标如下表：

表3　农业中长期发展规划指标（单位：万文元）

	2008年	2013年	2023年
农业加工品产值	4470	1900	4900
畜牧业加工品产值	790	32100	182100
农作物产值	4130	11500	26700
畜产产值	13160	15700	60000

资料来源：中国驻文莱大使馆经商处

在文莱苏丹的亲自督促下，发展水稻种植成为农业领域工作的重中之重，文莱政府提出到2015年达到自给率20%的目标，但目前文莱稻米自给率仅有4%左右。中国、韩国、菲律宾、新加坡、越南等国通过各种形式参与文莱水稻实验和发展项目，但均未取得实质性成果。

4. 林业

文莱森林覆盖率为75%，其中11个森林保护区总面积达到2277平方公里，占国土面积的39%，86%的森林保护区为原始森林。森林保护区分为五类：保护林、主要保护区、次要保护区、再生林区和森林生产区。文莱限制森林砍伐和原木出口，实行以保护为主旨的森林管理政策。从1997年开始，为推动林业长期发展，保护自然环境，文莱实行“砍一树，种十树”和每年10万立方米限额（价值2700万文元以内）的伐木政策（主要满足国内市场需要）。

5. 渔业

文莱有162千米的海岸线，200海里渔业区内有丰富的渔业资源，水域没有污染，且无台风袭击，适宜养殖鱼虾。全国共有50个鱼虾养殖场。文莱政府推行经济多元化发展战略，渔业被列为重点发展领域，文莱目前国内50%渔产品依赖进口，反映其渔业领域发展潜力巨大。政府发展渔业目的之一即减少国家对进口渔产的依赖，进而降低外汇的流失。政府渔业发展政策包括港口设施现代化、设立新渔业设施、提升港口内外设施、提供奖励和培训等。

文莱政府鼓励外资与文莱本地公司开展渔业合作。为促进渔产加工业的发展，政府计划成立贮藏和分销中心以及进出口中心，为加工业提供各种服务。中资企业已经进入文莱渔业养殖领域。文莱政府推行保护海洋渔业资源政策，并大力发展水产养殖业。据渔业局公布的资料，计划至2023年将文莱渔业年均产值提升至4亿文元左右，其中捕捞业1.12亿文元、养殖业2亿文元、加工业0.61亿文元、海洋生态旅游业0.27亿文元。

6. 清真产业

作为推动经济多元化战略的重要举措之一，文莱政府近年来积极打造“文莱清真”品牌，并将其作为首个国家清真品牌推向世界。2009年7月，文莱工业与初级资源部与中国香港Kerry FSDA公司联合设立Ghanim国际公司，作为“文莱清真”专业认证企业，目前其认证领域主要为食品、药品和化妆品，认证内容除原材料供应外，还包括加工制造、包装和仓储运输等。日前，在Ghanim国际公司积极推动下，一批中资企业的产品如杯面、鸡块、薯片、曲奇饼干等已陆续获得“文莱清真”认证标签。文莱政府2000年颁布实施清真肉品、食品、认证及标签等法律和相关法规。2010年1月，文莱政府颁布全球首个清真药品加工标准，并推出一本《清真药品指南》。文莱已成立清真产业创新中心（HIIC），以促进清真认证产业发展。目前，文莱清真产业园区包括农业科技园（Agro-Technology Park）和生物创新走廊（Bio-Innovation Corridor）正大力招商引资。

7. 金融业

1997年亚洲金融危机发生后，文莱经济发展大受影响。政府投资谨慎，鲜有大型项目上马，导致依赖政府投入生存的中小企业发展缓慢。2000年，文莱成立国际金融中心，标志着文莱正朝着银行业、证券业和保险业方面深入发展，为文莱成为本区域金融服务中心的构想打下了基础。一些国际知名银行纷纷在中心注册，发展离岸金融业务，加拿大皇家银行成为在中心注册的第一家离岸银行，花旗银行、汇丰银行等也相继在该中心注册。由于在2008年全球金融危机中凸现规避金融风险方面的独特优势，伊斯兰金融得到了文莱政府的大力推动。2008年，文莱财政部颁布伊斯兰银行法令和伊斯兰保险法令，以加强对金融系统的监管，并通过各种宣传途径向公众灌输伊斯兰金融投资现念。2011年元旦，文莱苏丹宣布文莱国家金融管理局正式启动，负责执行国家货币政策及监督金融体制运作，任命皇储比拉担任董事局主席，2012年元旦正式成立。2014年2月，中国证监会与文莱金融管理局签署了两国证券期货管理合作谅解备忘录。该备忘录是文莱与外国金融与证券管理机构签署的第五份类似文件，标志着文莱金融机构可向中国证监会申请合格境外机构投资者资格并进入中国市场投资。

（四）文莱的税收

1. 税收政策

税收政策作为财政政策的一个组成部分，反映了一国在一定时期内宏观政策的运作方向，税率的高低直接影响着投资者的经营成本。

（1）税务优惠。文莱工业及主要资源部更进一步列出十大项工业，以及这些工业所生产的产品因属于先锋产业和先锋产品而得到税务优惠，包括如下：食品制造（飞机上的各类食品及各种罐头、饮料）；药品制造（各种药品、维生素丸、糖浆等）；建筑材料（水泥）；钢铁材料（制造用各种钢铁、钢条等）；化学工业（防锈剂、杀菌剂、净化剂以及各种清洁剂等）；造船（船的修理及保养）；造纸（薄纸、餐巾纸）；纺织（各种服装）。文莱政府为鼓励在工业产品方面的投资，规定从生产日起享有以下的税务优惠：第一，投资额在25万文莱元以下者，享有2年优惠；第二，投资额为25万至50万文莱元者，享有3年优惠；第三，投资额为50万至100万文莱元者，享有4年优惠；第四，投资额在100万文莱元以上者，享有5年优惠。

（2）豁免缴税。文莱不征收销售税，不征收工资税，出口也不征税。除此之外，投资先进工业产品的公司进口建厂的材料、机械，以及生产原料（只要文莱没有的），也可豁免缴税。文莱不征收个人所得税，不征收个人赢利税，也不征收个人从资本、资产销售中获得的利润税，在文莱的非居民也不征收个人所得税。

（3）税的管理。①税的支付。经估定的税一般在收到估定通知后3个月内缴纳。②税的申报。纳税年度是日历年度，有限公司需提供收入申报书，征税人颁发有限公司征税估定书，征税估定以上年纳税额为基础。

2. 税种及税率情况

（1）公司所得税。在文莱注册的外国或当地的股份有限公司或注册的分公司，都须缴纳公司所得税。经苏丹批准，2015年文莱公司所得税率已下调至18.5%，在东盟地区属较低税率。

（2）自然资源税。石油资源开采税是由所得税法特殊条款规定的。此法仿效中东大多数石油生产国的模式。

（3）印花税。所有的法律文件征收印花税。对某种文件征收从价税，但随文件的性质而有别。印花税率在印花税法中规定。

（4）预扣税。国内公司向非常驻公司借贷，国内公司必须预扣20%的利息税。

（5）国外收入。在文莱注册的公司在文莱收到的国外收入要征税。

（6）土地和财产税。地方当局征收财产税（根据财产多少），租赁土地根据租金多少征税。

总体看来，文莱税种少，税率低，税赋公平，有利于外资的流入。

（五）文莱的金融

近年来，文莱的政治局势稳定，金融环境不断改善，外汇管制宽松，为外国投资营造了良好的环境。

1. 当地货币

文莱货币为文莱元。文莱采用货币发行局制度（Currency Board Arrangement）的汇率政策。近年来，文莱货币对西方主要货币的汇率呈稳定的上升态势。根据文莱与新加坡政府的货币互换协议，新加坡元与文莱元等值流通。人民币与文莱元不可直接兑换。

2. 外汇管理

文莱外汇储备约300亿美元。文莱无外汇限制。银行允许非居民开户和借款。外资企业在当地开立外汇账户须提供公司注册文件及护照复印件等材料。个人可自由携带现金出入境，不需要申报。个人及公司外汇可自由汇出，但须在汇出时说明原因。

3. 银行机构

文莱财政部通过下属的财政研究所、货币局和文莱投资局行使中央银行的职能。货币局负责发行钞票。目前货币供应量年增长约20%。银行利息由银行协会设定。

文莱目前有10家商业银行，其中当地主要商业银行是佰都利银行（BAIDURI）、文莱达鲁萨兰伊斯兰银行（IBDB）和伊斯兰发展银行（IDBBB）；外资银行有美国花旗银行（Citibank）、香港汇丰银行（HSBC）、英国渣打银行（Standard & Chartered Bank）、新加坡华联银行（Overseas Union Bank LTD）、大华银行（UOB）和马来亚银行（RHB）。

2012年元旦，文莱国家金融管理局正式成立，负责执行国家货币政策及监督金融体制运作，相当于文莱央行，皇储比拉担任董事局主席。2014年2月，中国证监会与文莱金融管理局签署了两国证券期货管理合作谅解备忘录。该备忘录是文莱与外国金融与证券管理机构签署的第五份类似文件，标志着文莱金融机构可向中国证监会申请合格境外机构投资者资格并进入中国市场投资。

4. 融资条件

在融资条件方面，新注册外资企业须提供母公司信用情况证明材料。具体融资条件需要和银行协商确定。中资企业需要将人民币兑换为文莱元或相应外汇以用于在文莱开展投资或国际贸易结算，文莱达鲁萨兰伊斯兰银行（BIBD）通过中银香港进行人民币清算。根据世界银行统计数据，2014年文莱存款利率为0.3%，贷款利率为5.5%。

5. 信用卡使用

文莱当地信用卡使用比较普遍。中国发行的VISA卡和万事达卡在当地可以使用。目前，中国银联已与文莱佰都里银行合作，开通银联卡客户在佰都里银行ATM机终端提款业务。

（六）文莱的交通

1. 公路

文莱公路四通八达，路况优良。截至2013年，文莱公路总长3166.9千米。贯穿文莱2/3陆地，长135 千米的摩拉—都东—马来奕高速公路连结首都斯里巴加湾市、石油城诗里亚和马来奕区。主要居民点之间都有现代化道路网连通。

文莱是东南亚地区拥有私车比例最高的国家之一，平均每1.5人拥有1辆汽车，居民出行主要依赖私家车，公共交通不发达。全国共有8条公交线路，105辆公交车辆，45辆出租车；全国有20多家旅行社可提供租车服务，另有20辆出租车专门提供往返机场服务。文莱和马来西亚沙巴和沙捞越均有公路连接，但尚无跨国高速公路建成。文莱车辆左行，没有专门的人行道和自行车道。由于路况较好，车速一般较快，外出步行要格外注意安全。文莱境内没有铁路交通。

2. 空运

文莱国际机场于1974年建成，是文莱唯一民用机场。国家航空公司为文莱皇家航空公司（Royal Brunei Airlines，简称 RBA），创建于1974年，现有4架波音787、4架壁客A320和2架空客A3190，每周有多个航班直达东盟、澳大利亚、中东、欧洲、中国、日本等国家的15个城市。文莱有直航航班飞往中国香港和上海，其中香港每天一个航班，上海每周一、三、五往返。此外，文莱还与其他国家的航空公司开通了代码共享航线。2013年，文莱国际机场进出港乘客171万人次，年货运吞吐量1.62万吨。目前，该机场正在扩建，计划将年载客能力提高到300万人次。

3. 水运

水运是文莱重要的交通渠道。2013年共有各类注册船只1070艘，主要为渔船、小型客运船只和游艇。文莱海运主要目的地有新加坡、香港、吉隆坡和马尼拉等周边码头。

文莱的海港包括：（1）摩拉深水海港，占地24公顷，码头长861米，泊位8个，吃水深度12.5米，另有一个87米长的集料码头。港区有装卸设备、集装箱场地、冷冻设备和水泥密封库。2014年3月，文莱正式启动摩拉港集装箱码头扩建计划，委托咨询公司开展项目设计、规划、监管以及编制招标文件，已于2015年1月开始招标。2013年，摩拉港集装箱码头吞吐量为111817标箱，扩建工程竣工后将拥有最先进的设施，为国际集装箱大型运输船提供货物转载、集装箱卸运、物流及船运衔接等服务。政府目前已拟定8项措施，以全力打造摩拉海港成为区域的优良港口。有关的8项措施如下：一是全力推动航运业发展；二是打造世界级船运服务设施；三是把摩拉港发展成为东盟东部经济成长区的一个区域船运中心；四是鼓励直接船运服务，让摩拉海港与世界各主要港口接轨；五是推动港运后勤服务；六是鼓励快艇载客业务；七是发展货品转运服务；八是推出更多港运服务来增加政府收益。（2）斯里巴加湾市有93米长的商业码头，141米长的海军和政府船舶使用的泊位和40米长的旅客码头。（3）马来奕港可停靠2条船，有744平方米的货仓，1837平方米的露天存货场。（4）诗里亚和卢穆特两港口主要供石油与天然气出口使用。

文莱境内还有几条内河，发挥一定的货运与客运作用。

（七）文莱的通信

文莱已基本完成对全国固定电话网络的改造，全面使用由中国华为公司提供的“下一代网络（NGN）”服务，可与160多个国家直通电话和数据交换服务。截至2013年底，文莱共拥有电话交换线5.6万条，平均每百人14条；国内移动电话用户达46.9万，普及率已达115%，截至2015年已有50万个手机用户。华为与文莱最大的移动通信服务商DST合作开发的4G网络已正式启用。

文莱互联网普及率在东南亚地区位居前列。文莱信息通讯工业局（AITI）最新调查显示，2013年，文莱63%的家庭使用互联网，上网人数占总人口68%，其中，使用固网宽带的家庭占60%，移动宽带32%，拨号上网2%，其他方式6%。文莱正在建设“光纤入户”项目，接入光纤后，固网宽带速度最快可达15Mbps。移动宽带网络方面，最新推出的4G网络上网速度最高可达20Mbps。

文莱政府大力推动电子政务建设和IT技术在教育、培训领域的普及。根据联合国2014年电子政务调查报告，文莱在全球193个经济体中排名86位。2001年文莱开始推行电子政务，2010—2014年文莱政府在信息通讯领域累计投资超过创亿文元发展重点项目，包括建立安全的政府网络、世界领先的数据中心、标准化共享服务及多种政府企业系统等。同时，文莱将会推出“2015—2020数字政府”战略，加强不同部门间合作，以民众和企业需求为导向，提供创新、高效的服务，并建立民众和政府双向沟通平台，使民众能够参与国家政策和其他重大公共事项决策。文莱希望通过提高通讯技术水平配套产业发展，进而实现“2035宏愿”。

（八）文莱的国内市场

文莱物价稳定。文莱中低收入家庭平均收入分别为4661文莱元和3640文莱元。每户居民平均每月支出2735文莱元，其中70％左右用于住房、水电及煤气、交通、食品饮料、家具、家用设备及日常房屋维护等支出。文莱经济计划发展局发布的数据显示，2013年全年消费品价格指数同比增长0.4％。

四、文莱社会文化环境

（一）社会治安

文莱治安状况总体较好，犯罪率较本地区其他国家低，重大恶性案件鲜有发生。近年来受国际环境和国内经济滑坡的影响，失业人数增多，治安状况有所下降，吸毒、盗窃等犯罪活动略有上升。但在文莱政府严厉的打击措施和教导国民加强伊斯兰教修养的双重作用下，总体治安状况仍然保持良好，“和平之邦”名副其实。2013年犯罪率仅为0.8%。文莱无恐怖组织，迄今未发生过恐怖袭击。根据联合国毒品和犯罪问题办事处（UNODC）的统计，2013年文莱共发生谋杀案件2起，每10万人比率为0.5。

（二）人口与民族

根据2013年统计，文莱马来人约占总人口的66%，华人占10%，其他土著人和外籍人占24%。在文莱总人口中，公民29.2万人，永久居民2.8万人，临时居民8.6万人；男性21万人，女性19.6万人。人口密度为70.5人／平方千米。

马来人亦称七大土著：文莱马来人（Brunei Malay）、都东人（Tutong）、克达岩人（Kedayan）、马来奕人（Balait）、比沙雅人（Bisaya）、姆鲁人（Murut）、杜顺人（Dusun）。其他土著人包括伊班族（Iban）、达雅族（Dayak）、格拉比族（Kelabit）。

当代文莱华侨华人社会源于20世纪前期，1913年，英荷壳牌石油公司在文莱马来奕发现大量石油，由于石油的勘探和开采以及随之而来的城市商业的发展，华侨又开始大量地涌入文莱。据统计，从1930年到1960年，华侨人数从2700人急剧增加到21800人。他们主要分布于文莱的市区或郊区以及诗里亚、都东与马来奕等主要城市里。其中华人人数最多的是诗里亚，该地油矿区的华工共有1.1万人。首都斯里巴加湾市的华人约有3000人。在油田工作的华人多数来自香港。他们原籍广东省，其中以揭阳为最多。随着首都所在摩拉区经济的发展，华人逐渐向首都附近城镇迁移。目前华人在文莱经济建设中发挥了重要作用，多数从事建筑、修理、餐饮和销售业，部分华人有较好的经济基础和产业。华侨华人在商业活动中既得到了利益，也为文莱的经济贸易发展和与中国发展贸易关系作出了贡献。截至目前，共有4位华人获圣显（Pehin）封号，该封号在文莱有极高的社会地位和公众认可度。华人与当地马来人相处比较融洽，农历新年即春节，被政府定为重要节日，是公共假日。2008年2月，文莱政府宣布解除了45年之久的爆竹燃放禁令。

（三）教育

文莱的教育方针是为国家创造一个富有效率的教育体制，使所有社会成员全面发展，成为有知识、有修养、有活力、有纪律和有责任心的人，培养他们成为既面向高科技的社会，能够满足国家发展的需要，又富有强烈伊斯兰教和马来民族价值观的人。政府主要从三个方面落实教育方针，即普及双语制（马来语和英语），把“马来化、伊斯兰化和君主制”（MIB）概念列入学校课程，提高和加强技术与职业教育以面对未来挑战。教育部负责研究、制定教育方针并具体实施。

文莱学校分为政府学校和非政府学校。政府学校除宗教学校、阿拉伯文学校、农业培训中心、艺术与手工艺培训中心等专门学校外，均由教育部管理，包括幼儿园、小学、中学、高等学校、成人教育和技术与职业教育学校。非政府学校由民间团体管理，受教育部监督。

截至2013年，全国幼儿园、小学、中学、技术职业学校和教师培训学校、大学的总数为257所。其中幼儿园和小学共196所，政府中学41所，技术和职业学校13所，高等教育学府7所。斯里巴加湾市是文莱的文化教育中心，全国的高等院校集中在该市，市内著名的学校有：创建于1922年的最大的华语学校——中华中学；1956年成立的安德烈英文中学；建于1956年的文莱师范学校；还有文莱达鲁萨兰综合大学和文莱工艺学校等高等院校。

文莱政府重视教育，实行免费教育，并资助留学费用。政府给其公民5岁以上的子女提供免费教育直至上大学，无公民权的文莱常住居民子女上政府学校也只需象征性付费，但华文学校费用由私人负担。9岁以上人口识字率93.7%。对于成绩优良、能考取国外大学的学生，政府通过专门设立的留学基金向其提供留学费用，每年约300名学生接受政府奖学金前往英国、澳大利亚和新西兰等国深造。

（四）文莱的宗教与习俗

伊斯兰教是国教。文莱马来族皆信仰伊斯兰教，属逊尼派。伊斯兰教徒占人口的67%，佛教徒占10%，基督教徒占9%，其他信仰还有道教等。

由于独特的历史、社会和文化原因，文莱宗教色彩和马来民族传统均较浓厚，形成了和谐、委婉、谦恭的马来文化。其基本特征为：重视社会、族群、人际关系的和谐，不采取过激行动；关注弱势群体；重视礼节和传统，循规蹈矩，礼节繁多。文莱重要的风俗习惯包括：

（1）与人握手时，通常把手收回到胸前轻触一下，以示真诚；从有身份的人或长辈面前经过时，要把手下垂并贴着身体，侧身轻步走过；一般不宜主动与异性马来人握手；不要用手去摸马来人的头部或后背，此举被认为将给其带来灾祸。

（2）参观清真寺或到马来人家做客时，进门前要脱鞋以示尊重和清洁，不要从正在做祷告的教徒面前走过，非穆斯林不能踩清真寺内祷告用的地毯；在正式场合，不要翘二郎腿或两脚交叉；不要随意打听隐私，如个人情感、工资收入问题等。

（3）文莱人喜欢别人称呼其尊称。马来人的名字通常由两部分组成，前半部分是自己的名字，后半部分是其父名，中间用bin（意为“之子”）或 binti（意为“之女”）断开。一般男性名字前面尊称阿旺 （Awang），朝圣过的男子通常在名字前加阿旺·哈吉 （Awang Haji）。女性一般在名字前加尊称达扬（Dayang），朝圣过的通常称达扬·哈贾 （Dayang Hajah）。

（4）苏丹和苏丹后称陛下（当面称Your Majesty，不当面称His Majesty或Her Majesty），苏丹妃、亲王、亲王妃、王子、王子妃、公主称殿下（当面称Your Royal Highness，不当面称His Royal Highness或Her Royal Highness），其他王室成员及王室血亲称本基兰 （Pengiran），有封号或励衔的则称其封号或勋衔，主要有圣显 （Pehin）、拿督（Dato），其夫人均称拿汀（Datin）。

（5）左手被认为是不洁的，在接送物品时要用右手；在指人或物时，不能用食指，而要把四指并拢轻握成拳，大拇指紧贴在食指上，招呼人或出租车时也不能用食指，要挥动整个手掌。

中国公民在文莱应尽量做到入乡随俗，处处尊重当地的风俗习惯。

第二节 “21世纪海上丝绸之路”视域下的文莱与中国投资合作概述

一、文莱与中国共同建设“21世纪海上丝绸之路”

2013年9月7日，习近平主席在哈萨克斯坦发表重要演讲，首次提出了加强政策沟通、道路联通、贸易畅通、货币流通、民心相通，共同建设“丝绸之路经济带”的战略倡议；2013年10月3日，习近平主席在印度尼西亚国会发表重要演讲时明确提出，中国致力于加强同东盟国家的互联互通建设，愿同东盟国家发展好海洋合作伙伴关系，共同建设“21世纪海上丝绸之路”。因此，“丝绸之路经济带”和“21世纪海上丝绸之路”简称为“一带一路”。“一带一路”不是一个实体和机制，而是合作发展的理念和倡议，它将充分依靠中国与有关国家既有的双多边机制，借助既有的、行之有效的区域合作平台，旨在借用古代“丝绸之路”的历史符号，高举和平发展的旗帜，主动地发展与沿线国家的经济合作伙伴关系，共同打造政治互信、经济融合、文化包容的利益共同体、命运共同体和责任共同体。“一带一路”的建设不仅不会与上海合作组织、欧亚经济联盟、中国—东盟（10+1）等既有合作机制产生重叠或竞争，还会为这些机制注入新的内涵和活力。

新加坡尤索夫伊萨东南亚研究院（ISEAS–Yusof Ishak Institute）的政治学家穆斯塔法·伊兹丁（Mustafa Izzuddin）指出，中国一直在发展其与文莱的商业关系，视其为石油和天然气的有用来源。伊兹丁表示：“中国还将文莱视为东盟（Asean）事务方面的重要国家，尤其是涉及塑造中国在东南亚地区形象方面。”而文莱当前迫切需要摆脱资源价格下降带来的财政危机，因此该国正在致力于促进贸易发展和投资。文莱政府吸引中国投资是其促进以石油出口为主导的经济进一步多样化的努力的一部分。这与中国为自身利益（包括南中国海问题）而争取东盟国家支持的努力十分契合，因此，中国提出与东盟国家共建“21世纪海上丝绸之路”，得到了文莱的积极配合。中国与文莱、老挝、柬埔寨于2016年早些时候就南海问题达成四点共识的举动也证明了这一点。2014年9月，广西壮族自治区和文莱工业与初级资源部签署了《文莱—广西经济走廊经贸合作谅解备忘录》，确定双方在农业、工业、物流、清真食品加工、医疗保健、制药、生物医药等领域开展全面合作，这是21世纪“海上丝绸之路”的重要组成部分。2016年4月18日，中国商务部副部长高燕和文莱外交与贸易部常秘林玉辉在文莱首都斯里巴加湾市共同主持召开了中国—文莱经贸磋商第四次会议。中国驻文莱大使杨健、使馆经商处全体工作人员以及文莱外交与贸易部、首相府能源与工业局、财政部、初级资源与旅游部、金融管理局、经济发展局等部门负责人参会。高燕副部长首先简要回顾了上一次磋商会以来中文经贸合作情况，充分肯定了双边经贸关系所取得的积极进展，并就进一步深化中文经贸合作提出六点建议：一是加强两国战略规划对接，统筹发展双边经贸关系，适时考虑商签双边经贸合作五年发展规划；二是发掘新的增长点，推动双边贸易稳定增长；三是加强中文产能合作，扩大投资合作规模；四是加强基础设施合作，提升经济合作水平；五是加强两国地方合作，丰富双方合作内涵；六是深化多边经贸合作，促进区域共同发展。双方就能源、金融、农渔业、旅游、基础设施建设、人力资源等领域合作以及“一带一路”建设、区域全面经济伙伴协定（RCEP）、中国—东盟自贸区升级、中国—东盟产能合作和两国地方合作等议题展开了全面讨论并达成广泛共识。4月19日，高燕副部长拜会了文莱首相府部长兼外交与贸易部第二部长林玉成，双方就进一步密切中文经贸关系交换了意见。

二、文莱与中国投资合作的重要领域及成果

（一）农业领域

2007年10月23—25日，中国农业部牛盾副部长率中国农业代表团访问文莱。访问期间，牛盾拜会了文莱首相署高级部长、王储比拉，与文莱工业与初级资源部举行了双边会谈，就加强中文两国在农业、渔业、清真食品、人力资源等领域的合作进行了深入探讨。从2010年开始，中国与文莱实施开展农业合作项目。2010年4月至10月，中国广西玉林市政府和文莱工业与初级资源部农业局开展水稻研发合作试验，该项目取得圆满成功，获得文莱政府的好评，文莱工业与初级资源部部长叶海亚高度赞扬中方技术组勤奋工作、尊重科学、友好合作的精神，对中方试验取得的成果感到振奋，希望中文两国继续在水稻科研和种植领域加强合作，为文莱实现2010年粮食自给20%的目标作贡献。此外，亚洲最大肉牛加工企业长春皓月清真产业园区于2011年8月中旬在文莱成立，现已确定同包括文莱在内的10余个国家企业开展合作。据文莱《婆罗洲公报》2013年9月5日报道，在中

国—东盟博览会期间，来自广西的鸣铭农业有限公司和文莱亚洲企业公司正式签署合作备忘录，未来将合资约330万美元在文莱建设农业产业园。该园区规划面积为80公顷，将分两期建成，每期各占地40公顷。园区内将种植蔬菜、水果和水稻，并同时设有鲜果品尝区和种植示范区。目前，由广西企业实施的“中—文合作研发水稻试验示范项目”、“文莱鸣铭农业产业园”项目在文莱初获成功，试种的10个水稻品种平均每公顷干谷产量6.86吨，大大高于其他国家在文莱种植水稻的产量。农业是中国—东盟自由贸易区建设进程中最早受惠的领域。作为农业大省的广西，凭借区位、资源、技术等优势，南下与东盟“联姻结亲”，双方在农业领域的合作交流不断升级，由最初的人员培训，扩展到优良品种推广，跨境动植物疫病防控合作等。2014年9月17日，广西官方与文莱正式签署《文莱—广西经济走廊合作谅解备忘录》，备忘录中明确写明“中国—文莱农业产业园落户南宁市”。随着“中国—文莱农业产业园”落户南宁市，园区建设地点选定南宁市西北部西乡塘区双定镇，计划用地3万亩，以清真食品园、农产品深加工园、科技研发园、农业观光园、生态健康园和公共服务中心为主要建设内容，预计总投资70亿美元。

（二）渔业领域

文莱有162千米的海岸线，200海里渔业区内有丰富的渔业资源，水域没有污染，且无台风袭击，适宜养殖鱼虾。全国共有50个鱼虾养殖场。文莱政府推行经济多元化发展战略，渔业被列为重点发展领域，文莱目前国内50%渔产品依赖进口，反映文渔业领域发展潜力巨大。政府发展渔业目的之一即减少国家对进口渔产的依赖，进而降低外汇的流失。政府渔业发展政策包括港口设施现代化、设立新渔业设施、提升港口内外设施、提供奖励和培训等。文莱政府鼓励外资与文莱本地公司开展渔业合作。为促进渔产加工业的发展，政府计划成立贮藏和分销中心以及进出口中心，为加工业提供各种服务。文莱政府推行保护海洋渔业资源政策，并大力发展水产养殖业。据渔业局公布的资料，计划至2023年将文莱渔业年均产值提升至4亿文元左右，其中捕捞业1.12亿文元、养殖业2亿文元、加工业0.61亿文元、海洋生态旅游业0.27亿文元。总之，虽然配套环节落后，但是在文莱投资养殖的优势很明显，例如：由于文莱油价有补贴，生产成本很低，捕捞鱼价格也相对较低，像中国国内用作饲料的小杂鱼人民币售价每斤2元，在文莱却仅仅需要每斤0.5元，而且很新鲜，一般都是近海作业，早上出去晚上回来。而且文莱还没有大规模养殖，没有病害传播，加上新鲜、优质的饵料，养殖出来的都是健康绿色水产品。

中资企业已经进入文莱渔业养殖领域。国泰（文莱）海洋生物有限公司（前身为金航（文莱）海洋生物有限公司）是根据广东省海洋与渔业局和文莱渔业局签署的合作谅解备忘录，由双方指定企业合资在文莱组建的股份制有限公司。合作公司经营范围主要是依托文莱海域优良的水质及气候条件，大力开展深水网箱养殖、海洋生物开发、水产技术培训、清真水产品加工及国际贸易等业务。该项目是目前广东企业直接“走出去”投资最大的水产养殖项目，也是运作得最成功的广东与东盟水产养殖合作项目之一。虽然文莱海域宽阔、水质优良，水产养殖业是文莱经济多元化发展战略的重要领域，但当时文莱境内只有为数不多的传统浮式渔排，水产养殖业产量较低，而产量高、效益好的深水网箱养殖方式尚未开始；广东企业在深水网箱养殖方面具有丰富的经验及雄厚的技术、经济实力，这些深海网箱都是中国深圳深水网箱科技有限公司制造、安装的，比本地用浮桶和木板搭成的普通浮排抗风浪冲击能力更强，而且双走道的设计可以方便工人作业。正是基于以上两个前提条件，促成了中文渔业合作深海网箱养殖基地的建设。金航（文莱）海洋生物有限公司深水网箱养殖项目于2009年11月11日正式启动。当天，中文双方企业在中国农业部副部长张桃林、文莱工业与初级资源部部长丕显·拿督·叶海亚、中国驻文莱大使佟晓玲，以及广东省海洋与渔业局有关官员的见证下，签署了有关合作协议。11月15日，中文合作深水网箱养殖基地启动及海上放苗仪式在文莱摩拉港举行，文莱工业与初级资源部长叶海亚及中国驻文莱使馆孙向阳代办出席活动。2010年4月，第一批金鲳鱼苗和龙虎斑鱼苗下水投放。半年后，第一批养殖金鲳鱼上市供应文莱市场。文莱工业与初级资源部部长叶海亚出席中国与文莱合资的金航（文莱）海洋生物有限公司收鱼仪式，高度赞赏中国先进的渔业养殖技术，并希望更多的中国企业来文莱投资兴业。此外，根据广东省渔业局与文莱渔业局签署的合作谅解备忘录，2010年5月15日，中文合作深水网箱养殖基地启动及海上放苗仪式在文莱摩拉港举行，计划依托文莱海域优良的水质和气候条件，大力开展深水网箱养殖、海洋生物开发、水产技术培训、清真水产品加工等业务。按照合作协议，至2011年年底，合作公司将投资395万美元，投放圆形深水网箱10组40口，计划年放养老虎斑、金昌鱼等名贵鱼种25万条，年产量达350吨。2011年3月10日，文莱渔业局与广西水产畜牧兽医局签署了一项关于生蚝养殖的渔业合作备忘录。双方表示，在备忘录签署之后，将继续落实在文莱养殖生蚝的项目，争取在短期内开始在文莱湾水域试养生蚝。2012年10月，首批45吨石斑鱼出口中国香港，文莱本地养殖的渔产品首次实现对外出口。当时，金航公司在文莱摩拉港水域举办深海养殖石斑鱼首批出口香港庆典仪式。此次仪式是文莱项目3年来第一次用活水船整船将活鱼运回中国，标志着合作项目取得实质性成果，对于推动中文渔业合作的深入开展、促进互利双赢具有重要意义。2016年7月，文莱天然资源和旅游部长称，一个与文莱政府有联系的公司已与总部设在中国的广西海世通食品股份有限公司签署协议，在文莱佩隆岩地区成立一个水产养殖场。海世通董事长刘西磊与文莱渔业部执行主任阿卜杜勒・哈利迪・萨利赫也为合资公司研发中心签署了租赁合同。通过采取这一举措，文莱希望大型水产品企业海世通进入当地市场，并为其吸引更多国际投资者。一处位于利特代尔暗沙，占地4624公顷的场区目前也正在接受投资申请。

（二）能源领域

中文两国政府支持双方在能源领域合作，2013年10月11日上午，中国国务院总理李克强在文莱同文莱苏丹举行正式会谈。会谈后，两国领导人共同出席了《中华人民共和国政府与文莱达鲁萨兰国政府关于海上合作的谅解备忘录》、《中国海油和文莱国油关于成立油田服务领域合资公司的协议》等双边合作文件的签字仪式。双方同意根据签订的协议，支持两国相关企业开展海上共同开发、勘探和开采海上油气资源。在此之前，中国与文莱已经开始展开能源合作。据文莱《婆罗洲公报》2011年11月24日报道，文莱能源部部长表示，中国能源需求巨大，文莱愿意与中国加强能源合作，将来对中国原油出口数量将从目前的每天1.3万桶增加到1.6万桶，并积极吸引中国能源企业来文莱投资设厂。除已确定投资文莱的浙江恒逸集团外，中国在太阳能和风能等可再生能源领域市场巨大，也是与文莱加强合作的领域之一，中国庞大的石油服务业也给文莱采购和合作提供了众多选择。2011年7月3日，文莱经济发展局宣布，文莱苏丹已批准中国大型民营企业——浙江恒逸集团在文莱大摩拉岛建设大型炼化厂项目的一期工程。一期工程投资约25亿美元，将部分使用文莱的原油和凝析油生产汽油、柴油、航油（日加工能力约13.5万桶，部分将供应文莱国内市场）以及纺织生产所需的化工原料——二甲苯（PX）和苯。如一期工程执行效果满意，再经苏丹批准，浙江恒逸集团将增资35亿美元用于炼油厂二期扩建，生产塑料制品的原料——烯烃。炼化厂总占地260公顷，两期投资将达60亿美元，成为中文两国建交以来最大的合作项目。据文莱《联合日报》2013年3月14日报道，文莱第二财长拉赫曼13日在第九届立法会上表示，本地油气下游产业未来有望蓬勃发展。其中，中国恒逸石油炼化项目为文莱最大外资投资，一期预计投资43亿美元，于2015年开工，若进展顺利，未来将每年给文莱GDP贡献20亿美元，为本地创造800个就业机会，并带动周边服务业发展，该投资项目将大幅带动文莱GDP增长。据中国驻文莱大使馆经济商务参赞处网站2014年5月5日报道，文莱中海油服合资有限公司在完成企业注册手续后于5月初顺利召开了第一次董事会会议，审议并通过了2014年合资公司运营管理计划，从而标志着中国与文莱在油气开采领域的合作正式启动。该公司由中海油田服务股份有限公司与文莱国家石油服务公司共同出资成立，是中海油服首家境外投资企业。公司将为文莱Champion油田建造6座新平台，包括4座井口平台、1座钻井平台和1座天然气压缩平台。中海油服负责为合资公司提供技术指导，并协助培训当地员工。

（三）基础设施投资领域

近年来，中国有关公司积极参与文莱基础设施投资合作，从实施的情况看，已经取得良好效果。根据中方统计数据，2010年，中国对文莱投资额928万美元。截至2010年年底为2665万美元，呈现上升趋势。累计至2010年，文莱对中国投资合同总额已达56.47亿美元。中国企业进入文莱承包工程市场较晚，规模不大，但开局良好。根据中国商务部的统计数据，截至2010年6月底，中国在文莱承包工程合同额累计2.15亿美元，营业额1.35亿美元。2009年以来，一些中国企业结合自身优势，积极开拓文莱建筑承包工程市场并取得突破。目前在建项目主要包括中水电集团的文莱都东水坝项目、中交集团三航局下属兴安基建筑工程有限公司承建的都东区德里赛至马来奕区鲁木的高速公路（全长18.6千米，该项目合同金额6200万美元，施工工期4年），负责75%以上的建设项目、中铁二局的房建项目等。据文莱主要电信运营商TelBru公司宣布，中国华为公司将承建其“光纤到户”宽带网络项目。据介绍，该项目将可为全国范围的用户提供高速上网、高清电视等超宽带服务，传输速度最高可达150Mbps，而目前文莱宽带速度仅为1Mbps。根据双方协议，华为公司将采用端对端“交钥匙”的方式，提供从网络设计、设备供应到施工管理的一揽子解决方案。以上这些项目是近年来中国企业在文莱中标的大型承包项目，对深化中文经贸关系、扩大中国企业在文莱的影响力具有重要意义。2015年9月，中国建筑工程总公司正式签约文莱淡布隆大桥CC4

标段，该项目为EPC总承包合同，项目业主为文莱政府发展部，项目合同额4.48亿文莱币，折合约3.3亿美元。文莱淡布隆跨海大桥全线长约30千米，跨越文莱湾，是连接文莱穆阿拉区和淡布隆区的海上大通道。中国建筑中标的CC4标段项目路线全长11.8千米，主要工程为长11千米高架桥、跨越Sungai Labu 河主跨为100米的预应力混凝土连续梁桥。

（四）金融领域

2010年1月12日，中国银联股份有限公司驻新加坡代表处首席代表杨建民和文莱佰度里银行（BAIDURI BANK）副总经理郑永辉（Mr.Ti Eng Hui）商定关于中国银联在文莱开通银联卡服务业务。今后双方还将进一步合作，为文莱本地持卡人在中国境内消费提供便利。3月3日，文莱香港汇丰银行商业部决定为文莱银行客户提供以人民币作为贸易往来结算货币的服务。文莱香港汇丰银行可为客户与上海、广州、深圳、东莞和珠海的企业，以人民币作为贸易往来结算货币。2011年4月26日，文莱佰都利银行（Baiduri Bank）与中国银联合作发行文莱第一张银联卡。5月19日，中国德信无线通讯科技有限公司宣布将向文莱电信运营商Brunei Telecom提供WCDMA/GSM 3.5G安卓（Android）智能手机。6月20日，文莱首相署副部长阿里在第七届亚洲资产管理圆桌会议上提出，文莱将把投资人民币列入计划，以减少今后文莱资产因美元汇率波动而受的影响。11月21日，中国国家开发银行与文莱最大的伊斯兰银行在文莱首都斯里巴加湾市签署《双边合作协议》，根据协议，双方将深入在提供信用设施、国际贸易结算、项目融资、人力资源培训及资讯交换等领域的研究加强合作。该协议是温家宝总理2011年11月20—21日对文莱进行国事访问的重要成果之一，也是双方在2010年10月20日签署“成立中国—东盟银行协会”框架协议后展开的后续行动之一。随着中国经济和对外贸易的迅速发展，人民币国际化将给银行业带来巨大机遇。2013年8月27日，文莱渣打银行（Standard Chartered Bank）人民币业务启动仪式，该银行于2013年8月28日起正式开办人民币业务。渣打银行是继汇丰银行之后第二家在文莱提供人民币储蓄和投资服务的银行，也是文莱目前为止提供人民币业务服务最完备的银行。2014年2月17日，中国证监会副主席刘新华与文莱金融管理局董事经理拿督罗斯里在文莱帝国酒店签署了两国证券期货管理合作谅解备忘录。该备忘录是文莱与外国金融与证券管理机构签署的第五份类似文件，标志着文莱金融机构可向中国证监会申请合格境外机构投资者资格并进入中国市场投资。这一举措将有助于双方加深相互了解，促进两国金融领域信息交流，从而推动中文金融监管交流与合作。据英国《金融时报》2016年4月报道，中国银行（BOC）已获准在文莱开设一家分行。这是中国金融机构首次在这个拥有丰富石油资源的苏丹国建立业务，也是朝着实现扩大在东南亚影响力的目标迈出的又一步。中国银行将这一决定与“一带一路”（One Belt， One Road）战略联系起来。中国银行在声明中表示，“一带一路”是中国计划沿着横跨欧亚大陆和环东南亚地区的传统路线建设基础设施并加强贸易的战略。“文莱位于一带一路沿线，具有政治稳定、地理优越及基础设施完善等优势”。报道称，中国四大行中国际业务规模最大的中国银行表示，在文莱开设分行是实现其在东盟十国机构全覆盖的行动的一部分。

（五）文化教育领域

在庆祝中国和文莱建交15周年和文莱苏丹60华诞时，两国民间进行了一系列纪念活动，文莱政府还邀请了中国人民解放军军乐团和山东省曹州武术队于2006年7月21日至8月2日到文莱参加2006年文莱国际军乐节的演出，共进行了4场正式演出、3场路演和8场彩排，所到演出受到了文莱各界人士和民众的热烈欢迎。2007年4月11—14日，应文莱交通部长阿布巴卡尔Pehin Abu Bakar邀请，信息产业部副部长蒋耀平率团访问文莱。此访的目的是与文方探讨进一步加强和扩大中国与文莱、中国与东盟在信息通讯领域的合作和交流，探讨落实中国和东盟各成员国签署的《落实中国—东盟面向共同发展的信息通讯领域伙伴关系北京宣言的行动计划》，推动探讨实施中国—东盟信息高速公路项目。4月18日，首届中国教育展览会在文莱首都斯里巴加湾市举行，来自中国大学的代表团举行教育展览会，以促进两国教育领域的交流与合作。2008年4月23日，由文莱大学语言中心和中国驻文莱大使馆共同主办的首届“中国语言与文化周”在文莱大学举行开幕式。10月12日，中国国务院侨办组派师资讲学团飞抵文莱，为全文莱8所华校华文老师进行为期20天的师资培训。10月8日，上海20多名中小学校长、教师访问文莱考察文莱教育发展。11月15日，在文莱举行了“广西电视展播”活动。11月21日，由中国驻文莱大使馆，文莱文化、青年与体育部和文莱—中国友好协会共同主办的云南临沧民族歌舞团首场演出在文莱国际会议中心举行。以上活动为文莱公众提供一个了解中国文化的机会，进一步加深两国、两国人民之间的了解和友谊，推动两国关系的全面发展。2009年9月28日，在中华人民共和国成立60周年前夕，中国驻文莱大使佟晓玲就新中国60年成就，相继接受文莱最大英文报《婆罗洲公报》（Borneo Bulletin）、主流英文报《文莱时报》（The Brunei Times）、最大华文报《联合日报》（United Daily News）和文莱国家广播电视台（Radio Television Brunei）采访。以上文莱媒体根据佟大使的介绍，报道了中华人民共和国成立60年来取得的成就和近年中文关系在政治、经济、防务、文化、教育等领域交往的情况。年内，文莱国家广播电视台（RTB）派遣一支摄制组赴中国拍摄纪录片，纪念渤泥王加那（苏丹·阿卜杜勒·马吉德·哈桑）访华60周年，以此宣传文中悠久的交往历史。文莱—中国友好协会赞助文莱电视摄影队赴沙巴古达拍摄中国古代沉船遗迹等，谱写完整中国与文莱的悠久历史交往事实纪录。由文莱博物馆、历史中心及文莱电视台合作进行的文莱—中国友谊轨迹专题节目录制于2009年6月完成在各地的摄制工作，并在2009年7月完成后期制作，配合文莱苏丹63华诞庆祝活动播出。文莱—中国友好协会会长哈芝卡玛鲁汀博士表示，希望通过这个电视纪录片的部分行程，让文莱民众更了解文莱与中国悠久的友谊历史，同时进一步提升两国政府和民间的交流合作关系。文莱达鲁萨兰大学和文莱理科学院于2009年8月11日在中国贵阳举行的 “第二届中国—东盟教育交流周”中，分别与海南大学和贵州大学签署合作意向书，就人才培养、学生流动、学分互认、加强学术交流、扩大语言教学合作等进行交流和合作。文莱达鲁萨兰大学也表示欢迎更多的中国学生到该大学学习深造。据介绍，现在文莱达鲁萨兰大学学习的中国留学生只有8名，另外有一些中国学生仅参与一年的交流生学习。2009年有 4 位中国志愿者教师赴文莱中华中学执教。2013年2月1日，文莱摄影协会在都东区举办题为“民族文化的和谐—中国苗族和文莱杜孙、伊班族摄影展”。文莱摄影协会主席优素福在致词中表示，文中两国少数民族之间在文化和日常生活方面有许多共性，希望此次摄影展可以增进两国人民的相互了解，促进两国文化交流。2012年10月，文莱摄影协会11名会员应邀赴中国贵州进行拍摄活动。此次摄影展展出他们在中国和文莱拍摄的照片共72张，照片内容主要反映的是中国苗族和文莱杜孙、伊班族的民族文化和日常生活。2013年2月20日晚，由中国海外交流协会、广西海外交流协会、中国驻文莱大使馆共同主办，文莱福建会馆协办的“文化中国·四海同春”文艺演出在文莱杰鲁东公园半圆形剧场隆重上演，为文莱华人华侨和民众献上了一场极具中国特色的歌舞盛宴。4月23日，在文莱大学语言中心举行中文两国外交部互惠培训的中国外交官结业典礼。10月30日下午，由中国驻文莱大使馆、文莱大学和中国援文志愿者服务队共同主办的“中国文化节”活动在文莱大学医学院礼堂圆满举行，文莱各大中小学校长等出席了此次活动。此次文化节活动主要由中国23名援文志愿者教师具体承办，并获得文莱大学学生会的大力支持，同时还邀请到文莱书法、武术和围棋协会等多家社团的积极参演。活动主要内容包括以访谈方式介绍北京、珠海、沈阳3个中国城市，分板块介绍、表演并现场体验武术、书法、中医按摩和围棋等中国传统文化，全程用英语进行，近200名文莱师生和社会各界人士到场观看并参与互动，现场情绪高涨，气氛热烈。文莱与会师生在活动后纷纷表示，此次活动办得很精彩，使他们第一次近距离、系统地体验到博大精深的中国文化，印象非常深刻，感觉很震撼，期待参加更多的类似活动，并希望今后有机会去中国参观、旅游、学习。文莱主要媒体到现场进行了详尽的采访报道，中国广东省珠海电视台专程派摄制组来文采访了此次活动。通过这次活动在文莱掀起了一股中国文化热。11月22日上午，中国华为科技（文莱）公司同文莱中华中学在文中举行《支援和赞助伙伴关系合作备忘录》签署仪式。根据该协议，华为（文莱）公司将同“文中”建立战略合作伙伴关系，为学校提供科技资讯支持和帮助。在华为公司帮助下，“文中”无线网络条件将大为改善，实现全校覆盖，无线上网速度将增加400%。“文中”为私营学校，现有在校生逾3100人，为全文莱最大的基础教育学校。苏丹·沙里夫·阿里伊斯兰大学副校长对中国驻文莱大使说，中国文化深受文莱人民喜爱。穆罕默德先知的圣训中有一句“学问在中国，尔等应远行求之”，就是告诉穆斯林要学习中国文化。随着“中国热”的兴起，学习汉语和中华传统艺术成为文莱的新时尚。文莱有8所华文学校，在校生5000余人。非华裔学生基本占总数的20%以上甚至更高。文莱每年有数百人参加汉语水平考试，其中有小学生，也有年逾古稀的老人。文化上的相互认知与密切交流把中文人民的心紧紧连在一起，为两国关系的长远健康发展奠定了坚实的民意基础。根据中文两国政府间协议，2013年，中国商务部和中国青年志愿者协会共同向文莱派遣23名青年志愿者教师，分别在文莱大学、文莱理工大学、文莱体育学校和其他学校及中学开展为期一年的医学、汉语教学和体育教学及辅助研究等工作。同年12月12日，首批志愿者圆满完成在文莱为期一年的教学和研究工作回国。此外，由恒逸集团资助与推动的浙江大学与文莱大学石油化工合作班旨在合作培养石油化工人才，已有27名文莱大学留学生先后来到浙大学习，第一批来华的13名文大留学生于2015年7月完成在浙大的学习生活返回文莱，第二批来华的14名文大留学生已进入浙大化工学院进行为期一年的石油化工专业课程的学习。文莱财政部副常务秘书哈吉阿布·巴卡尔高度评价了文莱大学、恒逸集团与浙江大学间的交流与合作，对三方联合培养石油化工人才项目给予了充分肯定，并希望以此为契机，拓展文莱与浙大在其他领域的交流与合作。同时，他对浙大和恒逸在文莱化工人才培育上投入的支持与努力表示感谢。

（六）旅游业

旅游业是文莱近年来除油气业外大力发展的又一产业。政府成立文莱旅游发展委员会，指导旅游业的发展。文莱主要旅游景点有独具民族特色的水村、赛福鼎清真寺、杰米清真寺、杰鲁东公园等，位于谈布隆的热带天然林区是也是目前文莱推介的主要旅游项目之一。根据国际业界同行评价，文莱旅游资源丰富且质量较高。超过90%的来文游客都对文莱文化和自然景点饶有兴趣，其中51%的游客参观过王室陈列馆，20%到访过文莱博物馆，9%到访过马来科技博物馆，7%到访过油气探索馆，6%到访过水村文化旅游馆，4%到访过淡布隆乌鲁国家公园等。上述景点均是文莱旅游发展规划中的重点项目。文莱2013年共接待26.81万名外国游客，同比增长5%，其中22.49万人乘航班来文，4.32万人乘坐游轮。乘坐国际航班来文的外国游客中，来自东盟的游客最多，占53.46%；马来西亚游客5.75万人，占25.56%；中国游客3.05万人，占13.6%。文莱工业和初级资源部常任秘书莫哈末里察说，文莱旅游业的发展将主打自然环境、民俗文化和宗教传承3张牌。根据规划，发展旅游业将为社会创造2000个工作机会。文莱工业与初级资源部部长叶海亚日前向媒体透露，为发展文莱旅游，该部确定了7大发展动力、13个领域和69个项目。7大动力包括户外、文化和伊斯兰旅游、健康、海上、教育、商业等。69个项目包括升级现有博物馆、导游培训等。中国广东省4家旅行社与协会已于2013年6月28日与文莱3家旅行社签订合作协议，两国同步作出努力，吸引各自的旅客到访对方所属的地区。签约方包括，来自中国广东的广州广之旅国际旅行社股份有限公司、广州地区旅行社行业协会、深圳海外国际旅行社有限公司及港中旅深圳招商国际旅游有限公司，他们分别与文莱的美爵之旅旅行社、飞美旅行社有限公司及天乐旅行社签订了协议。在上述合作协议下，双方将主要就3个环节共同努力，包括在各自所在地推介对方的旅游景点、招揽及组织旅游团前往对方的旅游景点旅游，从而刺激两地的旅游发展。2015年5月，文莱工业与初级资源部部长叶海亚率团出席2015中国—东盟博览会旅游展。国家旅游局局长李金早在桂林榕湖饭店会见了叶海亚一行。李金早说，近年来，中国到文莱旅游的游客数量呈大幅增长态势，文莱也为中国游客提供了热情周到的服务，希望文莱能够进一步提升针对中国游客的便利化程度，在景区、酒店、餐厅、机场等公共场所增加更多中文标识，培训导游的中文水平，吸引更多中国游客到文莱观光游览。通过2015中国—东盟博览会旅游展这一平台，加强文莱与中国的旅游合作，增进彼此的友谊。叶海亚表示，中国是文莱重要的客源市场，中国游客在文莱入境游客中所占比重也越来越大。文莱与中国曾签署了旅游合作备忘录，大家共同努力加强双边合作。目前，文莱正在大力发展自然旅游，包括伊斯兰文化在内的文化旅游，2015年春节期间，就有中国游客包机来到文莱旅游。欢迎更多中国游客到文莱，文莱也会努力为中国游客打造良好的旅游环境。

三、文莱与中国投资合作前景广阔

2010年1月1日中国—东盟自由贸易区建成之后，文莱与中国投资合作潜力巨大，优势互补前景更加广阔。

其一，文莱人民富裕，政府正在进行经济结构调整，中国的产品在文莱有广阔的市场。中国企业具有优势的出口产品如家用电器、电子产品和零配件、化工设备和产品、电力设备、机械设备、农机、农药、建筑材料、药品、棉纺织品和针织品、服装原料等在文莱都有一定的市场。根据文莱政府实行优惠政策鼓励境外企业在先进工业的投资，有关企业可依托其成熟的技术和设备，在文莱投资兴办资源开发型、生产型和售后服务型企业。要发挥中国企业出口的综合经济效益，中国企业应加大与文莱的经济技术合作的力度，中国在石油、天然气勘探、开发及化工设备、技术和人才方面具有优势，双方合作前途远大。另外，文莱石油含蜡高、含硫低、油质较好，文莱的橡胶、水果、植物油、水产品具有热带特色，且价格不高，在中国市场需求较大。

其二，文莱人口少，市场不大，劳动力短缺。文莱人口近40万，但文莱公民或永久居民仅42812人，约占43.3%，熟练劳动力短缺。根据文经济发展规划局最新统计，文全国现有98987人在私人企业工作。其中建筑业就业人员最多，共22720人，约占23%；批发零售业共雇用22564人，占22%。统计还指出，私营企业雇用男性68284人，占总量的70%。全国5486家中小企业中，小型企业共3560家，占65%；中型企业1787家，占33%；大型私人公司仅139家，只占总数的2%。全国私人企业中，4127家设在文莱摩拉县，占总数的75.2%；马来奕县有885家，占16.1%；都东县有390家，占7.1%；淡布隆县84家，占1.5%。而中国劳动力资源相对丰富，在这方面大有文章可做。中国应建立一批以各类技工、厨师、电子装配、服务礼仪等行业为重点，具有中国特色的外派劳务基地和专业外派劳务培训基地，强化外派人员技术业务能力，完善外派劳务培训的网络体系。进入21世纪以来，中国在文莱承包劳务合作开始起步，截至2001年年底，双方共签承包劳务合同24份，合同金额11072万美元，完成营业额8649万美元。其中中方50万美元。据中国商务部统计，2014年中国企业在文莱新签承包工程合同7份，新签合同额1541万美元，完成营业额3822万美元；当年派出各类劳务人员34人，年末在文莱劳务人员124人。新签大型工程承包项目包括华为技术有限公司承建文莱电信，同方威视技术股份有限公司承建文莱项目等。2015年3月，中国港湾中标文莱大摩拉岛大桥项目，项目合同额约2亿美元，工期3年。

其三，在文莱投资辐射的市场大。文莱于1993年12月9日加入关贸总协定，1995年1月1日成为世界贸易组织（WTO）成员国。文莱于1984年1月7日加入东盟（ASEAN），成为东盟第6个成员国。1996年以来，文莱苏丹出席了历届东盟国家领导人会议。文莱作为东盟成员国，享有东盟自由贸易区内所有优惠政策。2015年东盟经济共同体建成后，东盟地区国家间经贸联系将更加紧密。在文莱投资项目生产产品可辐射整个东南亚地区。2005年4月，文莱以创始国成员身份加入跨太平津战略经济伙伴协定（TPP），并于2010年主办了第三轮谈判会议，对谈判态度积极，希望借助参与该协定增加文莱在国际社会的知名度。同时，文莱还积极参与“区域全面经济伙伴关系”（RCEP）建设，并于2013年5月承办了第一轮谈判。此外，文莱享受东盟—中国、东盟—日本、东盟—韩国、东盟—印度、东盟—澳新自贸区的自由贸易政策。文莱支持中国提出的“打造中国—东盟自贸区升级版”倡议，并积极参与推动相关谈判进展。文莱重视与其他穆斯林国家的合作，近年来大力推动在清真食品、穆斯林用品以及伊斯兰金融领域的发展，“文莱清真”品牌在伊斯兰世界得到认可。

其四，文莱加大吸收外资的力度。文莱鼓励国内外商人在文莱投资、经商，促进中小型私人企业、商业部门的发展，外资在高科技和出口导向型工业项目可以拥有100%的股权。中小企业是文莱工商业的主力，被视为带动国家经济增长的“火车头”，目前，比较活跃的中小企业约有6000家。为促进中小企业的发展，文莱政府设立了中小企业发展基金，为中小企业提供财政支持。2010年4月，政府宣布进一步放宽企业借贷条件，将企业最高借贷额从150万文元提高到500万，返还期从7年延长至10年，将小额企业信贷额上限从3万元提高到5万元，返还期从3年延长至4年，以鼓励中小企业的发展。2011年1月，文莱财政部修改公司法，放宽对公司注册中董事会构成的限制。根据新法案，公司董事会构成中，至少两位中的一位（如仅两位董事），或者至少两位（如超过两位董事）必须为本地公民。而修改前法令规定本地公民数量在董事会中需占一半以上。新法案有利于吸引外国投资。目前文莱政府计划颁布新法令，以组建文莱中小企业管理机构，统筹规划和促进中小企业发展。据联合国贸发会议发布的2015年《世界投资报告》显示，2014年，文莱吸收外资流量为5.7亿美元；截至2014年底，文莱吸收外资存量为62.2亿美元。在文莱投资的世界著名跨国公司包括壳牌公司、法国道达尔、日本三菱煤气、日本尹藤忠商社等。2015年，在文莱召开改善营商环境研讨会上，文莱工业与初级资源部提出，力争到2017年使文莱营商环境跻身全球前20名。根据世界银行发布的全球营商环境评估报告，文莱2015年排名下滑到第101名，引起文莱朝野震动。随后，文莱首相府高级部长、王储比拉亲自挂帅组成了专门工作委员会，全面协调、大力推进各项改革，努力改善文莱营商环境。目前已出台的措施包括简化企业注册、营业执照申领、建筑许可审批等流程以及缩短劳工准证办理时间。近年来，中国对文莱直接投资不断增加，主要有浙江恒逸集团、中海油田服务股份有限公司、北京同仁堂、葫芦岛七星集团、广东国泰海洋生物有限公司、北京芝视界科技有限公司等。2014年4月28日，葫芦岛七星国际投资集团与文莱经济发展局就该公司在文独资项目签订土地租赁协议，从而标志着项目实施向前迈出了坚实的一步。该项目计划投资5000万美元，设计年产钢管10万吨，是继恒逸集团之后我对文又一重大直接投资项目。文莱经济发展局局长马纳夫博士表示，该项目符合文莱经济多元化战略需要，不仅能为本地创造更多就业机会，而且将为交通物流等行业带来更多商机。

其五，中文两国领导人大力鼓励和支持两国相互投资。2000年11月17日在文莱首都斯里巴加湾市，中华人民共和国政府和文莱达鲁萨兰国政府签订了《关于鼓励和相互保护投资协定》。文莱国家工商会副会长卡玛鲁丁曾多次来广西南宁参加中国和东盟的高层会议。卡玛鲁丁说，文莱与中国还可在多个领域进行合作，其中包括农业、渔业和旅游业等方面的合作。他表示："文莱虽然是一个小国，但文莱是著名的'和平之邦'和'石油王国'，她有着优越的贸易投资环境。我们有信心继续加强与中国的相互贸易和投资合作，这对双方都将带来益处。文莱和中国的经济互补性很强，我们欢迎更多的中国企业前来投资，也有信心继续向中国市场提供我们的优势产品。"2005年4月21日，正在文莱进行国事访问的时任中国国家主席胡锦涛出席了文莱—中国友好工商界午餐会并发表重要讲话，胡锦涛指出，中国和文莱经济互补性较强，两国经贸易合作前景十分广阔。为支持文莱实施经济多元化战略，中国将继续鼓励有实力的企业参与文莱的石化、港口、住房、通信、路桥、水电等基础设施建设，也欢迎文莱企业来中国投资兴业。2014年11月10日，国家主席习近平在人民大会堂会见文莱苏丹哈桑纳尔。习近平指出，“中文两国坚持相互尊重、平等相待，树立了大小国家和谐相处、互利共赢的典范。去年，我同你一致同意将中文关系提升为战略合作关系，双方要密切高层交往，增进战略互信。中方愿意同文方加强油气上下游产业和新能源领域合作，鼓励中国企业扩大对文投资，加强基础设施建设和农渔业合作。中方愿意同文方加强海上合作，推动南海共同开发尽早取得实质进展，共同推动中国—东盟关系健康发展，促进地区和平、稳定、繁荣。”哈桑纳尔表示，“中国是文莱可依赖的朋友。文方高度评价习近平主席提出的建设丝绸之路经济带和21世纪海上丝绸之路的倡议，赞赏中方为维护地区和平稳定作出的重要贡献，支持中方制定的本次亚太经合组织领导人非正式会议议程，愿意同中方一道，促进东盟同中国团结合作，推进亚太一体化进程。作为创始成员国，文方将积极参与亚洲基础设施投资银行建设。”在中文两国领导人的鼓励和支持下，两国的相互投资得到了较快的发展。文莱对华直接投资主要以在文莱金融中心注册的离岸公司在中国投资为主。据中国商务部统计，截至2014年12月，累计实际对中国投资额为26.2亿美元。据中国商务部统计，2014年当年，中国对文莱直接投资流量653万美元。截至2014年末，中国对文莱直接投资存量7633万美元。2016年7月18日，文莱中资企业协会举行成立庆典，文莱财政部副部长、经济发展局主席拿督刘光明博士、中国驻文莱大使杨健女士和文莱中资企业协会会长陈连财先生共同为协会成立剪彩。文莱政府相关部门、当地社团、外国使团等人士约200多人应邀出席。文莱中资企业协会现有27家中资企业会员，业务覆盖油气能源、基础设施建设、高科技、金融、医疗、渔业、物流等行业。协会现任会长单位为恒逸实业（文莱）有限公司，会长由恒逸首席执行官陈连财先生担任，理事会成员单位9家。协会的正式成立有利于促进两国企业间全方位合作，进一步深化两国经贸关系。

其六，文莱与中国地方政府共同搭建合作平台。“文莱—广西经济走廊”是文莱与广西自治区政府共同搭建的合作平台，意在利用双方各自优势资源，加强双方在种养殖业、食品与药品生产加工、交通物流、旅游等领域的务实合作，推动文莱经济多元化发展，与我国提出建设“21世纪海上丝绸之路”的倡议相呼应，从而也成为中文两国共同推进“一路”建设的重要组成部分。“文莱—广西经济走廊”这一构想由文莱工业与初级资源部于2013年9月提出，2014年9月正式签署合作备忘录，随后组建了双边合作工作委员会，全面规划、协调和推动双方合作。同年12月，广西派团访文，商定了首批重点合作项目清单，并制定2015年工作计划。2015年3月，广西自治区党委书记彭清华访文，进一步推动“文莱—广西经济走廊”建设。代表团拜访了文莱苏丹博尔基亚、文莱王储比拉、工业与初级资源部部长叶海亚，与工初部共同主办“文莱—广西经济走廊座谈会”并签署会议纪要，进一步推动“走廊”向务实方向发展。彭清华提出“一港双园三种养”的先期合作建议，即推动北部湾国际港务集团参与文摩拉港运营，建设南宁文莱农业产业园和玉林文莱中医药健康产业园，并在文莱进行渔业、生蚝养殖和水稻种植。经磋商，双方最终就农业、渔业、食品加工、旅游、交通物流等领域的12个项目达成合作意向，同意加强双方联合委员会机制并于2015年年中召开第一次工作会议，推动先期启动项目尽快落地，争取在2015年第12届中国—东盟博览会上有一批项目签约。2016年6月6—10日，由文莱首相府部长兼外交与贸易部第二部长林玉成、首相府能源与工业部部长亚斯敏共同率领的文莱政府高层代表团一行访问广西。这是自2015年10月文莱政府改组后，为加快推进文莱—广西经济走廊建设，文莱首次派高级别政府代表团专程访问广西。此次访问，双方达成了一系列重要成果：一是双方一致同意从“一带一路”战略合作的高度加快推动文莱—广西经济走廊建设进程。将充分利用中文友好、共建“一带一路”等机遇，以文莱、广西为基地，以跨国产业链为依托，以东盟和穆斯林市场为目标，按照“政府引导、市场运作、开放合作”的原则，实现优势互补，互利共赢，并初步确定了下一步工作计划；二是通过了新一届文莱—广西经济走廊联合工作委员会名单。委员会双方主席分别由自治区副主席张晓钦和文莱财政部副部长兼经济发展局主席阿敏担任，每年轮流在文莱和广西召开一次联合工作委员会会议，第13届东博会期间将召开第一次联合工作委员会会议；三是积极推动项目务实合作。加快推动自治区党委书记彭清华去年访问文莱达成的“一港两园三种养”项目，积极挖掘和推动新项目。文莱高层代表团高度评价此行所取得的成果。林玉成、亚斯敏表示，双方就加快推进文莱—广西经济走廊建设达成一致共识，这次访问中考察的一批合作项目令人鼓舞，经济走廊建设前景广阔，希望广西企业尽快到文莱考察洽谈，文方将提供最好的服务。自2014年启动建设以来，文莱—广西经济走廊已经由概念走向实践，取得了早期突破和收获。

四、中国企业在文莱投资风险分析

2013年5月，中国国家主席习近平在北京同文莱苏丹哈桑纳尔举行会谈。两国元首积极评价中文关系发展，决定将中文关系提升为战略合作关系。自中文双边关系2013年提升到战略合作关系以来，两国双边合作在各个领域得到加强，如能源、基础设施建设、国防、教育和人员往来等领域。尽管如此，中国企业在文莱投资仍面临以下风险。

1. 南海问题有可能带来的风险

南海问题属于中文关系中的潜在不利因素，但是短期内爆发可能性并不大。因为中国和文莱都是南海沿岸国，南海和平稳定涉及中文两国共同利益。2016年4月，外交部长王毅访问文莱并与文方就当前南海局势深入交换意见，取得一系列共识。“双轨思路”最早是文莱方面提出的，即南沙有关争议由直接当事国通过协商谈判妥善解决，南海地区和平稳定由中国和东盟国家携手共同维护。“双轨思路”完全符合联合国宪章所倡导的通过谈判协商和平解决争端宗旨，也完全符合所有南海沿岸国利益以及中国和东盟共同签署并有约束力的《南海各方行为宣言（DOC）》第四款规定，“双轨思路”是妥善解决南海问题最为现实可行的办法。遵循“双轨思路”，直接当事方可通过友好协商，找到彼此接受的解决争议办法，在此之前还可探讨搁置争议、共同开发，有效管控分歧；而背离“双轨思路”，东盟的整体利益就会被个别国家的私利干扰甚至绑架，南海的和平稳定也会因域外国家的借机介入遭到破坏，这绝不是中国和东盟国家愿意看到的。中国支持并大力倡导好践行“双轨思路”，就是要向国际社会证明，中国和东盟完全有能力管控分歧，维护好稳定，将南海真正建设成和平、友好、合作之海。只不过从长远的角度考虑，并不排除中文关系因南海问题恶化的可能。理由是：其一，双方围绕南海岛礁归属问题确实存在主权争端，并且问题的解决一直没有取得突破性进展；其二，不排除未来双方在石油这一战略性资源的开采问题上引发争端；其三，不排除菲越通过东盟扩大南海问题的可能性，东盟如果集体对华政策发生改变，自然文莱的外交政策也会受到影响。

2. 中文贸易投资体系未来可能受美国TPP规则限制

跨太平洋伙伴关系协议（Trans-Pacific Partnership Agreement，TPP），也被

称作“经济北约"。是由亚太经济合作会议成员国中的新西兰、新加坡、智利和文莱四国发起，从2002年开始酝酿的一组多边关系的自由贸易协定，原名亚太自由贸易区，旨在促进亚太地区的贸易自由化。但随着谈判成员渐渐增加，美国在2008年2月宣布加入，至今已发展到12个成员国。这12个成员国历经多年谈判，终于在2015年10月5日于亚特兰大达成基本协议。基本协议很大程度上被解读为针对中国的一次美国主导世界贸易规则的行为，是意义与WTO相似的新区域贸易规则。之所以这么解读，理由是：东盟十国中新加坡、马来西亚、文莱、越南四国都是TPP谈判参与国，而东盟地处21世纪海上丝绸之路的十字路口和必经之地，是海上丝路倡议的首要发展目标，美国通过TPP谈判可以对中国—东盟FTA（自由贸易协定）和中国“一带一路”倡议起到制衡作用，削弱中国经济在该区域的影响力，确保其东亚地缘政治、经济和安全利益。TPP在涉及国企、环保、劳工和知识产权等方面制定的一系列高标准新规则，未来必然会对亚太地区乃至全球的贸易投资体系产生重大影响。另一方面，由于自贸区具有对内开放、对外限制的特征，因此，在成员国之间贸易壁垒降低的同时，对区外经济体则构成更高的壁垒，会产生贸易转移的效果。美国积极推进TPP的根本战略目标，就是保持和扩大自己的资源版图，重新构建信用体系，继续保持美国超级大国的霸权地位。

3. 宗教文化因素带来的风险

据文莱《婆罗洲公报》2013年2月22日报道，中国北方国际控股天津食品进出口公司生产的长城牌咸牛肉罐头因被检验出含有猪DNA阳性成分，20日被文莱宗教部下令下架。该产品经文莱工业及初级资源部清真科学中心和卫生部科学服务局检验，发现产品呈现猪DNA阳性成分。宗教部提醒有关产品进口厂家及商家从市场回收相关产品。由此可见，由于文莱奉伊斯兰教为其国教，国内大多数群众都信仰伊斯兰教，伊斯兰教规对文莱社会生活的影响渗透在方方面面，例如文莱人禁食猪肉、禁酒、忌血等，所以在文莱投资的华人应尊重当地宗教信仰和社会习俗，尊重文化多样性，避免因文化差异引发不必要的争端和冲突。此外，作为伊斯兰教国家的文莱已于2014年4月底开始分阶段正式实施《伊斯兰刑法》。该法律适用于在文莱的全体人员（包括文莱公民及外国人），违反者现阶段将被处以高额罚款或判刑，未来全面实施后，将引入肉刑及死刑。该法规主要内容包括：第一，关于伊斯兰宗教神圣性：禁止在文莱传播任何宗教或信仰，包括未经批准传播伊斯兰教；禁止任何侮辱伊斯兰教先知、《古兰经》和《伊斯兰刑法》的言论；禁止发表或作出侮辱苏丹讲话、政府宗教机构和官员的言论或行为；禁止通过网络媒体，包括微博、微信、whatsapp 等传播针对伊斯兰教和《伊斯兰刑法》的谣言、评论等；避免在穆斯林面前表达崇拜某明星、人物、动物、地点等；避免在公开场合使用涉及伊斯兰教的固定词汇和表达，包括问候语。第二，关于宗教管理：禁止在公共场所饮酒，不得向穆斯林提供、推荐、售卖酒精饮料；斋月期间避免在公共场合饮食、吸烟及买卖现场消费的食品；每周五中午12：00 到14：00，穆斯林必须到清真寺祈祷，届时餐厅、店铺等都将停止营业，雇主不得限制穆斯林雇员按时祈祷的权利。第三，关于不文明行为：禁止与穆斯林女性发生未婚或婚外性关系，或引诱穆斯林女性私奔；避免易引起嫌疑的未婚男女独处或同居；尽量在公众场所与异性保持距离，避免拥抱或接吻等过度亲密行为；避免穿着异性服装或模仿异性动作、神态；避免在公共场合穿着暴露（尤其是女性，建议穿长袖衣裤）。第四，其他犯罪：偷盗、抢劫、强奸、通奸、谋杀等犯罪行为，将根据《伊斯兰刑法》进行审判。《伊斯兰刑法》在文莱的实施将是一个逐步深入和展开的过程，许多问题有待通过具体案例加以明确和解决。在文莱投资经商或工作生活的中国公民应遵守《伊斯兰刑法》的相关规定，避免因行为不当遭受处罚。

4. 劳动力短缺及聘用外籍劳工的风险

文莱劳动力短缺，外资企业需引进大量外籍劳工，这是外国投资企业需要面对的一个较大问题。2014年5月25日，在文莱内政部劳工局举办的本地企业员工答谢晚宴上，内政部长丕显巴达鲁汀宣布，文政府开始收紧外籍劳工准入政策，进一步鼓励企业雇用本地员工。巴达鲁汀指出，据文莱劳工局调查统计，2013年，文莱正常运营的10612家企业共有雇员141852人，其中92007人为外籍劳工，比例高达64.9%。如果再加上20371名外籍家佣，文莱当年各类外籍雇员已达112378人。此外，2013年还有71282个已批准的劳工配额尚未使用。为避免过多外籍劳工对本地就业市场造成冲击，进一步提高本地居民就业率，内政部决定立即收回所有已批准但尚未使用的劳工配额，如企业希望重新要回配额，则必须遵守新的劳工雇佣政策。新劳工政策于2014年6月30日起逐步实施，内容大体包括：批发零售、酒店服务、通讯技术等领域的诸多岗位，如收银员、司机、监督员、售货员、屠夫、面点师等，必须雇用本地员工；已经使用的劳工配额和现有的经营许可在申请延期时将适度削减；企业如不提高本地员工雇佣率，将较难获得经营许可；非本地居民申请开办咖啡馆、快餐店等传统餐饮业将受限，并无法在乡村地区开办企业等。作为上述政策的配套措施，文莱政府将加大力度与企业合作，共同实施本地员工培训计划。新劳工政策必然会给在文莱投资的外国企业带来一定的风险。

5. 使用土地的风险

在文莱具有百年历史的土地法也许是唯一对投资环境具有负面影响的一部法律，该法律颁布于1909年，内容包含34个部分。按照文莱《土地法》，土地归国王所有，国民可以购买使用。但是土地使用需要经过土地规划管理部门的规划，经过规划的土地方可使用。土地规划的有效期满后，使用者是否可以继续使用该土地，须由法院裁定。文莱法律规定，外国人在文莱不能获得土地所有权和买卖权，只有文莱公民才享有买卖土地的权利，而外国人和侨民只能租用土地。世界银行集团2008年度关于全球企业经营环境报告将文莱列为178个国家之末，该报告对文莱的百年土地法和财产登记制度进行了调查。世界银行集团建议文莱改革其土地登记制度，为企业主提供便利，因为目前公司不能以自己的名义拥有土地。据2009年8月17日文莱《联合日报》报道，为落实2035年国家发展宏愿，政府正重新检讨现有土地政策，探讨扩大国家土地用途的可行性。该报道称，鉴于国内60%的土地被列入“婆罗洲之心”绿色保护区，政府希望调整土地政策，增加非保护区土地的商业价值，以吸引更多投资者。在文莱第十二届立法会议上，文莱发展部长拿督巴赫林表示，文莱政府于2012年修改《土地法》以彻底禁止非文莱公民拥有永久地契的地产，但外国直接投资者可以购买分层产权房产，亦可租用土地及房产；此外，为吸引外来投资，文莱已交付1533公顷土地用于工业开发，并储备了5375公顷土地以满足投资需求。为提高政府行政效率，改善营商环境，文莱土地局和电子政府中心于2016年联手推出了网上土地交易系统，通过该平台可申办延长土地租期、更改土地使用条件、注册土地收费及注册土地租借等业务，网站地址为：www.laris.gov.bn。网站目前仍属于试运行阶段，使用其服务需进行网上注册。

第三节 文莱外商投资管理体制及法律依据概述

一、文莱外商投资管理体制

文莱主管国内投资和外国投资的政府部门为工业与初级资源部、经济发展理事会和财政部。其中，工业与初级资源部和经济发展理事会互为补充，前者提供投资优惠措施（如免税）、工业用地等，后者负责招商引资并为投资行为提供便利。例如：为支持中小企业发展，工业与初级资源部为企业设立和经营提供了工业区及配套设施，并提供中小企业培训服务、财务支持计划和投资优惠政策，文莱经济发展理事会则建立了企业孵化园和信息中心为企业提供服务。为支持外国投资，文莱政府还设立了战略发展资本基金，专门成立了一个委员会，重新检查和推介相关政策，以吸引更多外国投资。

（一）文莱工业与初级资源部

文莱工业与初级资源部（MIPR）（查询网址：www.industry.gov.bn）主要职责是：制定和实施有关投资合作政策，鼓励和支持当地企业及外国投资者开展商品生产和服务，保障国家食品安全和就业，推动经济持续、多元化发展。该部下辖5个执行局：农粮局、林业局、渔业局、工业发展局和旅游局。

（二）文莱经济发展理事会

2001年，文首相府新设经济发展理事会（BEDB）（查询网址：www.bedb.com.bn），统筹招商引资及本地经济发展工作。2003年，该理事会提出以港口建设和工业园建设为主的“双叉战略”，希望利用摩拉港优势，打造本地区货物集散中心；同时通过园区招商模式吸引外资，结合自身资源禀赋，重点发展四大产业集群，即食品与医药、油气中下游产业链与可再生能源、信息通讯以及物流、金融和油田服务等生产性服务业。

（三）文莱财政部

为改善文莱营商环境，文莱财政部启用专门网站（www.roc.gov.bn）办理企业名称及公司注册登记事务，相关费用可在线支付，企业注册登记时间从以往的4至10天缩短到1天。新系统自2015年年初启用以来已办妥285家新公司注册登记手续。

二、文莱外商投资准入制度

（一）投资行业的规定

（1）禁止的行业：包括武器、毒品及与伊斯兰教义相悖的行业等；

（2）限制的行业：林业不对外资开放；

（3）鼓励的行业：包括化工、制药、制铝、建筑材料及金融业等行业。2001投资促进法将部分产业纳入先锋行业，投资享受税收优惠，以吸引外来投资。

（二）投资方式的规定

文莱对大部分行业外资企业投资没有明确的本地股份占比规定，对外国自然人投资亦无特殊限制，仅要求公司董事至少1人为当地居民。外资在文莱投资可成立私人有限公司、公众公司或办事处，但文莱本地工程一般仅向本地私人有限公司发放。文莱经济以油气资源产业为支柱，其他产业尚不发达，因此，外国直接投资以绿地投资为主，外资并购案例极少，政府没有出台专门针对外资并购的法律法规，具体操作时应向有关主管部门充分咨询过户手续及审批期限，必要时可寻求中国驻文莱大使馆经济商务参赞处协助。文莱供水、供电、废物回收处理等公用事业在很大程度上得到政府补贴，道路交通设施完全由政府出资修建且不收取任何过路费，因此，在文莱开展BOT（build-operate-transfer）即“建设—经营—转让”暂时没有市场基础。

三、文莱外商投资法律依据

（一）投资法

文莱主管国内投资和外国投资的政府部门为工业与初级资源部和经济发展理事会。为保护民族资本，法律规定，外资与本地公司或商人合资的企业，文方须占51%以上股份。不涉及国家食品安全且产品全部出口的工业，外国人可占100%所有权。在文莱，包括武器、毒品以及与伊斯兰教义相悖的行业都是被禁止的；林业不对外资开放；政府鼓励外资参与包括化工、制药、制铝、建筑材料及金融业等行业的建设和发展。1999年文莱政府放宽外国投资者在渔业领域的投资，基本政策是：合资经营，文方股权不少于30%；只能在文莱渔业局批准权限和海域范围内捕鱼；准予使用挂文莱国旗的渔船捕捞的鱼必须在文莱上岸；养殖活动只限于文莱渔业局所限制的品种。中国企业已于2009年底在文莱开展深海网箱养殖项目。

（二）贸易法

文莱贸易政策的制定和实施主要由文莱工业与初级资源部负责，财政部、经济发展理事会等其他有关部门参与。文莱与贸易相关的主要法律包括消费法以及一系列涉及食品安全和清真要求的法规。2001年和2006年分别颁布证券法和银行法。文莱实行自由贸易政策，除少数商品受许可证、配额等限制外，其余商品均开放经营。出于环境、健康、安全和宗教方面的考虑，文莱海关对少数商品实行进口许可管理。植物、农作物和牲畜须由农业局签发进口许可证（植物不能带土），军火由皇家警察局发证，印刷品由皇家警察局、宗教部和内务部发证，木材由森林局发证，大米、食糖、盐由信息技术和国家仓库发证。除以上有关部门发放进口许可证外，机动车、农产品、药品以及与药品有关的产品进口还须提供有关的原产地证书和检验证明。除了对石油天然气出口控制外，对动物、植物、木材、大米、食糖、食盐、文物、军火等少数物品实行出口许可证管理，其他商品出口管制很少。

（三）文莱企业组织制度

文莱有两套相互独立的公司法，对国内企业适用公司法，对外国企业适用2000年国际商业企业令。国际投资企业的协议备忘录和公司章程是公司股东之间的合法约定，必须予以高度的尊重。如果股东之间有协议，也应该充分尊重该协议。通常情况下公司股东之间会签订协议。简而言之，如果当事人未能提供股东协议，其名称未登记在文莱国际金融中心的公司登记记录中，则该当事人很难能证明自己是具有受益权的股东。在根据国际商业企业令组建公司前，法律会要求信用公司对其提议的董事和拟成立公司的受益权人启动勤勉素质考察的程序，并记录在案。

（四）进出口商品检验检疫制度

文莱公共卫生（食品）条例规定所有食品，无论是进口产品还是本土产品，都要安全可靠，具有良好品质，符合伊斯兰教清真食品的要求，尤其是对肉类的进口实行严格的清真检验。对某些动植物产品，如牛肉、家畜，需提交卫生检疫证书。进口食用油不能有异味、不含任何矿物油，动物脂肪须来自在屠宰时身体健康的牲畜并适合人类食用。动物脂肪和食用油须是单一形式，不能将两种或多种脂肪和食用油混合。脂肪和食用油的包装标签上不得有“多不饱和的”字眼或者相似字眼。非食用的动物脂肪须出具消毒证明。进口活动物必须有兽医证明。大豆奶应是从优质大豆中提取的液体食品，可包括糖、无害的植物物质，除了允许的稳定剂、氧化剂和化学防腐剂外，不得含有其他的物质，并且其蛋白质含量不少于2%等。此外，该条例对食品添加剂、包装以及肉类产品、鱼类产品、调味品、动物脂肪饱和油、奶产品、冰淇淋、糖与干果、水果、茶、咖啡、无酒饮料、香料、粮食等，都规定了相应的技术标准。对食品的生产日期、保质期、食品容器及农药最大残留量、稳定剂、氧化剂、防腐剂都有明确的规定。

（五）海关管理规章制度

2006年新《海关条例》对特别关税、关税返还、处罚方式等做了规定。总体而言，文莱的关税税率很低。对东盟成员国产品的关税税率大部分在0—5%之间，对极少数如香烟等商品的进口关税略高于对东盟成员国的关税。对食品类及大部分建筑材料和工业机械免征进口税，电器类商品及香水、化妆品、地毯、珠宝、水晶灯、丝绸、运动器材等征5%的进口税，汽车征收20%的进口税，烟和酒精饮料有特别的税率。

（六）税法

文莱无个人所得税，也无出口税、销售税、工资税和生产税。文莱的税种很少。在外国投资者创业和发展的阶段，文莱提供比其他国家更为优惠的条件。企业需要对以下收入纳税，包括各项经济活动中获取的利润：从未在文莱纳税的公司中获得的分红；利息和补贴；版税、奖金和其他财产收入。其他需纳税种还包括印花税、石油税、代扣所得税、房地产遗产税和进口税。文莱无资本收益税，但如果征税人员确定其中收入来自普通贸易，则按正常收入征税；独资和合伙商行无需缴纳所得税；非本地注册公司只需对其在文莱获得的收入纳税；有限公司所得税征税率自2007年连年小幅下调，2011年已降至21%。

（七）知识产权法

文莱一直努力保护制造商的知识产权。文莱2000年紧急版权法参照英国1988年的版权法颁布，并于2000年5月生效。该部法律关于执行的条款打击盗版，提供民事和刑事救济手段，并规定可以没收和销毁被用于侵权的设备和材料。2000年12月30日，文莱颁布并实施商标法。文莱还对已生效的商标法进行修订，以与巴黎公约、世界贸易组织关于与贸易有关的知识产权保护的协定相接轨。文莱的商标法已与英国1994年商标法非常接近。文莱大力保护商标权利，并对商标权人针对商标侵权的指控作出积极的回应。

（八）劳动法

在文莱，劳工受到法律的保护。雇主支付雇员薪金的时间不得超过当月10日，如延期支付被检举，雇主会受到不高于1500文元的罚款；如无法支付薪金给雇员，雇主将面临不超过6个月的监禁；如雇主在未获得许可的情况下雇佣外来劳工，会受到1万文元或者入狱6个月至3年不等的惩罚。外国人到文莱就业需要得到两年有效的工作准证，欲获得该准证需向劳工局申请。经劳工局推荐，移民局办法定许可证。劳工局要求申请者提供金额为文莱至劳工来源国单程机票款的押金或银行担保。工作准证在签发后6个月内不得更改。公司或外国公司的分支机构注册批准前，申请将不会被接受。

文莱劳工局已经采取适当的措施，分阶段推行“文莱化”政策，鼓励本地的私人机构有限聘请本地人，以便减少本国人失业。一些领域，如秘书、会计、服务员、收银员、保安人员、仓库管理人、营业代表等，将不再授予外籍劳务配额，只限本地人担任；银行业外籍工作人员不得超过员工总数的一半；医生、律师等专业性较强的行业须取得当地就业执照。

（九）土地法

在文莱具有百年历史的土地法也许是唯一对投资环境具有负面影响的一部法律，该法律颁布于1909年，内容包含34个部分。世界银行集团2008年度关于全球企业经营环境报告将文莱列为178个国家之末，该报告对文莱的百年土地法和财产登记制度进行了调查。世界银行集团建议文莱改革其土地登记制度，为企业主提供便利，因为目前公司不能以自己的名义拥有土地。

（十）仲裁法及执行

文莱于1994年颁布仲裁法，正式批准1958年在纽约制定的《承认和执行外国仲裁裁决公约》在文莱生效。文莱仲裁法第二部分规定仲裁协议必须采取书面形式，应该从广泛和实际的角度来理解文莱仲裁法第二部分的含义，该部分并不意味着当事人必须签署书面协议。文莱仲裁法以英国1950年的旧版仲裁法而不是以联合国国际贸易法委员会关于国际商业仲裁的法律为基础。从传统上来说，文莱大多数成文法基于英国法律。虽然文莱仲裁法和联合国国际贸易法委员会关于国际商业仲裁的法律在众多根本性原则上是一致的，但是两者实际上仍有显著差异。根据文莱现行仲裁法规定，如果一方当事人依据合同条款和另一方当事人也认可的仲裁协议条款提起诉讼要求确认合同，则即使其中一方当事人未实际签署合同，双方当事人仍受仲裁条款的约束。文莱仲裁法第四部分规定文莱法院对于1958年纽约公约成员国作出的仲裁裁决应予承认和执行，除非有对该仲裁裁决不予执行的确切理由。外国法院判决在文莱的执行受1996年关于执行外国法院判决实行对等原则的法律和普通法规则的规范。1996年关于执行外国法院判决实行对等原则的法律（2000年重新修订），是文莱国内唯一规范对与文莱实行对等原则的国家之法院判决在文莱自动立案和执行的成文法。在文莱执行外国法院判决实行对等原则，文莱法院将据此自动承认和执行任何相应承认及执行文莱法院判决国家作出的民事与涉及金钱给付的判决。外国法院的判决在文莱立案后就进入自动执行状态。对等原则意指只要外国法院执行文莱法院作出的判决，则文莱法院也会在文莱执行该国法院作出的判决。如果外国法院作出的判决具有惩罚的性质，则文莱法院不会执行该判决。如果某项判决本身只是承认以往的外国法院判决，则该判决可予以执行，只要该判决符合文莱关于执行外国法院判决的法律。针对文莱政府的外国法院判决可予执行，但是涉及文莱主权豁免权的判决除外。

第二章

外商投资企业法律制度

第一节　外商投资企业的形式

在东盟的国家中，文莱可以说是最适合外商投资的国家，其国民富裕、社会稳定、法制化程度较高等等这些条件都为外商投资提供了较好的投资条件和良好的投资环境。在文莱投资，可以设立以下几种形式的企业：独资经营企业、合资或合伙经营企业、公司。与中国不同，这几种形式的企业的设立、管理、运作都是规定在文莱《公司法》当中。而在这几种企业的组织形式中，独资经营企业、合资或合伙经营企业的设立、管理、运作在法律规定上都比较简单，而且企业的成员（股东）对企业的债务承担无限责任。本文主要研究成员对企业承担有限责任的文莱公司这种企业组织形式。

一、文莱公司的概念与特征

公司是历史的产物，是人类社会生产力发展到一定阶段而出现的一种企业组织形式，公司作为一种世界性的经济组织形式，由于各国的文化及制度差异，公司在各国法律中的表述也不完全相同。综合文莱《公司法》的相关规定，我们可以这样定义文莱的公司：文莱的公司是指依《公司法》组成和登记的，一般由两个或两个以上具有任何合法目的的主体结合在一起，将它们的名称签署进组织章程的组织。据此，文莱公司有如下特征：

1. 公司必须是依法设立

在文莱《公司法》中，严格规定各种类型公司的要求，如要有合法的公司组织简章和章程、有合法的名称、经过法定登记等，如果违反了法律的规定，公司就不能设立或不能存在，还要承担诸如罚金等处罚的责任。

2. 公司一般由两个或两个以上的具有任何合法目的的人或主体结合而设立

文莱《公司法》中没有规定一人公司的形式，设立公司必须要由两个或两个以上的主体，这些主体要共同设立一个公司，必须要有合法的目的。当然，因不同的公司存在不同的“合法目的”，只要设立公司不违背法律禁止性规定，就可以认为公司存在合法目的。

3. 公司是一种组织

公司与自然人不同，它是一种组织体，法律赋予其虚拟的人格。经合法成立的公司就同自然人一样，具有独立的法律人格，可以取得和占有财产，依法享有权利和承担义务。

二、公司的分类

适应经济发展的需要，文莱《公司法》规定了公司的不同种类。

1. 私人公司和非私人公司

私人公司就是不能公开招募股份的公司。在文莱《公司法》中，任何两人或两人以上，可以组成一个私人公司。对于私人公司，法律对其作了限制性规定：股东的人数不得超过50人；限制股东转让股份权利；禁止向公众发出认购公司股份或债券的邀请。非私人公司就是指可以公开招募股份的公司。

2. 股份有限公司、担保有限公司和无限公司

股份有限公司是指公司的股东以其所持股份对公司承担责任，如果公司的股东各自持有的股份的应付资本还未还清，公司成员的责任按照备忘录中确定的数额确定责任的公司。担保有限责任公司是指公司股东的责任由公司备忘录限制，依据公司清算时各个股东分别投入公司的财产来决定股东责任的公司；无限公司是指一个公司对股东的责任没有任何限制的公司。

3. 持股公司和附属公司

持股公司是指直接持有或者通过被任命的一个或多个人在附属公司中持有股份的公司。对于持股公司，文莱《公司法》明确规定了其特征，即当公司的资产中包含另外一个公司的所有或部分股份，无论是直接持有还是通过被任命的人持有，并且，当这样持有的股份的数额在持股公司账目作出时已经超过另一家公司发行的股份资本的50%以上，或者使持股公司享有另一家公司50%以上的表决权；或者持股公司有权（不是仅仅由于债券信托合同的条款或者向它发行的股份被授予的权利）直接或间接地任命另一家公司的大部分董事。而在这当中的“另一家公司”就是文莱《公司法》意义上的附属公司。

4. 本国公司和外国公司

本国公司是指依照文莱公司法设立的公司；外国公司是指依照其他国家公司法设立但在文莱有确定经营场所的公司。

三、文莱公司法的概况

公司法是规范公司的法律制度的法律，有狭义和广义之分。狭义的公司法是指于1957年1月1日生效的文莱《公司法》。该法是一部规定在文莱的公司和公司登记的法律，其宗旨是为了控制与规范公司成员和公司之间以及公司和它的贷款者、公司和公众之间的关系，规定文莱以外的公司在文莱开展业务的条件，总的控制文莱公司的运作。文莱《公司法》适用于在文莱注册的每一个公司，而不论其业务在哪里开展。广义的公司法既包括附属于狭义公司法中的一些“表格”，也包括诸如规定各种特殊公司形式的其他法律，如金融公司法，还包括在其他法律现形式中有关公司的规定。

1957年的文莱《公司法》除了引言和一般规定之外，一共有11部分324条。本书仅对文莱《公司法》的部分主要内容作介绍。

第二节　企业设立

由于在文莱投资设立企业主要的组织形式是公司，所以下面围绕着公司的设立进行阐述。

一、公司设立的条件

1. 认股人的人数

按照文莱《公司法》的规定，私人公司的认股人应当在两人或两人以上，但不能超过50人；其他非私人公司的认股人应当在7人或7人以上，法律对非私人公司没有规定上限。

2. 认股人认购公司一定的股份

文莱《公司法》没有对设立公司规定最低的股份要求，但是，却对各种公司认股人对公司股份的认购作出规定。如果公司是股份资本公司，公司计划登记注册是要明确资本数额并列，分成等额股份的股份，且每个认购者认购的股份不能少于一股。也就是说，股份资本公司发起人认购的股份不能少于一股。在各种类别的公司中股份有限公司都是具有股份资本的公司，无限公司或者担保有限可能有股份资本，也可能没有股份资本。没有股份资本的无限公司和担保有限公司可以不必确认发起人认购的股份数，但是在公司的有关法律文件中必须声明公司计划登记的股份资本数额或股东的数目。至于什么是股份，该法的解释是：除非股份和股票存在明示或默示的区别，那么，"股份"指股份资本公司中的股份，也包括股票。

3. 进行登记

公司要按照《公司法》的规定，对公司的相应事项向登记官进行登记。"登记官"是指由部长在政府公报上公告任命的负责依据本法对公司进行登记的官员和其他官员。公司一旦经过登记，就取得了法人主体的资格。

二、公司的备忘录和章程

（一）备忘录和章程的概念

公司的"备忘录"是指公司的组织章程，涉及公司最初形成和根据任何成文法的目的所作的变更的法律文件。备忘录的内容必须符合《公司法》和一般法律的规定，如果备忘录与《公司法》和一般法律的规定有矛盾或不一致时，就属于无效。

公司的"章程"是指使用于公司内部，涉及公司开始的结构或者通过特别决议发生的变更的法律文件。公司的章程从属于备忘录并受其制约。

两者的主要区别在于：

1. 两者记载的内容不同

备忘录涉及的是公司最初形成的记载，规定了公司被准予成为法人组织的基本条件，如公司名称、经营项目、股东责任等；而公司的章程是公司内部的规章，涉及的是公司开始以后的结构，如公司的股份资本数额、股东数额等。

2. 两者变更的依据要求不同

变更备忘录的要求严于变更章程。变更备忘录的主要依据是成文法的规定，没有成文法依据，公司一般不能变更其备忘录，如果具备法定事由，公司通过特殊决议的方式变更备忘录，必须得到法院的确认；而公司章程因其是公司的内部规章，股东对其有完全的控制权，只要有公司的特别决议就可变更。

（二）公司备忘录的要求

1. 备忘录的内容

按照文莱《公司法》的规定，每个法人公司的备忘录应当记载下列内容：

（1）公司的名称和经营项目。无论是私人公司还是股份有限公司、担保有限公司，或者是无限公司，均应按照法定的要求规定公司的名称。

（2）股东的责任。股份有限公司和担保有限公司的备忘录中必须声明其股东责任的有限性。

（3）股东与公司的关系。担保有限公司的备忘录必须声明，每一个股东在公司清算时还是公司成员，应承担对公司财产的出资；或者当不再是股东的一年内，他仍旧为是股东时在公司所欠的债务承担清偿责任，还要承担清算的支出、费用、成本。为了调整公司清算时连带债务人之间的关系，备忘录可以规定他们在不超过法定的出资范围内承担责任。

（4）股东认购的股份。当公司是股份资本公司时，除了无限公司以外，公司备忘录必须声明公司计划登记注册的资本数额和划分成等额股份的股份数；备忘录中认购者认购的股份不能少于一股。

2. 备忘录的变更

一般来说，公司不可以改变备忘录中包含的条款，但是如果符合法定情形也能对备忘录加以变更。文莱《公司法》规定变更公司备忘录的情形主要有两种，一种是成文法的规定，即成文法对有关公司的条件、模式和程度作出了明确的规定；一种是公司通过特殊决议变更备忘录中关于公司经营项目的条款。对于第二种情形的变更，《公司法》规定了严格的条件：

（1）实体条件。变更公司经营项目的条款应当要能使公司实现以下其中一个要求：更加经济、有效地开展它的生意；通过新的或提升了的方式达到它的主要目的；能够扩大或改变国内范围内的经营；开展一些在现有条件下方便和有益的业务，而这些业务和公司生意相关；限制或禁止备忘录中指定的项目；出售或处置公司的一部分或全部；与其他公司或团体合并。

（2）程序条件。这种变更必须向法院申请并得到法院的确认才能生效。而在法院确认变更之前，法院应当要审查：是否已经对公司债券的持有人和法院认为其利益会受到公司变更影响的任何个人或某类人进行了充分的通知；并且对于法院认为有权反对的债权人以法院指示的方式表明了其反对意见，或者该债权人对公司变更已经表示同意，或者他的债权已经被清偿或终止，或者已经获得法院满意的担保。

（三）公司章程的要求

1. 章程的内容

按照文莱《公司法》的规定，股份有限公司、担保有限公司、无限公司登记备忘录时，认股人要签署社团章程，并为公司制定有关的规章。如果是有股份资本的无限公司，章程中必须声明公司计划登记的股份资本数额；如果是公司中没有股份资本的无限公司或者担保有限公司，章程中必须声明公司计划登记的股东数目。

2. 章程的订立

章程既然是公司的法律文件，必须依照法律规定订立：（1）章程必须打印；（2）章程应当分段，标上连续的数码；（3）章程必须盖上印章；（4）备忘录中的出资人必须在至少一人以上的证人面前签字，由证人见证签字。

3. 章程的变更

章程的变更相对于备忘录的变更简单。公司可以通过特殊决议变更或增加章程内容，只要是根据《公司法》的规定，对章程内容的任何变更或增加是有效的；通过特殊决议方式变更的章程内容就如同原先就包含在章程里的内容一样具有同等效力。

（四）公司备忘录和章程的登记

1. 一般登记

公司的备忘录和章程应当递交给登记官，登记官应当保留且登记。公司一经登记，便产生如下法律效力：

（1）证明公司的资格。公司登记备忘录时，由登记官出具证明，证明公司是法人，当公司是有限公司时，证明公司承担的是有限责任。

（2）证明公司成立。从公司执照所登记的日期起，备忘录中的认购人和之后相继成为公司股东的人一起以备忘录中登记的姓名组成一个法人团体，即时就可以行使公司的各项职能；该职能具有永久的继承性，各个股东根据《公司法》在公司清算时以投入公司的财产承担责任。

（3）证明公司的合法性。登记官对公司登记后，向公司出具执照，执照能够证明公司已经符合《公司法》的要求；登记时附属的事项和证据，可证明该法人团体是被授权登记的公司，并且按照法律进行了适当的登记。

（4）证明遵守了公司登记的要求。由负责组建公司的发起人或者作为登记在章程中的公司董事和秘书作出的公司已经遵守上述所有要求的书面声明应当出示给登记官，登记官可以把这个声明作为已经遵守相关要求的充分证据来接受。

2. 变更登记

章程和备忘录的变更，在《公司法》规定的情形下，也应当进行登记，主要的规定有：

（1）当没有股份资本的公司增加除了登记股东以外的股东时，它应当在作出增加决定的15天内通知登记官，登记官应当记录；如果公司和公司的负责人迟延登记的，对迟延登记要承担支付罚款的责任。

（2）如果是一家私人公司变更了它的章程，以至于它的章程中不再包括《公司法》要求的私人公司章程中应当具备的条款，那么这家公司从它变更之日起就不再是私人公司。

（3）确认变更命令的手书文本，以及变更后的公司备忘录的打印文本，从法院发出命令之日起15天内，应当由公司提交给登记官。登记官应当对公司提交的文本进行登记，并保证是由他亲自登记的。变更后的备忘录是公司的备忘录的决定性证据，证明《公司法》对变更所要求的所有条件，以及相关的确认都已被遵守。根据《公司法》规定，法院可以在任何时候命令延期提交文件给登记官，并可直到法院认为合适的时候再提交。

三、公司的名称

公司的名称是表示公司性质和与其他公司相区别的标志。名称是公司设立的必要条件，公司的名称必须符合法律的规定。

（一）名称的构成

在文莱《公司法》中，对公司名称的构成作了具体要求：当公司是股份有限公司或担保有限公司时，公司的名称的最后应当以“Berhad”或者其缩写“Bhd”结尾。当公司是私人有限公司时，要将Sendirian”或者缩写“Sdn”作为公司的一部分，插在“Berhad”或缩写“Bhd”之前；如果是无限公司则插在名称的末尾。

（二）名称的禁止性规定

登记的公司名称不能存在下列情况：

（1）与根据《公司法》已登记存在的公司名称相同或者十分相似以至被认为欺诈。

（2）与非文莱公司但是在文莱从事业务的公司的名称相同或相似，可能被认为是欺诈。

（3）与根据有关成文法登记的企业名称相同或十分相似，而被认为会产生欺诈。

（4）登记官认为公司的名称可能会使公众对公司的性质和经营项目产生误解。

（5）包括“商会字样”或“建筑业协会”字样的名称。

（三）名称的限制性规定

除非苏丹陛下同意，登记的公司名称不能存在下列情况：

（1）包含皇家或Di-Raja字样，或者登记官认为公司名称暗示是在苏丹陛下的保护下或者与文莱政府或政府的任何部门有联系。

（2）登记官认为名称暗示与任何市政或地方当局有关。

（3）包含“由现任委员投票而获选的”、“文莱”、“储蓄”以及“信托”或“信托人”字样。

四、公司股东

1. 公司股东的种类

公司股东有两种类型，一种是原始股东，即公司成立时就认购公司股份的认购人；另一种是非原始股东，即公司成立后才加入公司成为公司股东的人。文莱公司法规定：公司备忘录中的认股人被认为已经同意成为公司的股东，他的登记将被认为是公司股东的登记。除此之外的其他想要成为公司股东的人，一旦他的姓名登记在公司股东登记中，他就是公司的股东。

2. 股东的责任

股东承担什么样的责任应当在公司备忘录中规定。为了保护债权人的合法权益，文莱公司法对股东向公司承担的连带责任作了专门的规定。任何时候，当股东的人数减少至对私人公司而言少于2人，但对于其他公司而言少于7人时，公司仍然继续营业超过6个月，在此期间，是公司股东的人如果已经认识到公司股东少于2人或7人，那么，他们对公司在此期间产生的债务要承担连带责任，也可以就此被债权人连带地提起诉讼。

第三节 企业的资本与管理

一、股份的招募

（一）公布招股说明书

招股说明书是向公众要约认购或者购买某一公司的股份或债券的章程、通知、通函、广告或者其他邀请。从文莱《公司法》的规定来看，招股说明书是一个包含股份发行条件的文件，也是一种向公众要约的认购或购买它的股份或债券的要约。

1. 招股说明书的形式要件

（1）由公司公布或者代表公司或与有计划的公司相关的招股说明书应当写明日期，否则登记官不应当为其进行登记。（2）招股说明书的每一份副本要由作为公司董事或提议为董事的每一个人签署，或者由他书面授权的代理人签署；招股说明书应当在公布之日或之前提交给登记官登记，这种副本如果不提交给登记官就不能被公布；招股说明书的副本也应当写明日期，否则也不能登记。

2. 招股说明书公开相关人员的要求

当以招股说明书或债券募集办法认购公司的股份或债券时，需要将董事、发起人和有关人员加以公布，具体包括：（1）公布招股说明书中的每一名公司董事。（2）某人授权将自己的姓名登记被作为董事登记在招股说明书中，或者同意立即或一段时间后成为董事。（3）每一个成为公司发起人的人。（4）每一个授权公布招股说明书的人。

文莱公司法之所以这样要求，是因为这些人要受到法律的约束，如果造成了股份或债券认购人的损失，除非具有《公司法》规定具有免责的情况，否则他们就应当对由于善意相信招股说明书而认购股份或债券而遭受损失的人进行赔偿，而这些人蒙受损失的原因是他们从招股说明书或其中包含的任何报告和备忘录的内容，或者从招股说明书公布中所存在的不真实的陈述得到参考。

3. 招股说明书的内容和公布

对于公布招股说明书，文莱《公司法》的要求是：（1）每一个由公司或代表公司公布的，或者由代表负责组建公司的人或是与组建公司有利害关系的人公布的每一份招股说明书，必须对公司法所附表格3中第一部分规定的事项进行陈述，并且就该表第二部分规定的事项作出报告，并且上述两部分只有符合表格3中第三部分的规定才能生效。（2）招股说明书中不得有任何要求或约束认购公司股份或债券的申请人放弃法律规定的对招股说明书的条件，否则就是无效的。（3）除非股份和债券的申请表的公布是与遵守《公司法》法定的招股说明书是一致的，否则公布任何形式的股份和债券申请是非法的。

4. 招股说明书的效力

除非获得法定会议的同意，股份有限公司或者有股份资本的担保有限公司不能在法定会议之前改变涉及招股说明书或代替招股说明书所声明的合同的条款，否则要承担法律责任。

（二）出售股份的要约

股份的出售和认购实际是在招股人和认购人之间建立一种合同关系。而出售股份的要约和股份的分配就是一个要约和承诺的过程。

1. 要约的含义和要求

公司为了把全部或者任何部分的股票或债券进行分配或同意分配而向公众发放出售的意思，表示就是要约任何为向公众出售股份的要约所制作的文件都应当被认为是公司公布的招股说明书，并且使用所有成文法和法律规则中有关因招股说明书中的疏忽和招股说明书中陈述而产生的责任以及对招股说明书内容的规定，就如同股票和债券已经向公众发出认购的要约和接受这种要约人就是股票和债券的认购人一样，具有相应的效力。但如果发出要约的人在文件或其他地方有错误的陈述，不影响责任。要约人是在招股说明书中作为公司董事的人，接受要约的人就是股票和债券的认购人。

为了实现《公司法》规定的目的，股份或债券的分配或分配的协议如果能够显示：股票或债券或其中的任何部分向公众出售的要约是在分配或分配协议之后6个月内作出的；在要约发出的时候公司对将要收回的有关股票和债券的对价还未收回，那么，除非有相反的证据，否则股份或债券的分配或分配协议就证明是为了对公众发出出售的要约而制作的。

2. 要约的内容

招股说明书本身就是要约的组成部分，除上述招股说明书应当具备的内容外，在要约人将股票或债券进行分配或同意分配的要约中还应当增加两项内容：一是与要约有关的公司收到的股票或债券的对价的净资产额；二是根据合同的约定，确定已经或将要被分配的股票或债券能够被监督的时间和地点。

（三）股份的分配

公司出售股份的要约被认购人接收后，认购人就应当向公司支付认购股份的款项，在收到认购人的款项后，公司就要对股份进行分配。认购人得到公司所分配的股份就成为公司的股东。

1. 分配条件

按照文莱《公司法》的规定，首次分配应当在符合下述条件之后，公司才能对向公众发出认购要约的公司股份资本进行分配，否则就不能进行分配：如果在公司的招股说明书中声明了认购人的最小付款的数额，而这个最小的数额在董事看来是为了满足附属于《公司法》表格3第一部分第5段规定，并且申请的数额已经由认购人实际支付且由公司收到，按照申请对股票每股支付的金额不得少于股票票面金额的5%。

如果上述条件在招股说明书首先公开之日起40日内没有被遵守，所有从申请认购股份的人那里收到的股款都将返还；如果股款是在招股说明书公布的48天内返还不用支付利息，从第48天起算，公司的董事将个别或连带地承担还款并支付利息的责任，但是如果董事能够证明在付款方面的违约行为不是由于他的错误或过失造成的，董事将不承担责任。

2. 分配的撤销

公司作出的对申请认购股票的人的分配如果违反《公司法》规定的上述条件，那么分配将在召开公司法定会议的一个月内被撤销；当公司并不要求召开法定会议，或者分配是在法定会议之后进行的，那么不管公司是否处在清算的过程中，分配应在分配后的一个月内被撤销。

如果公司董事明知或者允许或者授权违反上述任何有关分配的条件和要求的规定，他将对公司和被分配的人分别赔偿由此而产生的损失损害或支出。但是对这种损失的诉讼应当从分配之日起的两年内提起。

3. 分配的登记

股份有限公司或者具有股份资本的担保有限公司无论何时对股份进行分配，应当在分配的8周内向登记官提交下列文件进行登记：一是提交一份有关分配的报告，报告中陈述包含在分配中的股票的数额和票面数额，被分配人的姓名、地址、声明和数额，以及对每股已经支付或应当支付的数额；二是如果股票的分配是完全或部分以现金以外的方式付清的，要提交一份包含被分配人对分配享有权利的书面合同，以及任何涉及进行分配的销售、服务和对价的合同，这些合同应被盖上正确的印章；另外还要提交陈述分配股票数额和票面数额的报告，报告中还应陈述股票清偿的程度和它们被分配的对价。

如果应当提及的合同没有被草拟，公司应当在分配之后的8周内向登记官提交规定的贴上印花税的的合同摘要要进行登记，这种摘要被认为是具有印花税法意义的文据；作为提交摘要的条件，登记官可以要求根据印花税法要求认购人支付税款。

4. 违反分配登记的责任

如果公司的董事、经理、秘书或公司的其他人违反了有关分配登记的规定，将被处以违反规定期间每天250元的罚金。如果在股份分配之后的8周内没有按规定的要求将文件提交登记官登记的，公司或任何对此承担责任的人可以向法院申请免责，法院如果对申请人提出的没有按时提交是因为意外或疏忽，或者免责是公正和公平的主张表示满意，则可以发出命令适当延长提交文件的时间。

二、股份资本的变更

（一）股份变更的情形

公司的股份资本不可能是一成不变的，在符合法律规定的条件和履行法律规定的程序之后，公司可以变更其股份资本。文莱《公司法》规定，股份有限公司或者具有股份资本的担保有限公司，如果有公司章程的授权，可以改变已经经过登记的备忘录中的条款，也就是说可以：（1）发行它认为有益的新股数额以增加股份资本；（2）将所有的股份资本分为比现在股份更大数额的股份；（3）将所有或者任何付清股款的股票转化为股票，并且重新将这种股票转化成任何面值的缴清股款的股份；（4）细分股份或股份中的任何一部分，将其分为比备忘录规定的付清数额更小的股份数额。在细分中，已经付清股款的比例和对减少股份还未付清部分的比例应当是相同的，就如同在产生减少的股份中一样；（5）注销在通过决议之日还没有被任何人获得或者同意获得的股份，并且根据被注销的股份的数额减少股份资本的数额。

（二）股份资本变更的程序

1. 在公司全体大会上通过

变更公司的股份资本必须由公司在全体大会中通过，未经过股东全体大会通过，公司不能随意变更股份资本。

2. 登记

（1）如果具有股份资本的公司有以下情形：巩固并且将股份资本分为比现存资本数额更大的股份；将任何股份转化为股票；重新将股份转化为股票；细分股份或股份的任何部分；赎回任何优先赎回股；注销股份等。公司应当在实施上述行为的一个月内向公司登记官发出通知，详细说明有关股份的巩固、划分、转化、细化、赎回、注销或重新转化的情况。

（2）具有股份资本的公司无论它的股份是否已经被转化成股票，当公司已经在注册资本之外增加它的股份资本，公司应当在授权增加资本的决议通过的15天内，向登记官通知资本的增加，并且登记官应当记录这种增加。

如果没有经过登记或没有在法定时间内进行登记就变更公司股份要受到罚款的处罚。

三、股份资本的减少

在符合法律规定的条件和履行法律规定的程序之后，公司可以减少其股份资本。但为了保护债权人和其他有关人的合法权益，对于公司股份资本的减少，法律规定了比较严格的条件和程序。

（一）股份资本减少的条件和情形

在法院的确认下，股份有限公司或具有股份资本的担保有限公司如果有公司章程的授权，可以通过特别决议采取任何形式减少公司的注册资本。特别是在不损害前述一般性权利的前提下可以：（1）消灭或者减少对还未付清股款的股份的责任；（2）消灭或减少，或者不消灭或减少对任何股份的责任，注销任何已经清偿的股份资本，而这些股份不再属于公司可利用资本；（3）在消灭或者不消灭，或者减少对股份的责任的条件下，还清已经付清股款的股份资本，而这些股份是超出公司需要的。

如有必要，公司可以因减少股份资本和相应的股份的数额而变更公司的备忘录。

（二）股份资本减少的程序

1. 公司向法院申请

当公司通过了减少股份资本的决议，可以向法院请求发出命令以确认这种减少。

2. 法院对申请的审查和确认

法院收到申请之后，要审查有关有权反对资本减少的债权人是否同意公司减少资本的意愿，审查他们的债权或权利主张是否已得到清偿或被终止，以及他们对于被提供担保的情况是否表示满意。如果有权反对资本减少的债权人已经同意减少，或者他的债权或权利主张已经被清偿或终止，或者已经对提供担保的情况表示满意，法院可以发出命令，确认根据其认为合适的条件减少公司的股份资本。

3. 登记

当法院确认减少公司资本的命令出示给登记官，并向登记官提交命令的副本和法院同意用于表明公司的股份资本已经按照命令变更、变更后的股份资本额、股份的数量以及每股的金额的记录之后 ，登记官应当登记这些命令和记录。而登记的时间，就是由通过登记的命令确认的股份资本减少的决议生效的时间。登记官亲自出具命令和记录登记的证明，是证明公司股份资本的减少已经符合本法的所有要求的决定性证据。记录被登记以后将被认为是公司备忘录中相应部分的替代，不仅同原先备忘录中的记载具有相同效力，而且还可以变更。

四、股份的转让

股份和其他利益属于动产，而不具有不动产的性质，公司股东可以按照公司章程的规定进行转让。文莱《公司法》除了要求转让股份不能存在虚假、欺诈和伪装等行为以外，对于股份转让的条件没有更多的限制规定，但清楚地规定了转让的程序要求。

1. 转让人向公司提交转让文件

尽管公司章程有相关规定，但如果没有适当的转让文件提交给公司，公司就认为对股份和债券转让进行的登记是违法的。然而，这样的要求不应该损害公司对被依据法律受让公司股份和债券权利的股份或债券持有人的登记。

2. 将受让人的名称记入股东名册

根据公司股份或利益转让人的申请，公司应当将受让人的姓名记入股东名册。

3. 交付股份证书

除非股份、债券或结款股份分配的两个月内，或者股份、债券或结款股份转让的两个月内完成且交付所有股份、债券的证书和所有借款股份分配或转让的证书。这里的“转让”，是指盖上适当的印章并且在其他方面生效，而不包括公司由于任何原因被授权拒绝登记并且没有登记的情况。

4. 进行转让登记

股份转让就意味着公司股东的变更，因此，需要依法进行登记。

五、公司的经营地点

公司要有自己的办公地点，才能开展业务活动，也才能便于所有的信息和通知向这个办公地点邮寄。文莱《公司法》对此作了要求。

1. 设立公司的登记办公室

公司从它开展业务的那天起或者从它组成之日起28天内，应当在文莱境内设立经过登记的办公室；公司的登记办公室的坐落地方和任何变更的通知应当在公司组成或变更的28天内提交登记官，否则，公司及其公司的相关人员要受到罚款的处罚。

2. 表明公司的名称

公司应当在它开展业务的每一个登记办公室外面的明显位置以醒目的文字，通过油漆或黏贴的方式表明自己的名称。除此之外，还应将它的名称醒目地在公司的所有通知、广告和公开出版物中提及，并且在所有公司签署或代表公司签署的汇票、本票、背书和主张金钱或货物的命令中，以及在公司的提货单、发票、收据和信用证中提及。如果公司及其有关人员没有在法定地点表明公司的名称，将受到罚款处罚。

六、公司开始从事业务的限制

如前所述，公司只要具备认股人数、认股人认购公司一定的股份以及经过登记这3个法定条件，取得法人资格后才能开始从事业务活动，在此之前的活动除了法律特别规定的以外都是非法的。文莱《公司法》对此专门加以限制，具体情形包括：

（一）在公众认购股份过程中的业务限制

这主要表现在两种情形：

1. 已经公布公司招股说明书邀请公众认购股份的限制及例外

在具有股份资本的公司（不包括私人公司）已经公布其招股说明书邀请公众认购它的股份时，公司不得开始任何业务，也不得举债借款。但是，有下列3种例外：（1）根据所有支付现金而持有的股份已经被按照总额不少于最小认购的数额进行分配。（2）公司中的每一个董事都已经付清他取得或约定取得并且他有责任支付现金的股份的金额，支付的比例与申请中的比例和向公众要约认购的股份的分配额相当。（3）说明的条件已经被遵守的书面声明已经由秘书或其中一个董事按照规定的形式提交给登记官。

2. 没有公开公司招股说明书邀请公众认购股份的限制及例外

当具有股份资本的公司（不包括私人公司）没有公开其招股说明书邀请公众认购它的股份，公司不得开始它的任何业务，也不得举债借款。这也有3种例外：（1）已经向登记官提交代替招股说明书的报告进行登记。（2）公司中的每一个董事都已经付清他取得或约定取得并且他有责任支付现金的股份的金额，支付的比例与申请中的比例和向公众要约认购的股份的分配额相当。（3）说明的条件已经被遵守的书面声明已经由秘书或其中一个董事按照规定的形式提交给登记官。

在公司按照法律规定将代替招股说明书的报告或者上述提到的书面声明提交给登记官时，登记官要出具证明书证明公司有权开始开展业务，这个证明书将是公司有此权利的决定性证据，即是说，公司自此时起才具有开展业务活动的资格。在这之前，除非法律的特殊规定，公司开展的业务活动都是非法的，要受到罚金处罚。

（二）公众认购股份过程中允许开展的活动

在公众认购股份过程中，允许开展的活动主要有两种：

1. 订立合同

公司在有权开展业务的日期之前订立的所有合同都是临时性的，对公司都没有约束力，直到公司有权开展业务那天合同才具有约束力。

2. 进行招股活动

即进行股份的要约认购，或者对任何股份和债券进行分配，或者接受申请债券的款项。

（三）公司未取得登记的后果

1. 登记官提示公司

如果公司在它组成之日起的1年内没有获得开始业务的证书，登记官应寄挂号信到公司的登记办公室提示公司申请上述的证书；如果公司没有办公室被登记，登记官应当将挂号信寄给每一个签署公司备忘录的人。如果公司在上述挂号信寄出后的1个月内还没有获得上述证书，登记官将取消公司的登记，并且在政府公报上刊登通知，告知公司已经被取消登记。当在政府公报上刊登了上述通知，则认为公司已被注销。

2. 公司向法院申请恢复登记

如果公司根据上述的规定被取消了登记或公司被取消，公司成员或债权人可向法院提出恢复登记的申请，法院可根据其认为合适的原因和合适的条件命令公司恢复登记；当法院发出恢复登记的命令时，公司应当被恢复登记，并且公司将被认为继续存在就如同没有取消登记一样。

七、公司成员的登记入册

按照文莱《公司法》的规定，每个公司都应当备有一份或一份以上的成员的登记名册。

1. 登记内容

公司成员的登记名册应当列入下列内容：（1）成员的姓名和地址、职业。如果是具有股份资本的公司，则应当在登记名册上说明每个成员持有的股份（通过号码区别每一股）以及每一个成员已经支付的数额或同意考虑支付的数额。

（2）每一个人作为成员被录入登记名册的日期。（3）任何人停止成为成员的日期。但是如果公司已经将它的股份转化成股票，并且将这种转化通知登记官，则登记名册上将显示的是每一个成员持有的股票额而不是股份数额的情况。

每一个超过50人的公司，除非成员登记名册本身就形成索引，否则应当保存公司成员姓名的索引，并且应当在成员登记作出任何变更之日起的14天内对索引进行必要的变更。这种索引可以以卡片索引的形式，并且，与每个成员有关的索引应当包含能够很容易查到公司成员的有关情况。

对于违反公司成员登记内容的公司及其有关人员应当承担罚金的责任。

2. 登记名册的查阅

从公司登记之日起开始，公司成员的登记名册和成员姓名的索引应当被保存在公司的登记办公室中，除了非营业时间以外，公司的登记办公室应当在营业时间（根据公司全体会议所做的合理限制，每天不少于2小时被允许查阅）对公司任何成员免费开放查阅，对公司以外其他人付费查阅。公司任何成员或其他人可以索要登记名册的副本或者其中任何一个部分。在收取一定费用后，从被索要公司收到的第2天开始计算，公司应当在10天内将任何人索要的任何副本送达给这个人。

如果公司拒绝他人查阅登记名册和拒绝送达或不按照时间送达副本，公司及其相关的违法人员应受到罚金的处罚。如果出现拒绝和违反规定的情况时，法院还可以通过命令强制公司准许查阅人立即查阅登记名册和索引，或者指示公司将副本送达给索要人。

八、公司的地方或分支登记

1. 能申请地方或分支登记的公司

公司通过它的初始设立时的规定或之后作出变更的特别决议的授权，可以申请登记经营项目包含在文莱以外的交易公司；登记官可以根据苏丹陛下的指示，颁布1种为期1年的许可证给这种公司，并给予这种公司在任何地方保存交易经营的登记或者成员登记的权利。但是，申请这种许可证的公司，必须提交登记官满意的书面声明，或者公司的实质性事业将会在公司保存登记的地方或附近进行书面声明。

取得这种许可证的公司要按时向登记机关缴纳年费。这种许可证从颁发之日起到次年的11月30日有效，时间届满时，除非公司首先声明了相反的原因，登记官可以把公司的名称从登记中取消，并且在政府公报上通知名称被取消的公司将被注销。

2. 地方或分支登记的保存

地方或分支机构被认为是公司成员登记名册（称之为“主登记”）的一部分，因而应当与《公司法》要求的相同方式进行保存。

地方或分支登记一完成，公司就应当将其中一份转给公司的登记办公室进行保存，公司的登记办公室应当适当地保存地方或分支登记的副本；从《公司法》规定的目的出发，每一次登记的副本都被认为是主登记的一部分。但是，在地方或分支登记内的股份区别于主登记中的股份，在登记持续期间，有关任何在地方或分支登记中的股份的交易不能被登记在其他任何登记中。

公司可以停止继续保存一份地方或分支登记，并且因此所有在这个登记中的登记将被转入公司保存的其他地方或分支登记中，或转入主登记中。

公司如果违反地方或分支登记的要求，公司及其有关违反规定的人将受到罚金的处罚。

第四节　公司的组织运作

一、公司会议及其程序

按照文莱《公司法》的规定，公司会议包括三种：年度会议、法定会议、股东特别大会。

（一）年度会议

每一个公司每年应当至少举行一次全体会议，并且不超过上一次召开全体会议的最后程序的15个月。公司如果不按规定举行年度会议，法院可以根据公司任何成员的申请，命令或指示公司召集全体会议，并且，公司和公司中知情的董事将受到罚金的处罚。

（二）法定会议

1. 会议的日期

除了私人公司以外，每一个股份有限公司和每一个具有股份资本的担保有限责任公司应当从公司有权开展业务之日起的不少于1个月、不超过3个月的时间内举行公司成员参加的被称为法定会议的全体会议。

2. 会议报告

董事应当至少在会议召开的7天前提交一份报告（称为“法定报告”）给公司所有的成员。法定报告应当由不少于两名的公司董事证明，如果少于两名董事，就由所有的董事和经理证明。报告应当载明：（1）被分配股份的总数，除现金支付的股份以外区分完全或部分付清的被分配股份，当股份是部分付清的情况时说明付清的程度，在上述任何一种情形时说明股份被分配的对价。（2）公司收到有关所有被分配股份的总额。（3）公司收益的摘要和据此进行的支付，直到报告日的7天内，用明显的标题展示的公司从股票、债券和从其他来源得到的收益，还有据此进行的支付和现存余额的详情，以及公司基本费用的账目或估计。（4）董事、审计师的姓名、地址和说明，公司的经理和秘书的姓名、地址和说明。（5）任何合同的详情，被提交给会议批准的变更，以及变更或建议变更的详情。

法定报告还应当包括被公司分配的股份和由这种股份收到的现金，以及公司资本账目的收益和支出。法定报告应当由公司的审计证明其正确性。

3. 董事的义务

董事应当按照相关要求，将证明过的法定报告的副本在发送给公司成员之后立即交给登记官登记，应当将一份表明公司成员姓名、说明、地址，以及他们分别持有股份的数目的名单在会议开始时提出，并且在会议持续期间对公司的任何成员开放并使之容易取得。

出席会议的公司成员无论之前是否获得过通知，可以自由讨论与公司的设立或从法定报告中产生的有关任何问题；但是，如果没有收到与章程相一致的通知，决议不能被通过。

（三）股东特别大会

1. 股东特别大会召开的启动

不管公司章程有何规定，公司董事应当根据申请日时持有不少于公司付清资本1/10的股份，且在股东大会有表决权的股东的申请，或者当公司没有股份资本时，根据代表不少于具有股东大会表决权的股东1/10的董事的申请，立即召集公司的股东特别大会。

2. 召开特别股东大会的申请

申请必须阐明会议的目的，并且必须由申请人签署和保存在公司的登记办公室。

3. 会议召开的时间

股东特别大会应当在收到申请的21天内举行，如果董事没有在收到申请的21天内适当地召集会议，申请人或者超过所有具有表决权人数一半的申请人的代表可以自己召集一个会议，但是这样召集的会议不能在上述日期的3个月后举行。

4. 董事的责任

由于董事没有适当地召集会议而使申请人产生的合理的支出，应当由公司偿还给申请人，并且该支付的费用将被公司从任何应付或将来应付给违反规定的董事的有关服务的费用和其他报酬中扣下来。

（四）会议的决议

按照文莱《公司法》的规定，公司会议决议采取由多数表决通过的方式通过会议作出的决议。会议决议有两种：

1. 非常决议

指公司会议的通知载明了建议这个决议作为非常决议的目的，由不少于3/4有表决权的股东亲自或经他们授权的代理人通过的决议。

2. 特别决议

特别决议要具备两个条件，一是要由非常决议要求的多数股东及其代理人通过；二是在股东大会前有不少于21天发出的通知，通知中载明了建议这个决议作为特别决议的目的。但是如果有权在任何会议上出席并表决的全体成员都同意，会议通知的时间可以少于21天。

根据文莱《公司法》的规定，某些事项需要以特别决议的形式才能通过。如变更备忘录中有关公司经营项目的条款、增加公司章程的内容、变更公司的名称、决定尚未募集的公司股份资本不再募集、将发行的公司股份资本用于支付工程款和工厂的供货款、减少公司资本。公司对于必须由特别决议决定的法定事项，只能采取特别决议的方式作出决定。

二、公司的董事和经理

（一）董事的人数

文莱《公司法》规定，公司必须至少有两名董事，而且，如果公司有两名董事，其中的一名应当是文莱公民；如果有两名以上的董事时，应当有不少于一半（以认股数额较大的为准）的董事是文莱公民。

（二）董事的任命

某人要成为公司董事，必须在公司章程或招股说明书登记前，或者在提交代替招股说明书的报告之前，亲自或者书面授权他的代理人进行下列事项：

1. 签署同意担任董事的书面意见并提交给登记官登记

2. 履行相应的手续中的一项

（1）签署不少于他的资格要求数额股份的备忘录；（2）从公司取得并且付清或同意付清其具备董事资格所要求的股份；（3）签署且提交给登记官登记的从公司取得股份且付清他的资格要求的股份的书面承诺；（4）作出并提交一份书面宣言给登记官登记，说明不少于他的资格要求数目的股份已经登记在他的名下。

如果没有履行上述手续，就没有资格被章程任命为公司董事，并且将不能在公司公布或代表公司公布的招股说明书中被提名为董事或推荐为董事，或者作为计划中的公司公布的招股说明书中推荐的董事，或者作为代替招股说明书的提交给登记官的报告中被推荐的董事。

但上述要求不适用于没有股份资本的公司、私人公司和在成为公共公司前是私人公司的公司，以及在有权开展业务之后的一年期限届满之后由公司或代表公司发行招股说明书的公司。

（三）董事的资格或条件

对于董事的资格和条件，文莱《公司法》的规定是要求董事具备持有符合公司章程规定的股份，尚未取得这个条件的董事，就应当在他被任免后的2个月内或者公司章程规定的更短的时间内获得符合公司董事资格的股份。如果在被任命后的2个月内或者公司章程规定的更短的时间内没有获得符合公司董事资格的股份，该董事的职位就必须被空缺（董事离职），并且在他取得资格前不得再被任命为董事。

除非得到法院的同意，作为未清偿债务的任何破产人不得担任公司董事，亦不得直接或间接参加或涉及公司的经营。但是如果破产的时间先于《公司法》的实施时间，并且他已经持续担任了董事并参加或涉及公司的经营，那么，他就能够担任公司的董事。

如果不符合资格的人担任了董事，该董事就要受到罚金的处罚。

（四）经理的任命

某人要成为公司的经理，必须有全体董事过半数同意，并签署同意其担任经理的书面意见并提交给登记官登记。

（五）董事和经理的登记

《公司法》要求任命董事和经理必须进行登记，其任职才合法有效。

1. 登记的内容

当董事是个人的时候，登记的内容包括：现用姓名和曾姓名、常住地址、原始国籍和现有国籍、职业经历，或者没有职业经历但是担任任何其他一个或数个公司的董事的情况。当董事是法人的时候，登记的内容主要包括法人的名称和登记的主要办公室。

2. 登记的保存和提交

每一个公司应当在其登记的办公室里保存一份董事或经理的登记；并且依规定的形式向登记官提交一份详细情况的汇报，以及向登记官以规定形式作出的董事或经理变更登记任何情况的通知。向登记官提交汇报的期间是14天，从公司的第一个董事被任命之日起计算；向登记官提交变更通知的期间是1个月，从变更发生之日起计算。

3. 登记的查阅

公司应将董事登记在营业时间（根据公司的章程作出的合理的限制或者根据股东大会的安排，允许被查阅的时间每天不得少于2小时），对公司的任何成员免费开放查阅，对公司以外的其他任何人付费开放查阅。违反该项规定，公司和公司中的违规人员将受到罚金的处罚。如果有人被公司拒接查阅登记，法院可以命令强制性地立即查阅。

（六）董事和经理的责任

文莱《公司法》规定，董事和经理的责任形式可以通过公司的备忘录规定。在有限责任公司中，如果备忘录作了规定，董事和经理或者经营董事的责任可以是无限的。董事或经理是无限责任的有限公司中，公司的董事或经理和建议被选举或任命为董事或经理职务的人应当在建议书上附一份说明，说明上述职务的人将承担无限责任；并且，公司的发起人、董事、经理和秘书，或者他们中的一人，应当在这个人接受职务或任职之前，告知其责任为无限责任。

有限公司如果有公司章程的授权，还可以通过特别决议变更它的备忘录，以使公司董事、经理或任何经营董事的责任变成无限责任。

第五节　公司的解散与清算

公司的解散是指成立的公司基于一定的合法事由而使公司消失的法律行为。

一、公司解散的原因

根据文莱《公司法》的规定，解散的原因分为三种：一般解散原因、强制解散原因、股东请求解散。

（一）一般解散原因

一般解散原因是指只要出现了解散公司的事由公司即可解散。文莱公司法规定的一般解散的原因有：

（1）公司备忘录规定的营业期限届满或者公司章程规定的其他解散事由出现时。但在此种情形下，可以通过修改公司备忘录而使公司继续存在，并不意味着公司必须解散。如果有限责任公司经持有2/3以上表决权的股东通过或者股份资本担保有限公司经出席股东大会会议的股东所持表决权的2/3以上通过修改公司备忘录的决议，公司可以继续存在。

（2）股东特别大会决议解散。

（3）因公司合并或者分立需要解散。

（二）强制解散原因

强制解散的原因是指由于某种情况的出现，主管机关或法院命令公司解散。文莱公司法规定强制解散公司的原因主要有：

（1）责令关闭。公司违反法律、行政法规被主管机关依法责令关闭的，应当解散。

（2）被吊销营业执照。如有虚假注册、无故不开业或者停业企业逾期不参加年检手续的情况下可以吊销营业执照。

（三）股东请求解散

文莱公司法规定，当公司经营管理发生严重困难，继续存在会使股东利益受到重大损失，通过其他途径不能解决的，持有公司全部股东表决权10%以上的股东或委托的代理人可以请求法院解散公司。

二、公司解散的清算

（一）成立清算组

公司解散时，应当依法进行清算。根据文莱《公司法》的规定，公司应当在解散事由出现之日起15日内成立清算组。根据文莱有关法律的规定，有下列情形之一，债权人申请法院指定清算组进行清算的，法院应予受理：

（1）公司解散逾期不成立清算组进行清算的。

（2）虽然成立清算组但故意拖延清算的。

（3）违法清算可能严重损害债权人或者股东利益的。

具有上述情形，而债权人未提起清算申请，公司股东申请法院指定清算组对公司进行清算的，法院应予受理。

私人公司的清算组由股东组成，非私人公司的清算组由董事或者股东大会确定的人员组成。法院受理公司清算案件，应当及时指定有关人员组成清算组。清算组成员可以从下列人员或者机构中产生：

（1）公司股东、董事、高级管理人员。

（2）依法设立的律师事务所、会计师事务所、破产清算事务所等社会中介机构。

（3）依法设立的律师事务所、会计师事务所、破产清算事务所等社会中介机构中具备相关专业知识并取得执业资格的人员。

（二）清算组的职权

根据文莱《公司法》的规定，清算组在清算期间行使下列职权：

（1）清理公司财产，分别编制资产负债表和财产清单。

（2）通知、公告债权人。

（3）处理与清算有关的公司未了结的业务。

（4）清缴所欠税款以及清算过程中产生的税款。

（5）清理债权、债务。

（6）处理公司清偿债务后的剩余财产。

（7）代表公司参与民事诉讼活动。

清算组在公司清算期间代表公司进行一系列民事活动，全权处理公司经济事务和民事诉讼活动。根据文莱《公司法》的规定，清算组成员应当忠于职守，依法履行清算义务。清算组成员不得利用职权收受贿赂或者其他非法收入，不得侵占公司财产。清算组成员因故意或者重大过失给公司或者债权人造成损失的，应当承担赔偿责任。

（三）清算工作程序

1. 登记债权

清算组应当自成立之日起10日内通知债权人，并于60日内在报纸上公告。债权人应当自接到通知书之日起30日内，未接到通知书的自公告之日起45日内，向清算组申报其债权。债权人在规定的期限内未申报债权，在公司清算程序终结前补充申报的，清算组应予登记。债权人补充申报的债权，可以在公司尚未分配财产中依法清偿。公司清算程序终结，是指清算报告经股东会或者法院确认完毕。

清算组未按照前款规定履行通知和公告义务，导致债权人未及时申报债权而未获清偿，清算组成员对因此造成的损失承担赔偿责任。

债权人申报债权，应当说明债权的有关事项，并提供证明材料。清算组应当对债权进行登记。在申报债权期间，清算组不得对债权人进行清偿。

2. 清理公司财产，制定清算方案

清算组应当对公司财产进行清理，编制资产负债表和财产清单，制定清算方案。清算方案应当报股东会、股东大会或者人民法院确认。清算组执行未经确认的清算方案给公司或者债权人造成损失，公司、股东或者债权人有权要求清算组人员承担赔偿责任。

公司解散时，股东尚未缴纳的出资均应作为清算财产。股东尚未缴纳的出资，包括到期应缴未缴的出资，以及依照《公司法》的规定分期缴纳尚未届满缴纳期限的出资。

清算组在清理公司财产、编制资产负债表和财产清单后，发现公司财产不足清偿债务的，应当依法向法院申请宣告破产。法院指定的清算组在清理公司财产、编制资产负债表和财务清单时，发现公司财产不足清偿债务的，可以与债权人协商制作有关债务清偿方案。债务清偿方案经全体债权人确认且不损害其他利害关系人利益的，法院可依清算组的申请裁定予以认可。

3. 清偿债务

公司财产在分别支付清算费用、职工的工资、社会保险费用和法定补偿金，缴纳所欠税款，清偿公司债务后的剩余财产时，私人公司按照股东的出资比例分配，非私人公司按照股东持有的股份比例分配。清算期间，公司存续，但不得开展与清算无关的经营活动。公司财产在未按上述规定清偿前，不得分配给股东。

4. 公告公司终止

公司清算结束后，清算组应当制作清算报告，报股东会或者法院确认，并报送公司登记机关，申请注销公司登记，公告公司终止。

公司未经清算即办理注销登记，导致公司无法进行清算，债权人有权要求私人公司的股东、非私人公司的董事和控股股东，以及公司的实际控制人对公司债务承担清偿责任。

三、公司解散的效果

解散是否导致公司法人资格的终止因国家而异，英国实行“先算后散”体制，解散即意味着公司法人人格的终止。文莱和英国相同，也实行“先算后散”的体制，规定企业只有在清算后才能解散。

1. 进入清算程序

除因合并、分立而解散外，在其他解散的情形下，公司均需进行清算。通过清算，结束解散公司的既存法律关系，分配剩余财产，从而最终消灭其法人资格。

2. 公司仍存续，但应停止积极营业活动

在清算期间，公司存续，但不得开展积极的经营活动，即其活动限于与清算有关的事务，也不得将公司的财产分给股东。

3. 解散公司在特定情形下仍可恢复

准予自愿解散的公司，在清算结束前经股东大会决议而恢复。德国亦然。

第三章

文莱投资鼓励与优惠政策

第一节 《投资促进法》关于投资鼓励与优惠的规定

一、《投资促进法》的适用范围

（一）先锋型企业

1. 先锋型企业的界定

先锋型企业是指经负责工商业发展的发展部部长（以下简称“部长”）批准并依据该法第五条的规定领取先锋证明的公司。《投资促进法》第二部分明确规定部长可以宣布一种产业为先锋型产业，在这个产业范围内的所有产品为先锋产品。只要部长认为这是为公众谋福利的恰当之举，同时这种产业充分符合文莱的经济需要但还未达到规模化发展；而且，他个人认为这种产业将会有良好的发展远景，那么他就可以依据本法作出宣布一种产业为先锋型产业的决定。简而言之，就是“先锋产业” 需同时满足三个条件：（1）符合公众利益；（2）该产业在文莱未达到饱和程度；（3）具有良好的发展前景，且产品在该行业具有领先性。

2. 先锋型企业的种类

先锋型企业可以分为先锋工业企业和先锋服务公司。文莱工业与初级资源部依据该法，划定了十个工业项目为“先锋型工业”并且规定这些工业所生产的产品为“先锋型工业产品”。文莱政府已公布的“先锋工业产品”包括：航空食品，搅拌混凝土，制药，铝材板，轧钢设备，化工，造船，纸巾，纺织品，听装、瓶装和其他包装食品，家具，玻璃，陶瓷，胶合板，塑料及合成材料，肥料和杀虫剂，玩具，工业用气体，金属板材，工业电气设备，供水设备，屠宰和加工清真食品，废品处理工业等。

文莱《投资促进法》还对“先锋服务公司”做了专门规定，即依法领取了资质证明，符合公众利益，能够从事合乎资质的经营活动的专门从事服务业的公司，具体包括以下项目：（1）设计实验、顾问和研发的工程技术服务；（2）计算机信息服务和其他相关服务；（3）工业设计的开发和生产；（4）休闲和娱乐的服务；（5）出版服务；（6）教育服务；（7）医疗服务；（8）有关农业技术的服务；（9）有关提供仓储设备的服务；（10）为展览和会议提供组织和管理方面的服务；（11）金融服务；（12）商业顾问、管理和职业服务；（13）风险资本基金的服务；（14）公共高速交通体系的运转和管理；（15）拍卖服务；（16）私立博物馆的经营和维护；（17）部长指定的其他经营服务活动。

3. 先锋型企业的设立、变更和终止

先锋型企业的设立。根据文莱《投资促进法》的规定，部长可以批准一个公司为先锋型企业并颁发先锋证明。因而，如果一个公司致力于先锋型产品的生产，那么它可以按照规定的形式和项目向部长提交书面申请，以获得先锋型企业的资格。获得先锋型企业必须符合法律规定的适当条件，而这个条件法律赋予部长来掌握。只要部长认为申请人申请的项目是以公众利益为目的的正确举措，特别是如果他考虑到该项目在文莱实现从其他形式的生产向先锋型产品的生产的转换是必要的，他就可以批准申请人为先锋企业，并颁发先锋证明。部长向创新企业颁发的先锋证明应当详细记载：（1）先锋型企业拟定的产品按照市场需求数额投入生产的开始时间；（2）在上述期限内计划达到的产品的生产等级。

先锋型企业的变更。先锋型企业有法定时期，如果需要变更，先锋型企业还应向部长提出变更申请。部长可以在其权限之内，根据先锋型企业的申请，变更先锋证明上原先记载的生产日期，确定他认为适宜的提前或推后的时间；只要原先的生产日期就是属于这个先锋型企业的，部长作出的这个变更的条款将随之生效。

先锋产业的终止。部长可以宣布一种产业为先锋型产业，同时可以撤回任何按照本条规定发布的命令。但是此种撤回不应当影响到之前已获得先锋证明的先锋型企业的正常经营。

（二）扩展型企业

1. 扩展型企业的界定

扩展型企业就是指已获得批准并且依据法律的规定领取了扩展证明的公司。在某一产业中，产品产量的增长会导致新的资本的开支，从而致使企业扩展，而企业扩展之后又会引起该企业权利义务的变化，形成扩展型企业。文莱法律规定，如果在某一产业中，产品产量的增长有利于文莱的经济发展，部长可以从公共利益的角度出发发布命令，宣布该产业为批准扩展的产业，该产品为批准扩展的产品。

如果公司从事特定的经营项目（同上述先锋型服务公司的经营范围），并计划大幅度地提升业务，则依然可以向部长提交书面申请，以获得扩展型服务公司的资质。部长应当出于公共利益的需要，在满足条件的情况下批准公司成为扩展型服务公司并颁发相应的资质证明。

2. 扩展型企业的设立、变更和终止

按照文莱《投资促进法》的规定，一个企业必须具备扩展型企业法定条件，并向部长提出申请，经部长批准并颁发扩展证明之后，该企业才能获得扩展型企业的资质。设立扩展型企业的条件主要包括以下两种情况：（1）如果公司由于批准产品的生产或扩大生产导致新的资本开支，若新的开支不超过100万元，或者开支超过50万但不足100万元，且公司生产设备的最初成本将增加30%以上，具备这样的条件，企业可按照规定的形式和项目向部长提交书面申请以获得扩展型企业的资质。其中，“新的资本开支”是指为了提高产量或利润，公司用于购买生产设备所产生的开支。（2）如果公司购买生产设备的开支不属于新的开支，但是，因为购买生产设备是出于经济利益的正当考虑；或者购买价格符合生产设备的公平、公开的市场价值，经过部长确认，也可成为扩展型企业。部长在收到企业提交的书面申请之后，依据他认为适宜的条件并从公众利益出发，可以批准公司成为扩展型企业并颁发扩展证明。扩展证明应当标注生产设备投入使用的日期。这个日期就视为扩展日。扩展服务公司的资质证明所载明的扩展经营项目的开始日期不能早于2001年1月1日。

扩展型企业的变更是指部长在其权限内，应扩展型企业的申请还可以变更扩展证明上的扩展日，扩展日期自变更之日起具有法律效力。

扩展型企业的终止是指部长可以废除依照本法规定所颁布的命令，但不应影响到之前已取得扩展证明的扩展型企业的正常经营。

（三）出口企业

1. 出口企业的界定

根据文莱《投资促进法》的规定，如果一个公司正在生产或计划生产出口产品，正在开展或者计划开展农业、林业、渔业经营，而不论其产品全部出口或是部分出口，只要经过法定程序，部长出于公共利益的需要可以应公司提交的申请，批准其为出口企业并颁发出口企业证明。

公司如果从事合乎资质的服务，则可按规定的方式向部长提出申请，以获得出口服务公司的资质，如果符合公众利益及部长本人拟定的条件，便可以批准公司的申请并颁发资质证明。其中，“合乎资质的服务”是指在文莱境内开展的涉及海外项目或非永久居民的服务，具体包括：（1）技术服务，包括建筑、销售、设计和工程服务；（2）与技术材料、贸易或商业有关的咨询、管理、监督或顾问服务；（3）机械设备的装配和设备部件与材料的获取；（4）数据处理、程序设计、计算机软件开发、电讯和其他计算机服务；（5）专业服务，包括会计、法律、医药和建筑方面的服务；（6）教育和培训服务；（7）部长指定的其他服务。

2. 出口企业的设立和变更

出口企业证明应当载明核算期间，核算期间应当视为出口企业的出口年。在这个期间内，企业出口产品的销售额应当不低于总销售额的20%，或者应当不低于2万元。其中“出口销售额”是指出口企业、代理商或者独立承包商的出口销售额。

部长可以在其权限内，应出口企业的请求，对出口企业证明进行变更，使核算期间提前或推后。核算期间变更后即具有法律效力。

（四）国际贸易公司

1. 国际贸易公司的界定

依照文莱《投资促进法》第64条的规定，公司从事下列贸易时可按规定程序向部长提出申请以获得国际贸易公司的资质：（1）有关合乎资质的制造商品，文莱的国内产品的国际贸易，并且这些商品单独或合计的出口销售额超过或预计超过每年300万元；（2）有关合乎资质的商品的集散贸易且其出口销售额超过或预计超过每年500万元。其中“文莱的国内产品”是指在文莱境内生产的对虾、鱼（包括观赏鱼）、鸡、装饰植物、兰花以及部长批准的其他国内产品。

2. 国际贸易公司的设立和变更

在提出国际贸易公司的申请时，公司应向部长提交一份报告，就其关联公司、出口代理商、经营范围及其他要求的特殊事项作出说明。如果这些特殊事项发生改变，公司应当立即向部长报告。部长需从公众利益出发并依据适当的条件，可以批准申请并颁发资质证明。就上述（1）（2）项而言，部长还可以向国际贸易公司颁发单独的资质证明。同时，部长在其权限范围内应国际贸易公司的申请，可以变更其资质证明上的开始日期，作出他认为适当的提前或推迟。开始日期自变更之日起具有法律效力。

（五）合格的控股公司

1. 合格的控股公司的界定

合格的控股公司是指在文莱境内合并而成的公司且在文莱的投资不低于股东资本的60%，适用于风险公司、技术投资公司或海外投资公司，且持有上述公司的股份不低于30%。在公司持有风险公司、技术投资公司或海外投资公司的股份的整个期间内，不低于30%的已交付资本由公民个人控制，这些公民已经依据《移民法》获得居留许可证。

2. 合格的控股公司的种类

（1）海外投资。随着国际经济的发展，各个国家的有些企业需要加快与国外联系，故而需要在海外成立一间公司以方便国内公司与国外客户的联系与合作。按照文莱《投资激励法》的规定，海外投资有两种情况：其一，技术投资公司。位于文莱境内合并而成的公司，如果计划向海外公司投资，而海外公司又致力于开发或使用与制造、加工或服务相关的新技术，那么经过一定的法律程序，就可以获得技术投资公司的资质，向海外进行技术投资。其二，海外投资公司。位于文莱境内合并而成的公司，如果计划向海外公司投资，以便能够在国内使用海外公司的技术或者使其合格的控股公司或子公司能够进入海外市场，则公司经过一定的法律程序，便可获得海外投资公司的资质。

（2）风险公司。在文莱境内合并而成的公司，如果计划在国内开发或使用与制造、加工或服务有关的新技术，则可以按规定的方式向部长提交申请，以获取风险公司的资质，进行风险投资业务。其中，风险资本是指以股份投资的方式投资于未上市的具有高成长性的新生企业的资本。

3. 合格控股公司的设立

（1）风险公司。公司可以按规定的方式向部长提交申请，如果部长认为引进的技术能够促进或加强文莱的经济技术发展，那么部长可以依据自己提出的条件批准公司的申请并颁发风险公司的资质证明。

（2）技术投资公司。公司可以按规定的方式向部长提交申请，如果部长认为引进的技术能够促进或加强文莱的经济技术发展，那么部长可以依据自己提出的条件批准公司的申请并颁发风险公司的资质证明。

（3）海外投资公司。公司可以按规定的方式向部长提交申请，如果部长认为技术引进或开拓海外市场能够促进或加强文莱的经济技术发展，那么部长可以依据自己提出的条件批准公司的申请并颁发风险公司的资质证明。

4. 合格控股公司的限制

风险公司未经部长的书面许可不能从事经营范围之外的其他贸易或商业。技术投资公司和海外投资公司不能从事任何贸易或商业。

二、投资管理的主要内容

（一）投资主管部门

文莱主管国内投资和外国投资的政府部门为工业与初级资源部和经济发展局。文莱工业与初级资源部主要职责是：鼓励和支持当地企业及外国投资者开展商品生产和服务，保障国家食品安全和就业，推动经济持续、多元化发展。该部下辖5个执行局：农业局、森林局、渔业局、工业发展局和旅游局。

（二）投资行业规定

（1）禁止的行业：包括武器、毒品及与伊斯兰教义相悖的行业等。

（2）限制的行业：林业不对外资开放。

（3）鼓励的行业：包括化工、制药、制铝、建筑材料及金融业等行业。2001投资促进法将部分产业纳入先锋行业，投资享受税收优惠，以吸引外来投资。

（三）投资方式和领域的规定

文莱对大部分行业外资企业投资没有明确的本地股份占比规定，对外国自然人投资亦无特殊限制，仅要求公司董事至少1人为当地居民。外资在文莱投资可成立私人有限公司、公众公司或办事处，但文莱本地工程一般仅向本地私人有限公司发放。

文莱经济以油气资源产业为支柱，其他产业尚不发达，因此，外国直接投资以绿地投资为主。

三、投资鼓励与优惠措施

（一）行业鼓励政策

1. 先锋型企业

投资“先锋产业”项目的有限公司，按照投资金额，从生产之日起，可享受不同程度的免税优惠：固定资产投资金额在50万—250万文莱元的，可5年内免税；固定资产投资总额在250万文元以上的企业，8年内免税。企业可申请免税期延长，每次3年，总共不超过11年。以上所说的固定资产投资，是指为了自身发展的需要，创新型企业投入到工厂建设（不包括土地）、机械设备或者其他设备上的开支资本，而这些设备仅限于在文莱境内使用。在政府建设的高科技园内进行投资的企业可享受11年的免税期，企业同样可以申请每次5年的免税期延长，总共不超过20年。同时，投资"先锋产业"的公司，建厂所需的材料、机械及文莱本地没有的生产原料，在进口时都可以免交关税。文莱政府还会为这些外商投资企业优先在工业区安排场地。

先锋产业的免税期（从生产日开始计算）

注册资本金额	免税期
50万—250万文莱元	5年
250万文莱元以上	8年
高科技园区内	11年
免税期延长	每次3年，总共不超过11年
（高新区）免税期延长	每次5年，总共不超过20年

对于先锋服务公司，本法规定，在其经营范围内，免税期间自开始日起算，可以达到8年或8年以上，部长可以决定延长，但不能超过11年。

既然对先锋型企业在税收上有着相当的优惠，因而，该类企业在其贸易活动中必须遵守法律对其特殊的要求和限制。

（1）为了贯彻落实《所得税法》和《投资激励法》，要求：①先锋型企业应当在其免税期届满时永久性地停止经营其旧贸易或商业；②从免税期届满的次日起，先锋型企业应当立即建立和开展自己的新贸易或商业；③从生产日期开始，先锋型企业应当对旧贸易或商业进行年度核算，并且要持续到其免税期届满的那一年为止；④在对新贸易或商业进行首次核算时，先锋型企业应当把在免税期内最后一次核算所得的有关资产和负债的数据作为初始数据来使用。下一次核算将参照第一次核算的数据来进行。同理，每一期核算的结果将作为下一期核算的参考数据。

（2）先锋型企业还应对其免税期内的贸易活动有所限制：①在免税期间内，除非得到部长本人的书面许可，否则先锋型企业只能从事与先锋型产品有关的贸易或商业，而不能开展其他种类的贸易或商业。②在前述规定的许可范围内从事单笔贸易或商业时，应当确保在同一核算期间内对其进行独立核算。③在任何一个核算期间内如果因某一笔贸易导致亏损，那么这一亏损额应当计入先锋型企业的收益所得。但如果征收人考虑到发生亏损的全部情形，认为亏损的发生并非源于获取税收利益的动机，则可以例外。④如果在任何一个核算期间内因某一笔贸易而赢利，那么根据《所得税法》进行统计所得的利润额将依据法律的规定发生变动。如果源自商品或服务贸易的利润只占整个应收总额的不到5%，那么法定收入将按整个应收总额的5%来计算（按部长对个案所作的特别批示，可以低于这个比例），因此先锋型企业的收入也会相应减少。⑤尽管征收人认为与先锋型产品的贸易或商业相比，这样的单笔贸易是次要的、附带的，但由这种单笔贸易所产生的赢利或亏损仍将被视为先锋型企业的赢利或亏损。

2. 扩展型企业

扩展型企业的免税期从扩展日起算，如果扩展日位于企业的免税期间内，则自免税期结束后的次日开始计算。具体地讲：（1）如果扩展型企业新的资本开组超过100万元，则有效期为3年；（2）如果扩展型企业新的资本开支超过100万元，有效期为5年。此外部长可以从公众利益出发，根据自己拟定的条件，延长扩展型企业的免税期。但每次延长不超过3年，而且免税期总计不能超过15年。

3. 出口企业

（1）出口企业免税期的规定

按照文莱《投资激励法》的规定，不同类型的出口企业，享受不同期间的免税期。一般出口企业的免税期：①不属于先锋型企业的，自出口年起算，含出口年在内共计8年。②属于先锋型企业的，自出口年的第1年起算；如果出口年恰好在旧贸易或商业的经营期间，则自新贸易或商业的开始日起算。免税期为6年，最长不超过11年。

出口型生产企业免税期限

企业身份	免税期
非先锋企业	8年
先锋企业	6年
续期	总共不超过11年

产生或将要产生固定资产开支的出口企业的免税期。“固定资产开支”是指

出口企业为了生产出口产品，用于在文莱境内的厂房建设（不包括土地）的开支、在文莱境内使用的新型机械设备的开支，和依据部长的批准，在文莱境内使用的旧机械设备的开支。如果固定资产开支不少于5000万元，或者虽然不足5000万元但不低于50万元，并且40%以上企业出口已支付的资产掌握在公民和个人的手中（他们已依据移民法案获得居留许可证），或者部长认为企业出口会推动未来的经济或技术发展的企业，则可以享受以下的免税期：

①如果不属于先锋型企业，则从出口年起算，含出口年在内合计15年。

②如果属于先锋型企业，则从出口年起算；如果出口年恰好位于旧贸易或商业的经营期间，则从新贸易或商业的开始日计算免税期，与先锋型企业一样，总计15年。

部长从公共利益出发，依据其拟定的条件，还可以对出口企业的免税期作适当的延长。

（2）出口企业免税条件的规定

①如果出口年作为第一征税年度的基准时间，那么核算期间内的出口额，按比例应不低于总销售额的20%，按金额则不应低于2万元。

②在后续的征税年度中，出口额如果符合征税年的最低比例和最低金额的要求，或者部长根据企业的请求，从公共利益出发而发布指令，出口额在相应的核算期间内应不低于2万元。

③如果在出口年内达不到最低比例和最低金额的要求，部长也没有发布任何指令，则应当从同时符合这两个要求的第一个征税年度起开始免税，或者根据部长的指令实行免税。在此后的核算期间内，如果符合最低金额和最低比例的要求，则可以继续获得免税待遇。

除上述条件以外，如果出口企业在出口年中的出口额在2万元或2万元以上，但不足总销售额的20%，且这种情形源于非企业自身的原因，或者考虑到企业的产品总量和销售额，部长可以从公共利益角度，并应企业的请求，指令在与出口年相对应的征税年中予以免税，或者在免税期内的随后任何一个征税年中实行免税。

4. 国际贸易公司

从事国际贸易的企业，只要符合下列条件之一，自开始进出口业务之日起可获得8年的免税期。

（1）从事合格制成品或文莱本地产品国际贸易的年出口额超过或有望超过300万文元；

（2）从事合格商品转口贸易的年出口额超过或有望超过500万文元。

5. 合格控股公司亏损折扣的扣减

按照文莱《投资激励法》的规定，对合格的控股公司的激励主要体现在采取对其亏损折扣的扣减上。

（1）可以扣除的亏损。如果合格的控股公司产生下列亏损，只要亏损产生于公司开展贸易或商业的过程中，那么按照《所得税法》的规定，这部分亏损可以从公司的法定收入中扣除。①出售所持有的风险公司、技术投资公司或海外投资公司的股份后产生亏损；②对风险公司、技术投资公司或海外投资公司清算后产生亏损。

（2）不能扣除的亏损。亏损在以下情况下不能扣除：①如果合格的控股公司持有风险公司、技术投资公司或海外投资公司的股份，持有时间从股票发行之日起不足3年，那么因此产生的亏损不能扣除。但因对风险公司、技术投资公司或海外投资公司进行清算后产生的亏损除外。②风险公司、技术投资公司或海外投资公司自成立之日起8年后，因出售其股份或对其进行清算后产生的亏损不能扣除。

上述所说的亏损有特定的含义，即应当是股票的买入价超出两种项目的差额：一种是股票售出后的收益。如果股票在售出之日的公开市场价格（或者征收人在公司未在证券交易所报价的情况下确定的股份的净值）高于售出后的收益，那么应当以公开市场价格作为股票售出后的收益。另一种是清算后的收益。

（二）投资补贴

1. 投贤补贴的含义

固定资本开支的投资补贴也是文莱国家鼓励投资的一项优惠政策。依照文莱《投资促进法》的规定，公司可以就其固定资本开支按规定的方式提出投资补贴的申请。如果项目符合公众利益并考虑到它的经济、技术和其他方面的优势，公司就可以取得这个项目投资补贴证明，从而在固定资本开支方面享受投资补贴。

在这里，“固定资本开支”是指用于批准项目上的资本开支，如在文莱境内的厂房建设（不包括土地）、专有技术或专利权的取得、在文莱境内使用的新型生产设备（和部长批准的旧生产设备），还包括与法律规定的项目有关的厂房建设，如特别设计各项目服务的建筑。

2. 享受投资补贴的条件

根据文莱《投资促进法》的规定，能够享受投资补贴的固定资本开支应符合以下两个条件之一：（1）在建设厂房或安装生产设备时产生的开支；（2）公司在文莱境内接收其他生产设备产生的开支。公司如果计划运营下列某一个项目，可以就其固定资本开支按规定的方式向部长提交投资补贴的申请：

①为了产品生产和产量的提高。

②为了提供专业化的工程或技术服务。

③为了研究和开发。

④为了建设经营。“建设经营”是指：a. 建筑和构架的建设、改动、修理、扩大或拆除；b. 已成形或未成形的工程，地产的建设、改动、修理、扩大或拆除；c. 为完成上述两项或第b项的建设所作的准备或粉刷工作，包括现场清理、泥土挖掘、地基铺设、现场修复、美化、排水设备和道路的提供与其他道路工程。

⑤为了家庭和工业废物的回收利用。

⑥合乎资质的经营活动。即工程或技术服务，包括实验、咨询、研究和开发活动、计算机信息服务和其他与计算机相关的服务、工业设计的开发和制造、与休闲娱乐有关的经营活动、出版服务、教育服务、医疗服务、农业技术方面的经营活动、仓储保管方面的经营活动、为展览和会议提供组织和管理方面的服务、金融服务、商务咨询和管理以及职业服务、有关风险资本金的服务、公共高速交通体系的运转和管理、拍卖服务、私立博物馆的经营和维护以及部长指定的其他经营服务活动。

⑦为了文莱旅游产业（不只是宾馆）的推广。部长如果认为项目符合公众利益并考虑到它的经济、技术和其他方面的优势，就可以批准这个项目并向公司颁发证明。部长所颁发的证明应当记载投资日，公司从这一天起享受投资补贴。部长在其权限内可以应公司的申请变更证明上的投资日，作出他认为适当的提前或推延的时间。投资日自变更时起具有法律效力。

3. 投资补贴的方式

按照文莱《投资促进法》的规定，固定资本开支如果发生于从部长批准的投资日算起的5年期间内，或者就公司计划运营上述7种项目中的某一个项目，那么，从部长批准的投资日算起的11年当中，公司运营的某一项目的投资补贴应当是一个确定的比例，即不超过批准项目中的每一小项上的固定资本开支的100%（或许有最高限额）。

另外，部长可以确定固定资本开支的具体项目，也可以确定批准项目上的投资补贴的最高限额。

如果在某一征税年中产生固定资本开支，只要是符合投资补贴证明上的要求及上述关于折扣时间和比例的条件，公司就可以获得那一年的投资补贴。公司就批准项目获得投资补贴之后，投资补贴应当记入“投资补贴账户”中。该账户由公司保存。

4. 享受投资补贴的限制

按照文莱《投资促进法》的规定，公司一旦享受了投资补贴，就禁止出售、出租或处分法律规定的财产。即在经营期内或者经营期结束后的两年之内，未经部长书面批准，公司不得就获得投资补贴的财产进行出售、出租或其他处置。

如果公司在经营期内或经营期结束后的两年之内出售、出租或处置其获得投资补贴的财产，那么投资补贴将被取消。如果投资补贴不能获得全额弥补，那么公司或者公司股东应当就未能弥补的部分纳税，包括缴纳附加税。但是，部长可以免除其返还投资补贴的义务，或仅要求部分返还。

（三）进口关税的减免

1. 进口关税免除的条件

尽管《海关法》或其他成文法律已对进口关税的交纳作出规定，但是，为了激励先锋型企业、出口企业的发展，文莱在其《投资促进法》中规定，部长可以依据适当的条件，全部或部分免除先锋型企业或出口企业以下项目的关税：

（1）引进的机械设备、零部件和附件，包括必须安装的活动工厂或建筑物。条件是文莱不能以同等价格和质量生产类似的机械设备、零部件和附件或建筑物。

（2）为了生产先锋型产品而进口原料。条件是文莱不能生产这些原料。

2. 享受关税减免的限制

引进的机械设备、零部件和附件享受了关税的减免以后，未经部长的书面许可，这些进口机械设备、零部件和附件不能够出售、转让、抵押或作其他处置，或者用于部长许可之外的其他目的。如果这些进口的机械设备、零部件和附件被出售、转让、抵押或作其他处置，那么应当依据关税法案的有关规定缴纳关税。

第二节　双边协定关于投资鼓励与优惠政策的规定

一、双边协定的背景

自1991年建交以来，中国和文莱两国政治互信不断增强，人文交流日益密切，经贸合作快速发展 。2000年11月17日，中国和文莱两国政府基于对相互鼓励、促进保护投资将有助于激励投资者的经营积极性及增进两国繁荣的重要性的认识，以及基于对投资的技术转让和人力资源发展的重要性的认识，为了加强两国间的经济合作，以使一方的投资者在另一方领土内投资创造有利条件，在平等互利原则的基础上，在文莱斯里巴加湾签订了《中华人民共和国政府和文莱达鲁萨兰国政府关于鼓励和相互保护投资协定》（以下简称《协定》）。

二、《协定》的生效与终止

根据《协定》的规定，《协定》自缔约双方完成各自国内法律程序并以书面形式相互通知之日起下一个月的第一天开始生效，有效期为10年；如缔约任何一方未在规定的有效期期满前一年书面通知缔约另一方终止本协定，该《协定》将继续有效。

《协定》第一个10年有效期满后，缔约任何一方可随时终止本协定，但至少应提前一年书面通知缔约另一方。《协定》终止之日前进行的投资，第一条至第十三条的规定应自终止之日起继续适用10年。

三、《协定》保护的主体和客体

（一）投资保护的主体

投资保护的主体包括保护者和被保护者。作为投资保护的保护者主要是双方国家政府及其相应的组织；而被保护者则是双方的投资者，具体说，包括国民和公司。

国民，在文莱方面，是指根据适用文莱鲁萨兰国法律取得文莱国民地位的自然人；在中华人民共和国方面，是指根据中华人民共和国法律具有中华人民共和国国籍的自然人。

公司，是指正当设立、组建或组织的，具有或不具有法人资格的任何实体，包括合伙、公司、个体业主、商号、协会或其他组织，受《协定》保护的公司包括两种情况：（1）根据缔约一方法律在其境内设立并具有有效的经营场所；（2）根据第三国法律设立，且在缔约方的境内设立并具存有效的经营场所的国民或公司在公司中享有实质或控制利益。但第二种情况仅在第三国放弃或没有行使保护上述公司的权利时方能适用。

（二）投资保护的客体

投资保护的客体即投资者的财产。在《协定》中，双方政府确定，所谓投资，是指缔约一方投资者依照缔约另一方的法律和法规在后者领土内所投入的各种财产。这里的领土，是指任何缔约一方根据国际法行使主权或管辖权的领土及海岸毗邻的海域。

投资财产主要包括但不限于以下内容：

（1）动产、不动产及其他财产权利，如抵押权、留置权或质押权；

（2）公司的股份、股票、债券和任何其他形式的参股，以及由缔约一方发行的证券；

（3）金钱请求权或其他具有金钱价值的与投资有关的合同项下的行为请求权；

（4）工业产权和知识产权，特别是著作权、专利、注册外观设计、商标、商名、商业秘密、工艺流程、专有技术和商誉；

（5）法律或合同授予商业将许权，包括勘探、耕作、提炼或开发自然资源的商业特许权。

四、《协定》的内容

（一）投资促进

《协定》约定，缔约的中文双方中的任何一方应鼓励另一方的投资者到自己的领土内投资，并依照其法律和法规接受此种投资。任何一方的人员为了在他方领土内从事与投资有关的活动提出的入境、停留的申请，他方应根据其国内法律给予善意的考虑。对于工作许可的申请也应给予善意考虑。

（二）投资待遇

按照《协定》的规定，双方投资保护的待遇主要体现为三种：

1. 公平待遇原则

即缔约任何一方的投资者在他方的领土内的投资和与投资有关的活动应受到公正与公平的待遇。

2. 最惠国待遇原则

即缔约任何一方的投资者在他方领土内的投资，应始终受到充分的保护和保障，所受到的待遇和保护不应低于其给予任何第三国投资者的投资及与投资有关的活动的待遇和保护。缔约双方均不得采取任何任意的或歧视性的措施，损害他方的投资者在其领土内对投资的管理、维持、使用或享有。投资和再投资的收益也应与投资享受同等保护。但是，这种待遇和保护，不应包括依照现存的和将来的关税同盟、自由贸易区、经济联盟、避免双重征税的任何协定或安排，以及方便边境贸易的协定而给予第三国投资者的任何优惠待遇。

3. 更优惠待遇原则

即如果缔约一方根据其法律和法规给予他方投资者的投资或与投资有关的活动的待遇较《协定》的规定更为优惠，应从优适用。

（三）征收的限制

根据国际上的通行做法，《协定》规定，缔约的任何一方的投资者在缔约另一方领土内的投资不得被直接或间接地征收、国有化或采取与征收或国有化效果相同的措施（以下称“征收”）。但这不是绝对的，如果为了公共目的，依照非歧视的原则并给予适当的补偿，则可对投资者的财产予以征收。

在这里，所谓适当的补偿，从价值上来看，是指应等于被征收的投资在征收行为发生或已为公众所知前一刻的真正价值（以时间在前者为准），并应当包括直至付款之日按当时通行的商业贷款利率计算的利息；从时间上来看，补偿应及时而不能迟延支付，并且能够有效地兑换和自由转移；从权利救济来看，主张其全部或部分投资已被征收的投资者应有权依照采取征收的缔约一方法律，要求合适的司法或独立的行政机构迅速审理以决定该征收其投资的价值是否符合上述补偿的原则。

（四）损害或损失的补偿

补偿包括两种情形：（1）按最惠国待遇进行的补偿。《协定》规定，缔约一方的投资者在他方领土内的投资，如果由于战争或其他武装冲突、全国紧急状态、暴乱、骚乱而遭受损失，他方在恢复、补偿或其他有价值的报酬方面给予该投资者的待遇不应低于其给予任何第三国国民或公司的待遇。（2）按公平与公正原则进行的补偿。在不损害前述补偿的情况下，缔约一方的投资者在他方领土内，在第一种情形所述事态下遭受的损害或损失，是由于他方的军队或当局征用了其财产，或者是由于他方的军队或当局非因战斗行动或情势必须而毁坏了其财产，那么，应予以恢复或给予公平与充分的补偿。

（五）投资收益的保护

所谓投资收益主要指由投资而合法产生的各种款项。在投资收益保护的制度安排上，主要体现在投资者能够有效地将其投资和收益进行转移。中文投资《协定》中也作了相应的规定：缔约任何一方应按照其法律和法规，保证他方投资者转移在其领土内的投资和收益。包括：（1）利润、股息、利息及其他合法收入；（2）初始资本投资和增资的全部或部分销售或清算产生的款项；（3）与投资有关的贷款协议的偿还款项；（4）相关的提成费；（5）技术援助或技术服务费、管理费；（6）有关承包工程款的支付；（7）在缔约一方的领土内从事与投资有关工作的缔约另一方国民的收入；（8）相关的赔偿之支付。

在投资收益的转移上，《协定》规定：货币的转移应以该资本初始投资时的可兑换货币或缔约一方相关投资者与缔约另一方同意的任何其他可兑换货币不迟延地实施。转移应按照接受投资的缔约方在转移之日的市场兑换率进行。在市场兑换率不存在的情况下，汇率应等于支付日国际货币基金组织用于有关货币兑换特别提款权的汇率套算的交叉汇率。

（六）投资保险制度

所谓投资保险制度是指资本输出国通过本国立法的规定，对本国海外投资者实行一种以事后弥补政治风险（非商业风险）损失为目的的保险制度。投资保险制度旨在保证本国国民在海外投资的安全，故也称投资保证制度。在中文双方的《协定》中，也对此种制度作了规定，并对缔约一方在对其投资者在他方领土内的投资产生的非商业风险进行支付之后，有代其投资者向他方主张权利的“代位制度”作了安排。

按照《协定》的规定，如果缔约一方依照其对在他方领土内某项投资的保证向其投资者作了支付，如果在缔约他方领土内的投资在依法设立的制度下就非商业风险进行了投保且保险人依照有关投资的保证作了支付，则在不损害缔约前者一方根据《协定》第八条的权利的情况下，投资在其领土内的他方应当承认缔约一方的国民或公司的任何权利或请求权，依法或通过合法交易转让给了缔约前者一方或适当的保险人。缔约另一方还应承认缔约前者一方或保险人代为主张与原权利人同等的权利或请求权。

第三节　多边协定中投资鼓励与优惠政策

一、《投资协议》概况

2009年8月15日，第八次中国—东盟经贸部长会议中，中国商务部部长与东盟十国的经贸部长共同签署了中国—东盟自由贸易区《投资协议》。中国—东盟自贸区是我国对外商谈的第一个自贸区，也是东盟作为整体对外商谈的第一个自贸区，备受各方关注。投资促进与开放是中国—东盟自贸区的重要组成部分，2002年中国与东盟启动自贸区的谈判，2003年《早期收获计划》正式实施，2004年签署《货物贸易协议》，2007年签署《服务贸易协议》。经多轮谈判，双方在2008年11月就《投资协议》达成一致。而15日签署的《投资协议》，标志着双方已经完成所有细节讨论。文莱作为东盟老六国之一，与中国携手共同推进贸易和投资自由化，反对贸易和投资保护主义，为东亚地区和全球经济的复苏与发展作出重大贡献。中国—东盟自由贸易区《投资协议》是落实2002年11月4日签订的《中国—东盟全面经济合作框架协议》的重要步骤和措施，对于中国和文莱全面的经济贸易合作将起到重要的促进作用。该协议包括27个条款，分别为定义、目标、适用范围、国民待遇、最惠国待遇、不符措施、投资待遇、征收、损失补偿、转移和利润汇回、国际收支平衡保障措施、代位、缔约方间争端解决、缔约方和投资者之间争端解决、利益拒绝、一般例外、安全例外、其他义务、透明度、投资促进、投资便利、机构安排、与其他协议关系、审议、修改、保存、生效。通过双方相互给予投资者国民待遇、最惠国待遇和投资公平公正待遇，提高投资相关法律法规的透明度，为双方投资者创造一个自由、便利、透明及公平的投资环境，并为双方的投资者提供充分的法律保护，从而进一步促进双方投资便利化和逐步自由化。

二、《投资协议》的目的和意义

促进投资并建立一个自由、便利、透明并具有竞争力的投资体制是《中国—东盟全面经济合作框架协议》的目标之一，投资的自由化和便利化也是建成后的中国—东盟自由贸易区的重要特征。中国—东盟自由贸易区《投资协议》第二条开宗明义，表明协议签订的目的旨在为实现东盟与中国的投资体制自由化和便利化，为一缔约方的投资者在另一缔约方境内投资创造有利条件，促进以缔约方和在其境内投资的投资者之间的互利合作，提高投资规则的透明度以促进缔约方之间投资流动，以及为中国和东盟之间的投资提供保护。通过进一步增强政策透明度，提高政府办事效率，简化审批程序，缩短审批时间，提供投资者的签证便利等实现投资的便利化。为实现这一目的，协议在国民待遇、最惠国待遇、投资待遇、征收、损失补偿、转移和利润汇回、国际收支平衡保障措施、代位、争端解决、利益拒绝、透明度、投资促进、投资便利、机构安排等方面均体现了投资自由化与便利化的要求。

《投资协议》的签署将为双方搭建一个新的投资合作平台，在中国—东盟自贸区下营造更加稳定、开放的投资环境，减少相互投资中的不合理限制和管制，并为双方企业创造更多的投资和贸易机会，实现互利共赢。它将为中国与东盟各国的相互投资提供制度性保障，有利于深化和加强双方的投资合作，实现优势互补，增强竞争力，推动双方相关产业的发展。

三、《投资协议》的适用范围

1. 地域上的适用范围

包括任一缔约方的投资者，及一缔约方的投资者在其缔约方领土内的投资。需要指出的是，对中国而言，《投资协议》提到的“领土”指中国的关税领土；

对东盟各成员国，则是其各自的领土。

2. 时间上的适用范围

中国与东盟各国间的相互投资，无论其设立于《投资协议》生效之前还是生效以后，均适用于《投资协议》。而在本协议生效以前，已经发生的任何行动或事实或已终止的任何状态，《投资协议》不具约束力。也就是说，该协议对已经发生的行为或事实不具有溯及力。

3. 《投资协议》还明确了以下几个方面不适用该协议

（1）任何税收措施，包括依据WTO的权利和义务准予或征收的、依据本协议第八条（征收）和第十条（转移和利润汇回）的规定、若争端源自第八条（征收）导致适用第十四条（投资者与国家之间的争端解决）的规定，以及关于避免双重征税的任何税收协定的规定；（2）规范政府机构为政府目的（政府采购）进行货物或服务采购的法律、法规、政策或普遍适用的程序；（3）一缔约方提供的补贴或补助，及接受或持续接受此类补贴或补贴所附带的任何条件，无论此类补贴或补助是否仅提供给国内投资者和投资；（4）一缔约方相关机构或主管机关行使政府职权时提供的服务；（5）一缔约方采取或维持的影响服务贸易的措施。

四、《投资协议》的主要内容

（一）投资待遇

1. 公平公正待遇

协议第七条明确规定各缔约方应给予另一方投资者的投资公平和公正待遇，提供全面保护和安全。其中，公平公正待遇是指各方在任何法定或行政程序中有义务不拒绝给予公正待遇；全面保护与安全要求各方采取合理的必要措施确保另一缔约方投资者投资的保护与安全。另外指出若违反本协议其他规定或单独的国际协定的决定，并不构成对本条款的违反。

2. 国民待遇

国民待遇是指缔约各方在其境内在投资管理、经营、运营、维护、使用、销售和清算等方面，应当给予缔约方投资者及其投资不低于其在同等条件下给予其本国投资者及其投资的待遇，这一条款能保证缔约方投资者受到公平公正的非歧视待遇。协议第四条规定了中国—东盟国家间投资国民待遇的适用范围和国民待遇标准。根据协议能够享受国民待遇的投资主体为中国与东盟国家间的投资者。

投资涉及的范围总体上为在东道国投入的各种资产。其适用国民待遇投资活动的具体范围则包括投资的管理、经营、运营、维护、使用、销售、清算或此类投资其他形式的处置等，而不涉及外资准入的国民待遇。国民待遇的适用并非要求绝对等同于本国人的待遇，而是要求在同等条件下，不低于给予其本国投资者及其投资的待遇，但不限制缔约国给予国外投资者高于本国投资者的待遇。

3. 最惠国待遇

最惠国待遇是指东道国给予外国投资者的待遇不低于其在同等条件下给予第三国投资者的待遇。协议第五条对自贸区内外国投资的最惠国待遇适用的范围及例外情况进行了鉴定。自贸区有关最惠国待遇适用的范围为各缔约方在准入、设立、获得、扩大、管理、经营、运营、维护、使用、清算、出售或对投资其他形式的处置方面。其给予最惠国待遇的比照国家，包括自贸区内的其他缔约国或其他第三国投资者，即接受外国投资的东道国，应当给予另一缔约方投资者及其相关投资，不低于其在同等条件下给予任何其他缔约方或第三国投资者及其投资的待遇。协议还限定了上述给予国民待遇的时间期限范围，即该协议签订时，已经存在的优惠安排。而此后与其他缔约方或第三国签订的协定或优惠安排，是不包括在适用最惠国待遇范围内的。但是，经另一缔约方要求，该缔约方应给予另一缔约方充分的机会，商谈期间的优惠待遇。此外，协议还规定了最惠国待遇的两类例外条款：一类是自贸区最惠国待遇的适用，应当排除自贸区成员国现有的，与非缔约方之间签署的双边、地区及国际协定，或任何形式的经济或区域合作中，给予投资者及其投资的任何形式的优惠待遇；另一类是指在东盟成员国之间，以及协议的缔约一方，具体指中国一方或东盟一方，同其单独关税区之间的任何协定或安排中，给予投资者及其投资的任何现有或未来优惠待遇。

（二）征收和补偿

征收是指国家为了公共目的的需要而对私人企业、外资企业全部或部分资产实行征用、没收或国有化。《投资协议》第八条第一款明确规定此协议涉及的任何一缔约方不得对另一缔约方投资者的投资实施征收、国有化或采取其他等同措施，除非符合下列条件：（1）为公共目的；（2）符合可适用的国内法包括法律程序；（3）以非歧视的方式实施；（4）按规定给予补偿。

按规定给予补偿必须符合以下要求：第一，补偿的公平性。该协议确立了以公平市场价值作为补偿的标准。该协议还确立了以公平市场价值作为补偿的标准。所谓的公平市场价值是指在征收公布时或征收发生时被征收投资的公平市场价值，以发生在先的为准。这种价值不应因征收事先被公众所知而发生任何价值上的变化。第二，补偿的可实现性。为了保证补偿的实现，《投资协议》还要求补偿的货币是可自由兑换货币，允许从东道国自由转移，保证了补偿具有可实现性。第三，补偿的及时性。补偿必须及时，不得有不合理的拖延。如果发生拖延，东道国应额外支付从征收之日起到支付之日间的按照主要商业利率计算的利息。第四，补偿的例外情形。因为土地是较为特殊的资产，对于任何与土地征收相关的措施及其补偿金额，则由各缔约方依据现有的国内法律、法规及任何修正案进行解释，相应的补偿标准也应根据上述法律、法规解释。第五，被补偿者的确定。除了缔约另一方的国民外，《投资协议》中还特别规定，如果投资者是根据东道国的法律、法规以股份形式进行投资组成或建立的法人，如果另一缔约方的投资者在其中拥有股份，如果对该法人财产征收，则应予以补偿。

然而，《投资协议》对补偿的规定亦有一定局限性。“公平市场价值”一般情况下是指被征收资产在东道国的公平市场价值，但在东道国经济、金融动荡时期，被征收资产在东道国的市场价值可能被严重扭曲，在此情况下确定被征收资产的公平市场价值会存在较大争议。另外，“不合理的拖延”比较模糊，需要考虑的因素会比较多，而且每个国家的立法或判例将会存在不同。

最后，在投资的损失补偿方面，根据《投资协议》第九条的规定，当投资者在东道国的投资由于东道国境内的战争、武装冲突、革命、国家紧急状态、叛乱、起义或骚乱而遭受损失时，东道国在恢复原状、赔偿、补偿或其他解决措施方面，在同等条件下，给予投资者的待遇应不低于其给予任何第三国投资者或本国国民的待遇，并从优适用。也就是说，此时最惠国待遇和国民待遇都可以适用，就采用对投资者更有利的待遇。与采用最惠国待遇标准的双边投资协定相比，《投资协议》的保护水平更高。

《投资协议》第八条关于征收和国有化的条件与双边投资协定的内容基本一致。不过，补偿标准和拖延支付补偿方面，《投资协议》的规定更加明确。在补偿标准方面，《投资协议》明确了补偿应以征收发布时或征收发生时被征收投资的公平市场价值计算，先者为准。虽然《投资协议》没有就如何认定“公平市场价值”做进一步解释，但至少为补偿设定了标准并为投资者提供了法律上的预期。《投资协议》还规定补偿的清偿和支付不能有不合理的拖延。一旦发生拖延，补偿应包括按主要商业利率计算的从征收发生日起到支付日之间的利息。

（三）转移和利润汇回

企业赴境外投资，目的是赚取利润，企业拥有对利润的处置权（包括自由地转移和汇回），是鼓励其对外投资的基本条件之一。除政治因素外，利润处置权利面临的最大风险系汇兑限制风险，这是由于东道国防止国际收支困难而实施外汇管制，禁止或限制外围投资者将本金、利润和其他合法收入转移到东道国境外，而给外国投资者造成的经济损失。具体来说，它包括了两个方面的风险：一是资本不允许自由转移，二是资本不能够自由兑换。前者指投资者不能将投资原本、收益或其他合法收入的货币财产转移出东道国的风险；后者指投资者不能将投资资本、收益或其他合法收入的货币财产从当地货币转换成母国货币或其他种类货币的风险。为促进和保护投资，《投资协议》第十条，对利润的转移和汇回作了专门的规定，确立了“自由转移”的原则。

第一，“任一缔约方应允许任何其他缔约方投资者在该缔约方境内的投资的所有转移，能以转移当日外汇市场现行汇率兑换为可自由兑换货币，允许此类转移不延误地自由汇入或汇出该方领土”。具体而言，允许自由兑换或汇回的投资包括：（1）初始投资及追加投资；（2）由投资产生的净剩润、资本所得、分红、专利使用费、许可费、技术支持、技术及管理费、利息及其他现金收入；（3）投资的全部或部分销售或清算所得款项，或减少投资资本所得款项；（4）一缔约方投资者偿付任何其他方投资者的借款或贷款；（5）任何其他缔约方自然人的净收入和其他补偿；（6）根据缔约方投资者或其投资所订立合同进行的支付，包括依据贷款业务进行的支付；（7）有关征收、损失补偿进行的支付。《投资协议》还规定，关于上述转移各方给予投资者的待遇，在同等条件下，应等同于任何其他缔约方或第三国投资所产生的转移。

第二，并不是在所有情况下，缔约方都必须保证其他缔约方投资者投资的顺利转移，缔约方可以阻止或延迟某些转移，但必须在公平、非歧视和善意的基础上，并与下述某一种或某些情况相关：（1）破产，丧失偿付能力或保护债权人权利；（2）未履行东道方的关于证券、期货、期权或衍生品交易的转移要求；（3）未履行税收义务；（4）刑事犯罪和犯罪所得的追缴；（5）社会安全、公共退休或强制储蓄计划；（6）依据司法判决或行政决定；（7）与外商投资项目停业的劳动补偿相关的工人遣散费；（8）必要时用于协助执法或金融管理机构的财务报告或转移备案记录。

第三，《投资协议》所规定的投资者对投资的转移和汇回，应遵守东道国外汇管理法律和法规所规定的相关程序；东道国的这类法律和法规，不得被用作规避《投资协议》义务的手段；《投资协议》的相关规定，不得影响各方作为国际货币基金组织成员在《国际货币基金协定》项下的权利和义务。

第四，《投资协议》第十一条规定，如果一缔约方发生严重的国际收支不平衡、外部金融困难或威胁，则该缔约方可以采取或保留授资限制措施，包括与此类投资相关的支付和转移。在采取或保留这类限制措施时，缔约方的行动必须满足如下条件：（1）与国际货币基金组织协议的条款一致；（2）在缔约方之间没有歧视；（3）避免对任何其他缔约方的商业、经济和金融利益造成不必要的损害；（4）不超越处理此类危机所应采取措施的必要限度；（5）属临时性的；（6）给予任一其他缔约方的待遇不低于任何第三国。缔约方在采取这类措施，或者是对这类措施所做的必要修改时，应及时通知其他缔约方。

第五，尽管《投资协议》保障了缔约方投资者对投资的自由处置权，但在非歧视的原则下，缔约方出于保护公共道德、维护公共秩序、保护国宝或不可再生资源等目的，可以对其他缔约方投资者的投资做适当的限制。另外，《投资协议》第十七条也规定，相关的协议条款不影响缔约方基本安全利益。

第四章

文莱劳动法

第一节　文莱劳动法概述

一、劳动法的概念

劳动法是指调整劳动关系以及与劳动关系有密切联系的其他社会关系的法律。在内容上，则包括了劳动关系中的受雇人和雇用人、劳动合同、集体合同、劳动组织（工会）、劳动争议、劳动保护、劳动调剂、劳动救济和劳动保险等内容。在外国劳动法和劳动法学中，德国的学者和专家认为劳动法是与劳动有关的法律规范的总和；英国《牛津法律大辞典》的解释是：“与雇佣劳动相关的全部法律原则和规则，大致和工业法相同。它规定的是雇佣合同和劳动或工业关系法律方面的问题。”台湾学者史尚宽在其《劳动法原论》中把劳动法定义为“劳动法为关系劳动之法。详言之，劳动法为规范劳动关系及其附随一切关系之法律制度之全体”。日本劳动法是调整雇佣劳动关系的法律规范的总称，这种雇佣关系在日本经济学中被称为劳资关系，是指劳动者受雇主雇用，并在其指挥下从事劳动者的被动性劳动关系。

文莱劳动法也是一部以调整劳动关系为主的劳动基准法，但是其建立了一套适应在市场经济的发展过程中的具有自己独特体系的劳动关系制度，比如设置专门实施劳动法并进行监督的劳动专员，该法是文莱的一部带有劳动法典性质的法律。

二、《文莱达鲁萨兰国劳动法》主要内容

《文莱达鲁萨兰国劳动法》（以下简称《劳动法》）于1954年制定，1955年颁布之后经历了多次修订，最近的一次修订是在2002年。其主要规定了：

（1）劳动管理的主体及其权利和责任。

（2）劳动协议与劳动合同。

（3）招聘工人的机构和人员须获得许可证。并对雇佣女工、年幼者和儿童作了特别的规定。

（4）对住房、供水、卫生、医疗等工作条件进行了规定。

（5）规定了雇主和雇员在遣返方面的权利和义务。

（6）劳动争议的处理途径和方式。

三、其他关键的法案和条例

文莱关于工人权利和保护有五大法案和八个条例，以下为较为关键的法案和条例：

（1）1954年颁布劳动法（1984年修订）规定了雇主和工人的权利和义务，也包括外籍劳工的管理。

文莱劳动法规定关于核心劳工标准与国际劳工组织（ILO）公约并不一致：

公约	文莱规定
第29条关于强迫劳动	法律禁止强迫劳动，但有间接证据显示雇主有时强迫工人加班或长时间工作，尤其对外国劳工。
第87条关于自由结社和组织工会权利	在名义上，有自由结社和组织工会的权利，但是现实中工会数目极少。
第98条关于组织工会和集体谈判	警察和军人无法加入工会，但是工党自身的条件并不利于集体谈判。
第100条关于同工同酬	间接的证据证明在私营企业、直接证据证明在国营企业都有性别歧视。
第105条关于废除强迫劳动	有法律禁止强迫或强制劳动，但是雇主经常强迫外籍工人工作。
第111条关于就业歧视	对女性和外籍工人有歧视性。
第138条关于劳工最低年龄	法律限制童工的最低年龄限制为16岁。

（2）1961年工会法（1972年修订）提供了一个建立工会的立法框架，但是必须在政府部门登记。法案允许所有劳工加入工会，除了军队系统人员和警察。事实上，法案禁止雇主基于工会现状歧视雇员。法案还允许工会之间组成联盟，但是禁止与国际劳工组织来往。尽管文莱法律允许成立工会，但是并不鼓励这样的行为。在1978年时，一共成立有5个工会，但是在1980年减少至4个工会，到1988年时降低至3个工会。在这3个工会中，其中两个分别是上班族和劳工联合会，但是上班族工会并不活跃。文莱油田工人工会（Brunei Oil Field Workers Union）在文莱贝壳油田有限公司（Brunei Shell Petroleum Co.）被限定于仅能代表体力劳动者，并且是在阿曼苏丹国唯一活跃的工会。工会共有不到1500成员，其中工人所占比例不到5%，可能是这个国家所占比例最少的工会之一。

（3）1961年的贸易纠纷法概述是通过调解和仲裁方式解决管理部门和工会之间的争端，这个法律还给予工会豁免权，进一步促进了对工会利益的保护。

（4）1955年工党制定法案（限制雇佣童工法案）禁止雇佣16岁以下童工，劳工委员会雇佣18岁以下童工时，需要得到父母书面同意。

（5）1957年劳工赔偿金法案（1984年修订）确定雇主对雇员的责任义务和补偿金的调节管理。劳工赔偿金法案要求雇主报告所有工业事故和导致完全残疾或者部分残疾3天以上的职业疾病。鉴于一些例外职业，比如，武装部队人员、警察官员、家庭佣工或者临时工，法案包含了所有体力劳动者和月收入不超过750美元的非体力劳动者。1978年赔偿金修正案规定，暂时性残疾补偿金为每个月应支付伤者月收入2/3或400文莱币，两者取其中最小值；对于死亡或永久性残疾的养恤金应支付其48或60个月收入，最高限制分别为2.88万或3.6万文莱币。赔偿金的具体金额在具体不同情况下由劳动专员在雇主和工人之间进行协商，有争议的情况按法案具体规定进行仲裁。值得注意的是在许多情况下，雇主对暂时性残疾的劳工继续支付其全额工资以便于不会出现关于赔偿金的问题。同时，对于受工伤的劳工，国家提供免费的必要医疗看护和全部医疗手术费用。

第二节　劳动法实施的监督管理

一、劳动专员的设置

根据文莱《劳动法》中具体规定："苏丹陛下可以通过在《政府公报》中发布通知的方式，指定一名官员为劳动专员（以下简称专员），并指定一名或多名官员为副劳动专员或劳动专员助理，以及实施本法规定所可能必须的其他官员，根据陛下可能通过规则规定的限制，可以履行本法赋予专员的所有衣物，并行使所有的权利。"[①]依据此规定可知，在文莱为了保障劳动法的具体实施，政府设置了劳动专员并赋予其相应的管理权利和义务，以此监督雇主的行为，从而更好地保障被雇佣工人的合法权益。

①参见文莱《劳动法》（1955年），以下涉及引用该法规不再一一作注释。

二、劳动专员对雇主的监督管理

为了保证劳动专员履行相应的职责，文莱《劳动法》规定了其享有充分的权力：

1. 检查、调查的权力

劳动专员以及卫生官员有权对雇主实施检查权。（1）可以随时进入任何工作场所以及雇主为工人们提供的宿舍，向雇主、负责管理工人们的任何人，或者向工人们自己提问有关工人的情况，而该雇主、负责人或工人应有法律上的义务，即尽其最大的能力，真实地回答此类问题。（2）如果专员或卫生官员有合理的理由怀疑已经发生了一起针对工人的犯罪，一旦收到任何人身滥用或者违反《劳动法》任何规定的投诉，则专员或卫生官员可视情况而定，立即将该工人调离或安排调离工作场所，以便进一步调查该事件。（3）专员或卫生官员可以下达书面通知，要求雇主在合理的时间内，采取他认为必要的措施，补救他在任何地方或岗位上所观察到的、可能有合理理由相信会对工人们的健康和安全构成威胁的装置、布局、工作方法、监督医疗卫生规定或其他事宜的瑕疵。

2. 索取文件资料和取样的权利

专员或卫生官员可以调取雇主所掌握的相关文件资料：（1）索取并检查所有合同、账簿及与任何工人或他们的雇用有关的其他文件；（2）对使用或装卸的材料或物质取样并带走，条件是应将取走的任何样品或物质通知雇主或他的代表。

3. 传讯及提起诉讼程序的权力

（1）如果专员或卫生官员有合理的理由怀疑已经发生了一起违反《劳动法》以及其任何条例的犯罪，并希望调查任何关于薪资、不当地终止合同或协议、不当行为、伙食、医疗、死亡、采矿用工及采矿投诉、政府检查、卫生争议等任何有关的事宜，以及雇主和工人根据《劳动法》及其任何条例处理的任何其他事宜，则专员可以传讯他有理由相信可以提供调查主要情况的任何人，而被传讯的人有法律义务在传票中具体指明的时间，到达指定的地点，并真实地回答专员可能向他提出的所有问题。（2）如果专员认为已经构成犯罪或者任何投诉有充分的根据，则他可以在自己认为必要的情况下，为该工人并以其名义提起刑事或民事诉讼。

4. 处罚

（1）雇佣者或他人有蓄意妨碍或干涉调查行动的进行或者有意妨碍传讯送达或执行，妨碍有关的人到案受讯问，根据刑法典（第22章）规定，任何人行为在上述关系中违反刑法典分则中规定，则依照刑法典分则规定进行相应处罚。（2）按照《劳动法》的规定，雇主必须向劳动专员通知发生的相关事故，即：一旦发生了机械（包括任何发动机、电动机械、动力装置、锅炉、大型锯机、煤气罐、发电机、齿轮及传输电力的电器）造成的事故，导致任何工人丧生或者严重受伤，则雇主应即刻通知专员，而专员则应尽快地安排调查事故原因。但是，如果雇主根据《劳工补偿法》的有关规定向专员送达的通知中说明该事故是由机械造成的，则应视为通知。发生事故之后，雇主还应当按照要求对任何机器进行一次检查，但直至该检查已经完成为止不得对该造成事故的机械进行任何改动。任何雇主违反或未能遵守上述义务，未报告事故或者改动、允许他人改动事故机械或者引起造成事故的机械改动的，违反《劳动法》第五节规定的构成犯罪的处罚款1500文莱币，同时监禁6个月。

三、劳动专员对雇佣劳工的监督管理

（一）雇佣的许可和禁止

按照文莱《劳动法》的规定，除了苏丹陛下通过制定条例，并根据他可能在其中规定的条件，招聘者招聘工人不需要取得许可的以外，任何人都不得未经许可而招聘工人。招聘者必须根据《劳动法》关于招聘的规定持有许可，或者根据与《劳动法》关于招聘规定基本上相同的外国法律取得了许可，并向专员出示了许可，而专员在根据有关规定感到确信之后，在许可上背书，才有权利招聘工人。 劳动专员根据希望取得一份许可的人的申请，只要符合下列法定条件，可以酌情发放一份许可：（1）如果他认为申请人是一个适合被发放许可的人；（2）如果已经提供了规定的任何担保；（3）如果他已经确信有充分的规定来保障拟招聘工人的健康和福利；（4）如果他确信该当事人正拟为公共部门或当局或某个特定的雇主或者一个雇主组织招聘工人。招聘许可的期限为1年以内。不得发放为期超过1年的许可，但如果专员确信颁发许可的条件得到了遵守，则他可以将该许可延长他认为合适的、不超过1年的期限。被许可的招聘者应受制于劳动专员作出的背书许可的条件，并且不得将许可转让。如果被许可人触犯了《劳动法》及其实施条例规定的犯罪，或者没有遵守许可上附加的条件，或者是不适当行为，从而使劳动专员认为他不再适合持有一份招聘许可的话，那么，劳动专员可以撤销许可；劳动专员还有权暂时吊销任何等待法院决定的许可，或者进行任何他认为有必要的询问。

公共官员不得为私人经营体招聘工人，无论是直接的还是间接的，除非招聘工人是为了给作为公共当局承包商的私人经营体在公共设施上工作。除非未成年人的父母或监护人同意，否则不得招聘年龄未满16周岁的人。而招聘这样的未成年人，只可以招聘他们从事劳动专员批准职业的轻工作。

（二）关于雇佣妇女、未成年和儿童的规定

在文莱《劳动法》中，“妇女”是指年龄在18周岁以上的女性；“未成年人”是指已经不再是儿童，但年龄未满18周岁的人；“儿童”是指年龄低于14周岁的人。如果任何人的出生没有登记，或者不能追踪到该登记，则劳动专员可以询问并确定当事人的年龄，如此确定的年龄是具有决定性的。

1. 对雇佣儿童的限制

按照文莱《劳动法》的规定，任何儿童都不得受雇于任何工业经营体。但是，苏丹陛下可以通过在《政府公报》中发布通知，允许在任何指明的工业经营体中雇用儿童，或者在构成某一工业经营体的一部分中任何指明的职业中雇用儿童。另外，苏丹陛下也可以通过在《政府公报》中发布通知，禁止在任何指明的工业经营体中或者在构成任何指明的工业经营体的一部分的任何指明的职业中雇用儿童。所谓工业经营体，一般是指从事以下行业的经营体：

（1）矿山、采石场及其他从土地里采掘矿物的工程。

（2）制造、改造、清洗、修理、装饰、完成、调适、分裂或拆除物品，以便销售的工业，或者改变材料的工业，包括造船、发电、输变电及任何动力。

（3）建设、重建、维护、修理、改造或拆除任何建筑物、铁路、电车轨道、港口、码头、防波堤、运河、内陆水道、公路、隧道、桥梁、高架桥、下水道、抖泳沟、水井、电报或电话安装、电力施工、煤气工程、供水工程及其他建设工程，以及为这样的工程或构造物作准备及打基础。

（4）通过铁路、公路或内陆水道运输乘客或货物，包括在码头、船坞及仓库装卸货物，但不包括人工搬运。 如果任何工业经营体中雇用了未成年人，则雇主应置备一份未成年工花名册，上面记载受雇未成年人的姓名及受聘或离职的日

期，并随时开放供专员检查。

2. 对未成年人上夜班的限制

按照文莱《劳动法》的规定，只有在不可控制、不可预见、不具有定期性质、影响了该工业经营体的正常工作的紧急情况下，雇主才能要求已满16周岁的未成年人上夜班，否则，不得在夜间雇用未成年人在工业经营体中上班，或者让其上夜班。

这里的“夜间”是指一段至少连续12个小时的时间。（1）对于年龄未满16周岁的未成年人而言，这段时间包括晚上10点到上午6点之间的相隔期间；（2）对于年龄已满16周岁的未成年人而言，这段时间依法包括从晚上10点到上午7点之间连续的至少7个小时。同时法律赋予不同地区的工业经营体或工业经营体的分支机构，可以规定不同的相隔期间；但如果规定从晚上11点开始的一个相隔期间之前，雇主应与有关的工人组织协商。每位雇主在上两个班之间，都应当给予任何依据上述要求使上夜班的.

3. 对雇用女性上夜班的限制

按照文莱《劳动法》的规定，任何工业经营体都不得雇用女性上夜班。这里的“夜间”是指一段至少连续11个小时的时间，包括从晚上10点到上午7点之间连续的至少7个小时时间。不同的地区、工业经营体或工业经营体的分支机构，可以规定不同的相隔期间；但如果规定从晚上11点开始的一个相隔期间之前，雇主应与有关的工人组织协商。

如果存在下述情形，则“不得雇用女性上夜班”的规定就不适用：

（1）在不可控制、不可预见、不具有定期性质、影响了该工业经营体的正常工作的紧急情况下；（2）如果该工作与加工容易变质的原材料或材料有关，有必要上夜班来保护这些材料免遭某些损失；（3）该妇女处在一个负有管理或技术责任的岗位上；（4）该妇女从事的是卫生和福利工作，一般不从事体力劳动。

4. 对雇用女工和未成年工从事井下工作的限制

按照文莱《劳动法》的规定，任何矿山都不得雇用年龄未满16周岁的未成年工从事井下工作。除了以下情形之外，任何矿山都不得雇用女工从事井下工作：（1）处于管理岗位，不干体力活的妇女；（2）从事卫生和福利工作的妇女；（3）在做研究工作，花一段时间在矿井下的一部分接受培训的妇女；（4）由于任何其他原因，可能需要进入矿井下的一部分，不干体力活的妇女。

（三）关于境外雇佣

文莱达鲁萨兰国经济发展非常依赖于外来务工人员，无论是专业技工还是非专业技工。当地40%劳动力大约有3.1万人在政府部门工作，其中超过8%的人在文莱壳牌公司工作。这两个单位比大多数私营企业提供了更高的工资和福利，但是，文莱政府担心可能造成的潜在的社会问题会导致大量的外籍工人涌入，因此，通过移民法关于就业通行证的发布来控制外来移民外籍工人数量。雇主须通过劳动专员协商取得最初的雇佣许可证，并在严格的条件下才可以雇佣或招募外籍劳工。

雇佣外籍劳工第一步就是通过劳动部门批准取得雇佣劳工执照才可以招募外籍劳工。在申请执照时，陈述是非常重要的。申请表应该说明申请人是谁、过去是做什么工作的、现在工作是什么、为什么要申请、申请什么样的工作以及能给文莱达鲁萨兰国带来什么样的受益。为了获得批准，必须证明没有当地劳工能胜任此项工作。培训是获得劳工许可证的一个重要方面，当地劳工必须接受针对工作岗位的培训，劳工许可证每年都要重新申请一次。按照文莱《劳动法》的规定，未在劳动专员处取得一份许可，任何人都不得明知而故意地雇用任何移民工人，除非已经根据第50条第（2）款的规定，将该工人带到了专员面前。任何违反此规定的雇主及为该雇主工作的任何移民工人，都构成犯罪，应处以1万元的罚款，和6个月以上3年以下的监禁。

如果有移民工人被发现在任何场所或地方，持有任何工具或者其他器械，或者在从事任何可能让人推定他在做任何工作的活动，除非有相反的证明，否则该场所或地方的占有人应被推断为知道该人是移民工人还雇用了他。这里指的任何“场所或地方的‘占有人’”，是指：（1）可以全部或部分地掌握、管理或控制该场所或地点的人，无论是以自己的名义，还是作为一名代理人；（2）在该场所或地方，代表某个人开展建筑物经营或建筑工程的一名承包商。

一旦获得了执照，就可以依照其规定雇佣外籍工人。每一个外籍工人的工作许可证期限是一年，一年之后需要重新申请。为了获得工作许可证，需要银行担保劳工登记、生活、房屋、医疗护理和遣送回国等费用。担保的具体数目主要由劳工来自哪个地区决定：

东盟	600文莱币
印度或亚太地区	1800文莱币
澳大利亚或新西兰	2600文莱币

欧洲	3500文莱币
其他地区	4500文莱币

（注意：当然，一些根据个人安排的额外费用也需要银行提供担保）

获得工作许可后必须获得移民部门签发的签证才可以进入文莱达鲁萨兰国并工作，当外籍劳工到达后，他有两周的临时停留期，在此期间他必须去最近的劳动部门签署一份劳动协议，然后去医疗部门检查以确保他的身体状况适合工作。体检包括x射线（每三年必须做一次）和血检（每年一次），艾滋病检查也被列入被检查项目，如果劳工身体一切健康，一年工作申请将被批准。

对于执照和许可证重申，申请人应该在执照期满前两个月和工作许可证到期之前一个月提出申请。劳动部门已经建立一个简化的系统，这样对于执照和许可证重新申请过程比过去更加简洁。在新制度下，重新申请后有效期为每年6月1日到第二年6月1日。

文莱《劳动法》规定：在文莱境外充任或拟充任招聘人，以便招聘工人到文莱工作的任何人，在离国招聘之前，应首先根据本法的规定取得一份许可，随后，如果该国法律与文莱《劳动法》的有关规定大体上一致，还应当根据该国法律取得这样一份许可，遵守该国关于招聘的所有法律；并且，在任何情况下，无论该国法律有没有这样的规定，都应当履行文莱《劳动法》中有关越境招聘规定的所有义务，就如同该国法律如此规定一样；而这些规定，如果可能的话，在工人离开招聘地国之前，以及到达文莱之后，都应当得到遵守。

因违反上述规定而与一名工人达成的任何协议或合同，可以由劳动专员宣布为无效，在这种情况下，该工人及其家属都可以由劳动专员资遣回家，所有的资遣费都应从违法的招聘者或雇主的任何保证金中追缴，或者由其承担，作为拖欠政府的债务进行追缴。

四、劳动专员对劳工支付劳动报酬监督管理

（一）工人工作时间和加班工资的规定

1. 关于工作时间

按照文莱《劳动法》的规定，除了倒班工人之外，不得要求任何工人在法定节假日工作，或者每周工作6天以上，或者连续8个小时以上不间断工作，或者每天实际工作超过8小时；如果在出现了无论是实际的还是有危险的事故，或者必

须对机械进行紧急的工作，或者工作被不可预见地中断而不具有重复性特征的情况下，为了避免对有关经营体的正常工作造成严重干扰，才可以让任何工人在法定节假日工作，或者每周工作6天以上，或者连续6个小时以上不间断工作，或者每天实际工作超过8小时。

2. 关于加班工资

如果任何工人应雇主要求，在一个法定节假日或星期五（或者雇主与工人之间在该休息日之前至少3天约定的其他代替星期五的休息日）工作，或者任何一天工作超过8小时，则雇主应按以下标准向他支付加班工资：

（1）在法定节假日，按不低于他正常工资的两倍支付，但第103条规定的情形不应支付工资；

（2）在星期五或其他休息日，按不低于他正常工资的一倍半支付；

（3）除了计件工人或倒班工人之外，任何一天工作超过8小时的工人，按不低于他正常工资的一倍半支付；

（4）雇主可以要求倒班工人每周工作不超过56小时，任何一天不超过12小时；如果一名倒班工人被要求在任何一周工作超过48小时，必须经专员批准，并且该工人在那一周，以及上一周和下一周被要求工作的平均周工作小时数不得超过48小时。

对于倒班工人，文莱《劳动法》是这样规定的："是指所从事的工作性质要求连续倒班，或者从事劳动专员已经通过在《政府公报》中发布通知，宣告为符合本定义的倒班工作的工人。"如果对此出现任何争议，争议的任何一方可以向劳动专员提出要求，由劳动专员裁定某工人是否是一名倒班工人。

（二）工人工资公布的规定

每位雇主都应当在工作地的某个醒目的位置，准备一个工人们可以马上看到的公布栏，以不超过2天的时间间隔，用一种工人们可以理解的语言公布：（1）每位工人的工资额，无论是按天、按小时、计件、按工作任务还是以其他方式计算；（2）每位工人每天挣到的工资额，包括加班工资；（3）每位工人挣到的工资中扣除的任何金额。

但如果任何记录、工资支票簿或雇主作为工作地日常工作一部分而保持的其他文件中有需要在工作公布栏中公布的详情，或者需要在根据第59条规定的登记册中表示的详情，而该记录、工资支票簿和其他文件可供他所雇用的所有工人随时查阅，则该记录、工资支票簿和其他文件可以在相应的程度上，被视为本条所说的工作公布栏。

（三）工人工资支付方式和支付时间的规定

1. 工资支付的方式

雇主和工人可以约定，安排工人履行一项相当于一天8小时的工作任务，而根据《劳动法》，履行该项工作任务就相当于工作了一天。但是，雇主能够与任何工人约定，根据完成的工作量，而不是按天数，以约定的工资额支付该工人的工资。

2. 支付工资的时间

雇主有义务按照以下法定时间向工人支付工资：（1）按月支付的工人工资，应当在该月到期之后不迟于10天内支付；（2）如果一名工人的协议或合同在该笔工资计算期间届满时终止，则应在该协议或合同终止的当天将欠他的所有工资付清；（3）如果两名工人的协议或合同被雇主终止，则应在该协议或合同终止的当天将欠他的所有工资付清，如果不可能的话，在该协议或合同被终止之后并非休息日或法定节假日的第一天付清；（4）如果一名工人根据第12条和第13条的规定，向其雇主发出通知，终止该协议或合同，则应在该协议或合同终止时将欠他的所有工资付清；（5）如果一名工人未根据第12条或任何合同条款的规定向其雇主发出通知，就终止该协议或合同，或者已经将终止协议或合同的通知给了雇主，而没有等到该通知到期，则应在该协议或合同终止10天之前将欠他的所有工资付清。

但雇主可以在不抵触法院或劳动专员作出的任何相反的命令的条件下，根据第13条的规定或者他的合同条件，从应付他的工资中扣除该工人应负责的代通知金。

（四）对工人预支工资的规定

作为对工人接受聘用的对价而由预支给他的工资额，未经劳动专员允许，不得超过该工人上月挣到的工资额，或者如果他在一段时间内一直受雇，不得超过他1个月可能挣到的工资额。任何工人对于雇主超过该规定的金额预支给他的工资额，都不承担责任。除了根据文莱（劳动法》第九章规定，通过条例授权预支给他的工资额以外，任何工人对于作为他应聘到文莱工作的对价，在他抵达文莱之前花在他身上的任何金额，都不承担责任。

任何预支工资额，都可以按照规定的方式，以分期从工资中扣除的方式收回。

（五）工人工资支付的禁止性规定

按照文莱《劳动法》的规定，雇主不得以下列方法向工人支付工资。

1. 禁止通过监工支付工资或在商店里支付工资

除非经过劳动专员事先批准，雇主不得：（1）通过任何监工机构发工资；（2）在商店或百货商店里发工资；（3）在出售烈酒的其他地方发工资。以现金支付的工资，只能在一个工作日，在工作场所或附近发放，除非集体协议、仲裁裁决书或有关工人知悉并认为更合适的其他安排中可能另有规定的除外。

2. 不得以非法定货币支付工资

除非有明确的另外规定，任何工人为所做的工作而挣到的，或者应付给他的所有工资，都应当以法定货币实际支付给他，以任何其他形式支付给他。或者记在他的账上的工资，都是非法的、无效的。

在所有雇用任何工人或者由工人履行任何工作的所有协议及合同中，该工人的工资都应当以法定货币支付。在任何协议或合同中，如果规定全部或部分工资以其他方式支付的，则该协议或合同应为非法、无效并可以撤销。

3. 禁止对工人所花工资的地点和方式作限定

任何雇主都不得在雇用任何工人的任何协议或合同中强加任何条款，规定支付给工人的工资应当在什么地方使用，或者以什么方式使用，或者使用在什么人那里。雇主与工人之间含有这种条款的每一份协议或合同，都应为非法、无效并可以撤销。

4. 禁止克扣工人工资

除非根据《劳动法》及其他法律的规定，雇主不得从工人的工资中扣除任何金额。即使符合法律规定扣除工资的情形，雇主在任何一个月从一名工人的工资中作任何扣除的总金额，也不得超过该工人当月所挣工资的50%。

在《劳动法》中规定了可以从工人工资中作扣除的情况：（1）应该工人的书面要求，扣款支付对该工人有利，并具有经过劳动专员批准的、合法设立的离职金计划；（2）应该工人的书面要求，由雇主扣款并汇给该工人家庭中的指明成员；（3）扣除前三个月由于雇主的错误而多发给工人的工资；（4）扣款以收回根据第102条第（4）款发放的预支工资，以及根据第65条第（3）款规定而发生的该工人或其任何受供养人的住院费；（5）扣除为该工人的福利的，是经该工人同意并经专员批准而提供的商品和服务（包括住房）费；（6）经该工人同意并报专员批准，扣款抵偿委托该工人保管的货物损坏或损失，如果该损坏或损失是直接由于他的疏忽或过错造成的话。

5. 禁止对预支工资收取利息

任何雇主不得对预支给任何工人的工资通过打折扣、收取利息或任何类似费用的方式，作任何扣除。

6. 禁止将工人工资扣作罚款

除非《劳动法》及其任何实施条例有任何其他的明确规定，否则任何雇主都不得从工人的工资中扣除或者与工人签订协议或合同，约定由雇主从支付给工人的工资中扣除任何罚款，或者作为工作不良或玩忽职守，或损坏雇主的材料或其他财物的赔偿金。

第三节　雇主的权利和义务

一、雇主对劳动专员的权利和义务

在文莱的《劳动法》中，“雇主”包括文莱政府及任何人或者团体（无论是否是法人）、与任何工人达成任何协议或合同的一名已故雇主的合法私人代表，以及那个人或者团体的合适授权代理人或经理。如果任何人为了经营企业或在从事业务的过程中，与任何人（“合同工”）达成任何协议或合同，由该合同工执行或指挥执行本人的全部或任何部分工作，而本人在只负责未付工资不超过3个月的情况下，被视为雇主。

1. 雇主的权利

如果任何雇主对于副劳动专员或劳动专员助理根据法律规定所作的任何决定或命令不服，则可以在该决定或命令送达给他之后直接向专员提出申诉。如果任何雇主对于劳动专员无论是否是原始的任何决定或命令不服，则可以在该决定或命令送达给他之后14天内，向部长提出申诉。

2. 雇主的义务

对于劳动专员和卫生专员行使的上述权力，作为雇主有义务加以配合。如雇主应有法律上的义务，尽其最大的能力真实地回答劳动专员和卫生专员在调查中问及的问题；雇主也有法律上的义务，在劳动专员和卫生专员传讯的时候，按照传票中具体指明的时间，到达指定的地点，并真实地回答专员可能向他提出的所有问题。

二、雇主对劳工应负担的义务

根据文莱《劳动法》的规定，招聘者应对被聘工人承担如下义务和相应的费用。

（一）对被招聘工人进行体检，并保证被聘工人是出于自愿而被招聘

每个被招聘的工人都应当在尽可能靠近招聘地的地点，被领到劳动专员或负责该行政区域的官员面前，并进行体检，体检的费用由招聘者或雇主承担。

任何应聘工人被带到劳动专员或官员面前之后，劳动专员或官员能够确信：关于招聘的规定及其条例得到了遵守，而且该工人是没有受到非法的压力或者因失实陈述或错误而被招聘的。如果存在应聘工人有不符合被招聘的情况，就意味着招聘者未履行相应的义务，就构成犯罪，并应当依法受到罚金或监禁的处罚。

（二）承担被招聘工人旅途中的费用或安葬

被招聘的工人及其被供养人到工作地点的差旅费，包括在旅途中为了保护他们而发生的费用，以及运输工具和旅途必需品，都应由招聘者或雇主根据《劳动法》关于招聘的规定及其条例中的条件和标准承担或提供。

万一任何被招聘的工人或者任何被供养人在从招聘地到工作地的旅途中发生死亡事故，则招聘者应提供合乎体统的安葬，并支付合理的安葬费。

（三）保障女工的生育福利

在文莱并没有就业公平，文莱是一个伊斯兰教的国家，他们遵守古兰经的戒律，在戒律中女人和男人地位是不平等的。不平等地位在许多重要地方都有体现，比如离婚、继承、对子女监管权等都远远超过在就业方面不平等对待。比如，男人可以永久担任公务员职位，不论他是否取得大学本科文凭。然而，女性如果没有大学本科文凭，只能担任临时的公务员职位，这样相对男性永久性职位，她们将享受更少的年假和津贴。

按照文莱《劳动法》的规定，每个女工都有权在分娩之前和之后各4周内不上班，而在该期间（以下称“福利期间”），她有权依照法律的规定从雇主那里领取生育福利费。对福利期间支付的费用，应包括星期天或其他约定的休息日、法定节假日。

生育福利费应分两期支付：第一期为截止并包括分娩日的期间，应在孩子出生之后7天内支付，而第二期则为分娩后的期间，应在该期向届满后7天内支付；不得提前支付。如果一名女工在福利期间死亡，则福利费只应付至她死亡的那一天。

雇主在收到女工根据《劳动法》的相关规定发出的通知或者以其他方式得知女工分娩的事实之后，应准予该工人请假离岗，直至她分娩后的4周时间届满为止。

当女工根据《劳动法》的规定休产假之时，她的雇主不得在她产假期间发出解聘通知，否则该通知在产假期间无效。雇主在女工分娩之前3个月内，无充分理由向女工发出解聘通知，不具有剥夺她在没有该解聘通知的情况下有权根据《劳动法》有关规定领取的任何福利费的效力。

（四）将未受招聘的工人送回

如果被招聘的工人存在以下情况：在前往工作地的路途中，由于疾病或事故而丧失了能力；或者在体检中被发现不适合于从事该工作；或者由于他不应负责的原因而在招聘后没有被录用；或者被专员或负责该行政区域的官员发现是被非法的失实陈述或错误而招聘等情况，那么，该名被招聘的工人、该名被招聘工人的被供养人，以及在前往工作地的旅途中死亡的被招聘工人的任何被供养人，都应当被招聘者或雇主送回到他们的原籍地或者聘用地（如果聘用地距离工作地更近），而且聘用地的法律允许的话，根据《劳动法》关于招聘的规定而制定的条例的规定，费用应由招聘者或雇主承担。

（五）雇主将劳工资遣回家的义务

1. 雇主应当将劳工资遣回家的情形

作为符合文莱《劳动法》规定的协议或合同一方当事人，被雇主或者代雇主作为的人带到工作地的每位工人，只要聘用地法律允许的话，在下列情况下，都有权由雇主出资遣返原籍地或者距离工作地更近的聘用地：（1）协议或合同因期满而终止；（2）协议或合同因雇主不能履行协议或合同而终止；（3）协议或合同因工人生病或出事故，不能履行协议或合同而终止；（4）协议或合同因通知而终止，但该合同受某特定合同和《劳动法》第五章之规定约束；（5）根据第15条和第28条撤销协议或合同；（6）各方当事人协议终止协议或合同，除非劳动专员另有裁决。

根据当时有效的任何有关移民的成文法规定，如果聘用地法律允许的话，被命令离开文莱的每位移民工人，都应当由雇主出资遣返到原籍地或者距离工作地更近的聘用地。

如果工人的任何受供养人被雇主或代雇主作为的人带到工作地的话，一旦该工人被资遣回家或者死亡，雇主就应当出资将该受供养人遣返回家。

一般来说，资遣回家费包括：（1）车旅费和旅途中的生活费；（2）终止协议或合同之日至遣返之日期间的生活费；（3）如果工人在资遣回家的过程中发生死亡，应提供合乎体统的安葬，并支付合理的丧葬费用。

如果工人的遣返由于以下原因而被延误，则雇主不应负责其该期间生活费：（1）由于该工人自己的选择；（2）由于不可抗力。在该期间，雇主一直能够按已过期的合同规定的工资额，使用该工人的服务。如果雇主没有完成将工人资遣回家的义务，则专员可以自行或指示他人完成该义务，所花费的金额可以作为该雇主或各位雇主拖欠政府的债务，并可通过民事诉讼追缴。

2. *雇主被豁免资遣劳工回家义务的情形*

根据文莱《劳动法》的规定，在下列情况下，劳动专员可以豁免雇主承担资遣工人回家费用的义务：

（1）如果劳动专员确信：①该工人在专员面前发布声明，表示他不希望被遣返；②应该工人的要求或者经他同意，已经在工作地或附近结清费用。

（2）如果劳动专员确信，由于该工人自己的选择，没有在协议或合同终止之后6个月内行使其被资遣回家的权利。

（3）如果该雇主的责任已经规定在根据第121条第②款建立的任何基金规定之中。

（4）如果协议或合同是由于除了该工人生病或出事故，不能履行协议或合同而终止以外的其他原因而终止的，并且劳动专员确信：①在确定工资额时，已经为资遣该工人回家支付了适当的津贴；②已经通过延付薪酬体系或其他方式作出了适当的安排，以确保该工人有必要的资金来支付这些费用。

第四节　劳动协议和劳动合同

一、劳动协议

（一）劳动协议概念和特征

劳动协议是指根据文莱《劳动法》规定达成的口头工作承诺。对于不超过1个月的工作期限，或者工作天数不超过26天，或者由工人为雇主履行任何一项从工作开始起计算，能够在1个月内完成的具体工作，可以订立一份协议。由此可见，协议的特征是：（1）可以用口头形式达成；（2）只适用于不超过1个月的工作期限，或者不超过26天的工作天数，或者在1个月内能够完成的具体工作的情况。

（二）文莱《劳动法》关于劳动协议规定

1. 劳动协议延续

任何冲突的意见都必须在协议制定的最后一天达成一致，每天完成工作量或者完成工作的具体天数视具体情况而定：对于不超过1个月的劳动协议，在最后终止的时间，依照前述劳动协议可以推定该协议将继续有效，则前述劳动协议终止，按照前述劳动协议相同条款自动转变为新的劳动协议，除非一方按照劳动法12条规定提前通知对方。

2. 时间约定的规定

在约定不明的情况下，规定劳动协议时间为1个月。

3. 保证周

一个工人的劳动协议时间长短和报酬根据工作需要而定，雇主应该向工人提供适合他能力的工作，每周工作时间不得超过5天半，法定假期和周五（雇主和工人之间可以在劳动协议中规定，用其他休息时间来代替周五，休息日不得少于3日）不得工作，如果雇主无法提供规定的时间内的工作，工人可以按自己能力提出可以胜任的工作，雇主应当支付工人每日的工资，包括生活补贴等。如果是计件工资，则支付工资不得少于之前一周的平均收入。如果工人不是持续性工作的，则最后一星期的工资不得低于其他从事这类工作的人平均工资，除了周六之外的其他工作日，雇主应该按全天工作的工资标准来发放工资。

4. 终止协议的通知

（1）协议一方在一定期限内可基于欠款通知期届满而终结此协议，另一方需按照通知方的目的完成。通知期限的长度应与协议终止期限相同，除非协议条款另有规定。在任何时候，通知时间不能超过1个月，家庭佣工则不能超过14天。

（2）通知应当在通知时间内发出，既可以是书面通知，也可以是口头通知。

5. 雇主法定解除雇员条件

（1）劳工以明示或暗示的行为作出与劳动协议规定不一致的不当行为，无论责任是否在他。

（2）故意不履行雇主合法的规定。

（3）以明示或暗示的行为欺骗雇主表明自己拥有事实上并不具备的技能。

（4）玩忽职守，不履行职责。

（5）没有合理理由无故旷工或者没有预先向雇主请假旷工。

6. 劳动专员可以终止劳动协议

如果劳工人身或财产在劳动协议中遭受损害，劳动专员可以依法终止协议，并要求雇主为劳工支付赔偿金。法院在诉讼过程中应当按劳动法规定，要求雇主支付应支付的工资、损害赔偿和其他合理费用。

如果雇主未按劳动法11条规定支付报酬或者违反14条规定构成犯罪的，应处1500文莱币罚金或者拘留6个月。

二、劳动合同

（一）劳动合同概念和特征

合同是指由雇主和工人书面订立并由双方签字或者摁大拇指指纹的法律文件。如果雇主聘用一名工人超过1个月期限或超过26个工作日，或者为雇主进行一项具体工作，自工作开始起，不能在1个月内完成，或者规定的雇用条件与聘用地类似工作的惯例有实质性的不同，则可以订立一份合同。与协议不同，合同的特征是：（1）必须用书面形式订立，并由双方签字，如果订立合同的工人不能签字，则可以摁大拇指指纹，以示同意；（2）适用于工人超过1个月期限，或者超过26个工作日，或者为雇主进行一项具体工作不能在1个月内完成，或者规定的雇用条件与聘用地类似工作的惯例有实质性的不同的情况。

（二）文莱《劳动法》关于劳动合同规定

1. 劳动合同的必备条款

合同的条款就是合同的内容。雇主和工人通过劳动合同条款规定双方的权利和义务。按照文莱《劳动法》的规定，每份合同都应当包含所有必需的条款，清楚而明确地界定合同各方的权利和义务，在不减损订立合同通用性规定的前提下，应在任何情况下都包括以下具体内容：

（1）雇主的姓名、雇用的经营范围及场所。

（2）该工人的姓名、聘用地及该工人的出生地，以及识别其身份所必需的任何其他详情。

（3）在可能的情况下，该工人的近亲亲属姓名和地址。

（4）雇用的性质。

（5）雇用的期限及计算该期限的方法。对于合同的期限，《劳动法》对以下两种情况的合同规定了最长期限：一是如果工人的家属没有随行的话，从招聘地到工作地涉及在文莱国家及马来西亚联邦的沙捞越和沙巴境内履行的任何合同，其明确规定或暗示的最长期限，无论如何均不得超过12个月；二是如果工人的家属没有随行的话，从招聘地到工作地涉及在上述规定以外的地方履行的任何合同，其明确规定或暗示的最长期限，无论如何均不得超过2年，在有家属随行的情况下，不得超过3年。

（6）希望终止合同的一方发出通知的适当期限，充分考虑了法律对合同终止的规定，而该规定体现了公平地处理金钱和其他问题的事实。

（7）薪金及计算方法，支付薪金的方式及期限；如果有预支工资，还应规定预支工资以及偿还该预支工资的方式。

（8）为了给该工人及其根据合同条款而随行的被供养人提供福利而采取的措施。

（9）资遣回家的条件及合同的其他任何特别条件。

2. 合同的签订

按照文莱《劳动法》的规定，签订劳动合同必须要符合法定的要求。

（1）签订合同的人（工人）应当具有相应的行为能力。18周岁以上的人，都有能力签订合同；年龄已满16周岁、未满18周岁的人，如果从事的是对未成年人的精神和身体发育无害的职业，那么，经专员批准，有能力签订合同；任何年龄明显未满16周岁的人，没有能力签订合同。

（2）合同必须送交劳动专员见证。《劳动法》规定，每一份合同都应当送交专员见证。无论是见证的内容，还是见证的要求，或是见证的形式，都应当符合《劳动法》的规定。

①见证的内容。在见证任何合同之前，专员应当审查确认该工人是自由地同意该合同的，亦或错误而取得的；而且他的同意不是通过恐吓、不当影响，或者失实陈述。劳动专员本人应确信：a. 该合同形式合法；b. 合同条款符合《劳动法》的规定；c. 该工人在签订合同之前，已经完全理解了合同条款，或者以其他方式表达了同意；d. 劳动法关于体检的规定已经得到遵守；e. 该工人宣布自己不受任何以前聘用的约束。如果专员不确信上述规定的任何事宜，可以拒绝见证任何合同，而任何被专员拒绝见证的合同，均不再有效。

②见证的要求。对于没有呈送专员见证的合同，只能按照《劳动法》对“协议”的规定执行，但在该合同有效期届满之前，任何一方均有权将其呈送专员见证。如果没有将合同呈送专员见证是由于任何一方的故意或疏忽造成的，则另一方有权向专员申请撤销本合同。

③见证的形式。劳动专员所见证的每份合同，都应当按一式四份进行见证。其中，一份副本应送交雇主，一份副本送交该工人或者在工人集体的情况下，送交其中的一人，一份副本送交聘用地的助理专员，正本留存于专员处，由他将所有的此类合同存档。但是，劳动专员还可以自行斟酌，批准一份标准格式的合同，由任何特定的人或商号使用，而一旦使用了这种标准格式合同，就没有必要由专员一份一份地见证；但雇主应按季度向专员提交一份申报表，申报每个季度根据该批准的标准格式合同新聘用的人数，并附带一份证明，说明在合同签订之前，其已经将合同中的条款和条件向工人宣读，并且他们已经理解。

（3）签订合同的工人应当要体检。文莱《劳动法》规定，在见证合同之前，每位签订合同的工人，都应当进行体检并被签发一份体检证书。体检的费用由雇主承担。如果该工人在合同见证之前没有进行体检，则劳动专员在见证合同之时，应在背书说明该工人应尽早进行体检。但是，工人如果是在雇用没有超过法定工人数的农业经营体中就业，或者是在工人们的家附近就业——从事的是农业工作或者是劳动专员确信没有危险性质或者不太可能对工人们的健康造成伤害的非农业工作，那么，劳动专员可以在合同上背书，免除对工人进行体检的要求。

3. 合同的转移

文莱《劳动法》规定，工人从一名雇主处转移到另一名雇主处，就要发生合同的转移。合同的转移应当要符合法律规定的条件：

（1）任何合同从一名雇主处转移到另一名雇主处，都应当得到工人的同意，并取得劳动专员对合同的背书确认。

（2）在对转让的合同背书之前：①专员应确认该工人是自愿同意该转让的，而且他的同意不是通过恐吓、不当影响，或者失实陈述或错误而取得的；②在任何情况下，通过这种转让，该工人将改变其雇用形式，因此，除了符合法律规定的可以免除体检的情况以外，如果专员认为适宜的条件变化，可以视情况而定要求该工人进行体检或重新体检。

4. 合同的终止

合同因一定的法律事实出现而终止。合向终止就意味着雇主与工人之间的劳动关系结束，双方不再受其所签订的劳动合同的约束。根据文《劳动法》的规定，出现下列情况，合同终止：

（1）合同期届满或合同期届满前雇主或工人死亡。合同因工人死亡而终止，应不减损任何人就此提出的法律主张的权利。

（2）如果雇主不能履行合同，或者由于疾病或事故工人不能履行合同，经专员同意，并由雇主保障工人拿到他挣到的工资、被拖欠的工资、由于事故或疾病而欠工人的补偿金，以及工人被资遣回家的权利的条件下，可以终止合同。

（3）经专员同意，并在保障工人免失被资遣回家的权利的条件下，各方当事人可以协议终止合同。但是，除非终止合同的协议中另有规定，否则双方协议终止合同，必须要由劳动专员确信该工人是自愿同意该终止的，而且他的同意不是通过恐吓、不当影响，或者失实陈述或错误而取得的；以及当事人之间的金钱债务已经了结。

（4）除了履行某项未提及时间的具体工作的合同以外，任何一方当事人都可以根据合同条款的规定，向对方发出一份通知，终止该合同。一方向对方发出通知的最低要求为：①如果合同期限超过1个月，则通知期不应少于14天，并且只有在雇用的第1个月届满之后才能发出通知；②如果合同期限不超过1个月，则通知期不应少于7天。除非经劳动专员斟酌并许可，否则合同中规定的通知期不得超过1个月。

一方通知对方终止合同还必须具备的前提条件是：工人和雇主之间应约定一

个公平的金钱和其他条件的了结办法，包括资谴回家，如果没有这样的约定，则任何一方当事人均可将此事提交劳动专员，由劳动专员以公平合理的方式，发布一道命令，裁决包括在作出命令之前所合理发生的任何生活费。

（5）如果工人遭受人身或财产滥用，则劳动专员可以命令撤销任何合同，并可以在命令中裁定对该工人进行合理的补偿。合同被撤销以后，合同也就终止。

三、劳动协议和劳动合同的关系

在文莱，劳动协议和劳动合同都是由雇主和工人之间签订，规范他们相互之间劳动关系的法律文件，但是劳动协议和劳动合同在规范的内容、范围和要求上有很大不同。劳动协议可以口头达成，适用短期时间内容工作，即不超过1个月期限的工作。而劳动合同必须采用书面形式订立，需要双方签字生效。适用超过一个月期限的工作，而且劳动合同在订立、解除时条件和格式要更加严格。

第五节　解决劳动争议的途径和方式

一、提起劳动争议诉讼

（一）提起民事诉讼

按照文莱《劳动法》的规定，该法中的任何规定都不阻止任何雇主或工人行使他们各自的民事权利。对没有根据文莱《劳动法》提起任何诉讼，或者已经提起了相关诉讼，却没有根据文莱《劳动法》作出判决，或者没有根据文莱《劳动法》履行协议或合同的行为，都可以通过向法院提起民事诉讼实施救济。

（二）提起关于犯罪的诉讼

按照文莱《劳动法》的规定，如果工人认为雇主侵犯其法律规定的有关权益，可以由其自己，也可以由劳动专员带他向法庭提起诉讼，对此，法院不得收取任何费用。如果法庭已经认定雇主有罪并对他作出了判决，则诉讼费连同该案的一般费用，都应由雇主支付。

任何受害人对于触犯《劳动法》的任何犯罪，可以由其自己，也可以由劳动专员或经劳动专员授权代表他的人，在与《劳动法》中含有的任何特别规定不相抵触的情况下，都可以由其向治安法官法院申诉，由治安法官法院对侵权人予以定罪和处以刑罚。劳动专员及经他摹权代表他的任何官员，都有权出席任何他根据《劳动法》提起的诉讼案件，并作陈述。

（三）关于举证责任的规定

按照文莱《劳动法》的规定，在根据该法进行的任何法律程序中，如果证明不是雇主的职责或根据该法及其实施条例的职责，由做或不做某事的人承担举证责任；如果宣称他不是雇主或其他人的人，则视情况确定举证责任由谁来承担。

二、非诉讼方式解决劳动争议

（一）仲裁

仲裁是一种简化举证和审讯过程，而且对于当事人来说更容易掌握主动的非正式程序。由双方当事人指定一名仲裁员后由被指定的两名仲裁员选择第三名仲裁员组成仲裁庭。仲裁听证会通常只持续了几个小时，在此过程所有事项都将保密。因此，许多劳动争议处理也会经常使用仲裁进行解决。

在仲裁程序中，争议双方应就所发生的任何争议提交仲裁提前达成一致。该仲裁协议可能涉及选择指定仲裁员和同意仲裁等程序。为了促进争端的解决，当事人通常会同意采用一套既定的规则。

（二）调解

调解即当事人通过一个中立的调解员协助达成双方都能接受的解决争端的办法。法院可委任调解员或由劳动专员担任，以书面协议形式由双方协商一致通过后，双方共同签字，由双方共同遵守执行。

如果在3个月内双方没有完全达成一致，则双方在达成一致的部分签字，并且不能以调解失败为由反对执行签字协议。

目前发生文莱达鲁萨兰国内的仲裁和调解案件并没有具体的官方统计数字，因为其实际数目过小，选择通过此途径解决纠纷的人过少，人们更倾向于向法院提起诉讼来解决纠纷，因为诉讼时间并不会很长。在诉讼和非诉讼解决途径之间并没有太大的成本和时间差异，相反仲裁等方式相对于诉讼方式要支付更多的费用，特别是用来支付仲裁员和管辖地的费用。因为没有固定的机构进行仲裁，所以仲裁等方式比诉讼方式有时反而会需要更久时间，显得更加不方便。

第五章

文莱金融法律制度

第一节 文莱金融法律制度概述

一、文莱金融业的重要地位和作用

金融是中国—东盟合作发展的重要支柱，同样也是文莱发展的重要力量，即经济的运作发展需要金融来支持。便捷、高效的跨境金融服务是推动中国—东盟之间贸易与投资发展的助推器。中国—东盟自由贸易区的建成，使金融行业成为中国—东盟相互投资的重点领域，各国政府也采取了一系列措施来吸引外资。

文莱达鲁萨兰国（BRUNEIDARUSSALAM），有“和平之邦”的美称，能为外国投资者提供优惠的投资条件和良好的投资环境。文莱独立后，丰富的石油和天然气促进了文莱的经济发展，石油、天然气的生产和销售为文莱政府带来了丰厚的外汇收入，加之人口少，文莱的国民经济发展迅速，使文莱人民生活水平大幅度提高。目前文莱拥有巨额的外汇储备和黄金储备，文莱的外汇储备一直保持在200亿至300亿美元左右；黄金储备达30亿美元。文莱的政治局势稳定，金融环境不断改善，外汇管制宽松，为外国投资营造了良好的环境。

文莱近年来一直保持财政盈余的收支状况，为文莱人民高福利的生活提供了保障。金融业是现代服务业的一个重要分支，也是体现文莱经济发展的重要指标，属于高附加值的行业。文莱拥有雄厚的金融优势，在实行经济多元化的战略过程中非常重视金融业的发展，大力发展国际离岸金融中心，以应对世界金融危机造成的影响。近年来文莱金融业的增加值占GDP比重维持在3%左右，因此文莱有必要发挥金融在经济中的重要作用，积极参与中国—东盟自由贸易区（简称CAFTA）的金融合作，以促进经济持续稳定的发展。

二、文莱的金融体系

近年来，文莱财政部正积极为文莱离岸金融的未来发展作规划，以期在这个领域推出更多崭新的产品和服务来迎合全球金融市场的多元化需求。为此，文莱财政部完善了管制条例及法律架构，全力打造一个强劲的金融体系。

（一）金融体系的定义

由于现实中不同国家的金融制度差异较大，因此很多研究认为各国存在着不同的金融体系。从一般性意义上讲，金融体系是一个经济体中资金流动的基本框架，它是资金流动的工具（金融资产）、市场参与者（中介机构）和交易方式（市场）等各金融要素构成的的综合体，同时，由于金融活动具有很强的外部性，在一定程度上可以是为准公共产品，因此，政府的管制框架也是金融体系中一个密不可分的组成部分。一个金融体系包括几个相互关联的组成部分：

第一，金融部门（Financial Sector， 各种金融机构、市场，它们为经济中的非金融部门提供金融服务）；

第二，融资模式与公司治理（Financing Patten and Corporate Governance，居民、企业、政府的融资行为以及基本融资工具；协调公司参与各方利益的组织框架）；

第三，监管体制（Regulation System）。

金融体系不是这些部分的简单相加，而是相互适应与协调。因此，不同金融体系之间的区别，不仅是其构成部分之间的差别，而且是它们相互关系和协调关系的不同。 一般国家的金融体系包括金融调控体系、金融企业体系（组织体系）、金融监管体系、金融市场体系、金融环境体系五个方面。本节主要论述文莱金融监管体系和金融企业体系。

（二）文莱金融监管体系

金融监管是指政府通过特定的机构（如中央银行）对金融交易主体进行的某种限制或规定。金融监管的本质是一种具有特定内涵和特征的政府规制行为。东南亚各国金融市场制度大都是战后伴随着政治的独立与经济的发展逐步建立的，多数属于政府主导型，在经历了一段时期的金融压抑之后，纷纷开始走向自由化改革并逐步建立起放松管制的金融体系，但总体上金融监管制度建设明显滞后于自由化进程。文莱金融监管体系由以下两个部分构成：

1. 国家金融管理局

文莱曾长期没有中央银行，金融职能由财政部及其下属的货币与金融委员会及金融机构行使。为促进金融业的健康可持续发展，文莱于2012年元旦成立了国家金融管理局（AMBD），负责国家货币政策的执行，监督金融体系的运行。2013年12月23日据《文莱时报》报道，文莱金融管理局（AMBD）已正式成为一个独立运作的法定机构，即掌管国家货币及金融事务的最高权力机构，不再隶属财政部。目前，文莱金融管理局主席由首相署高级部长比拉王储担任，发展部长苏约伊担任副主席，董事经理由罗斯里董事担任。文莱达鲁萨兰国金融管理局（AMBD）下成立了公共信用局，这加强了国内信用信息的合并流程，从而使文莱的“获得信贷指标”排名从第126名提高到第55名。

2. 文莱国际金融中心

成立于2000年7月的文莱国际金融中心在其金融业务监管中也扮演着重要的角色。文莱国际金融中心隶属文莱财政部（Ministry of Finance），中心负责人为总监，总监接受财政部常任秘书的领导，常秘之上还有第二部长、部长，目前，部长由苏丹亲自兼任。中心共设有注册、银行监管、证券和共同基金、国际保险、国际信托、人力资源和推广6个部门，员工约15人。

文莱在实施经济多元化的战略中一直致力于建立金融中心，1997年发生的亚洲金融危机和文莱阿美杜建筑公司的破产，促使文莱加紧实施这一计划。2000年7月15日，苏丹在其54岁诞辰上发表讲话时宣布，文莱将建立国际金融中心，“旨在把文莱建成金融、银行、债券和保险中心”。文莱财政部副部长木纳普也表示，文莱金融中心将效仿“新加坡和巴林国际金融中心的模式”，以同新加坡、中国香港以及加勒比海的英属维尔京群岛一样提供岸外金融中心业务。为此，文莱制定了五项有关国际银行和信贷的法令，2000年出台了保险、证券和合股投资的法规。2002年，经文莱财政部批准，文莱成立了第一家证券交易公司——国际文莱交易公司。文莱现有的金融管理法令尚未完善，文莱虽然设有IDB（Islamic Development Bank，即伊斯兰开发银行）协会，并制定出有关存贷款的规定，但银行之间没有交换信用情报和票据的制度，故活期贷款长期未进行。虽然有银行法，但在办了银行的手续之后，完全没有行政监督。因此，当部分银行出现信贷危机时，财政部门只能在口头上表示支持，而无实际行动。文莱政府已经采取措施整顿金融秩序，修改制定更多法令，以弥补现有法令条文未尽善之处。诸如规范金融体制、制定有关文莱国际会计标准，防止洗黑钱法令及自由区法令，效仿新加坡于2002年成立了具有本国特色的文莱金融中心。文莱目前成立的离岸金融中心，其目的是为投资者提供金融增值服务，并制定了适应国际贸易需要、提高效能、降低成本的相关法律。

文莱金融中心的主要目标：提供金融增值服务，推动文莱及亚太地区经济多样化的发展；为企业与私人客户进行安全、结算和受监管的活动的区域以及为国际商业活动提供了一个港口；善于发现专业人才，使那些具有金融方面才华的人发挥自己的优势；为文莱专门的优秀人才提供专业对口、具有创新和挑战性的工作，并给予优厚的酬劳。通过这种方法吸引本地的以及外来的优秀人才，从而使他们为文莱的金融事业贡献自己的力量。可以设置一些包括专业、管理和行政基层的工作等；为了鼓励外籍人才在文莱定居，创造经济价值，并把知识和经验传授给在国际金融领域和相关行业中符合资格及受过训练的文莱人，设立一系列的鼓励措施。带动文莱相关产业的发展，比如旅游经济中餐旅业、运输业与包括生态旅游在内的文娱活动的发展，从而带动文莱经济全面的发展；鼓励国家和个人自力更生来实现理想，扩大文莱与其他国家经济的交流与融合。

文莱金融中心提供以下服务：国际商业公司注册；国际有限责任公司注册；国际银行执照；国际伊斯兰银行执照；信托管理；互惠基金；证券；国际保险执照。此外，这个中心将促使文莱与其他国家建立更加密切的关系，进而发展为商业友好伙伴。更重要的是，文莱国际金融中心犹如催化剂，能促使文莱成为全球金融的一分子。中心提供的设施，能吸引重要金融伙伴到文莱发展，促进商业活动，并产生上述所有的益处。

（三）文莱金融企业体系

1984年领有文莱政府执照的金融机构有9家商业银行、5家金融公司、17家保险公司，4家当铺和3家银钱行庄。到现在为止，文莱的金融机构包括银行、金融公司、证券公司、保险公司、福利公司、汇款公司、货币兑换公司。随着文莱经济的发展，金融机构的种类和数量也在逐年增加。此处重点介绍文莱主要的几种金融机构。

1. 商业银行

文莱金融业实行对外开放政策，政府很少干预银行事务，文莱的商业银行遵守文莱《银行法》的规定，通常只按英镑区的规定进行管理。

与其他东盟国家不同，文莱的第一家商业银行是邮政储蓄银行。这家银行的开业很迟（1935年），反映出文莱在20世纪最初30个年头里，经济十分落后。1929年，文莱发现石油。此后，英属马来石油公司雇用大量外国雇员和工人，引起银行服务的需求。在开始时，该公司也提供若干有关这类“银行”服务。这家公司替其职工在新加坡的银行开立户头，并通过该公司在新加坡的银行开立户头，为职工取款。

文莱现有9家商业银行，包括3家本地银行：佰都利银行（Baiduri）、文莱达鲁萨兰伊斯兰银行（IBBD）和伊斯兰发展银行（IDB）。其中Baiduri银行是一所商业银行，由文莱皇家航空公司和法国巴黎银行共同出资组建，成立于1994年，总部设在文莱的斯里巴加湾边，是文莱金融服务的最大供应商之一。Baiduri银行是文莱国内唯一一家同时拥有VISA、MasterCard和American Express三大品牌支付卡发行业务的银行。外资银行有6家：美国花旗银行（Citi Bank）、香港汇丰银行（HSBC）、英国渣打银行（Standard &Chartered Bank）、新加坡华联银行（Overseas Union Bank LTD）、马来亚银行和兴业银行等国际银行。对一个人口只有40万的国家来说，9家银行机构及其40多个分支机构足以满足文莱人民的金融服务需求。基于商业考虑，美国花旗银行（Citi Bank）退出了文莱市场。2016年4月，汇丰（HSBC）也宣布将逐步缩减其在文莱的业务，包括零售银行、商业银行和全球银行服务，此举符合该行将更多重心放在处于全球贸易中心的国家的战略。与此同时，中国银行（BOC）已获准在文莱开设一家分行，这是中国金融机构首次在这个拥有丰富石油资源的苏丹国建立业务。

设在文莱的商业银行应遵守银行法。该银行法虽规定文莱的银行应定期呈送财务报表及应具有的法定资本额度和准备基金额度，但并不规定法定准备金比率。文莱金融当局不作法定准备金比率规定并不影响其金融管理。这是因为文莱国家甚小，石油收入占国民收入的比重极大，国家可以通过管理政府支出，决定文莱壳牌石油公司的租金同股息办法来管理文莱国内的货币供应量。

2. 金融公司

在文莱的金融部门里，金融公司的重要性仅次于商业银行。除商业银行外，文莱还有5家金融公司。20世纪80年代初期，文莱就有5家金融公司，分别是信贷（文莱）公司、工业资源公司、抵押金融公司、国民金融公司和合众国民金融公司。

3. 证券公司

2002年文莱成立了第一家证券交易公司——文莱国际交易所（International Brunei Exchange，IBX）。IBX在文莱经营的证券交易有别于一般传统的交易所，它将成为首家泛亚洲（Pan Asian）交易所，即整个地区的公司及投资者可不在文莱开展业务的情况下参与。2004年，文莱推出“中国统一指数”，该指数是由文莱国际交易所（IBX）和香港著名的期货交易商——香港骏溢期货有限公司共同发起策划，即将在IBX挂牌推出的全面反映中国股市价格变化的综合性指标。该指数以加权资本市值法计算，共包含沪深两市80只成分股，涵盖全国的各个行业，具有较高的代表性，但由于资本市场不发达，证券类金融机构一直发展缓慢。Baduai Bank 有一个负责经营证券业务的子公司Baiduri Securities Sdn Bhd，但是直至2007年底依然没有开展业务。另一家Amcapital （B）公司是2010年5月宣布成立的，它是由全球第二大伊斯兰债券发行商——马来西亚AM投资银行集团在文莱设立的，主要经营基金管理、穆斯林金融和投资咨询等业务。

4. 保险公司

20 世纪90年代以来，世界各国金融体制不断调整，金融管制进一步放松，这为保险业的并购重组提供了良好的外部法律环境，同时也使各国保险公司并购重组此起彼伏，业务日趋综合化、全能化、国际化，保险在一国国民经济的地位愈来愈突出。文莱保险机构在其国内的重要性不言而喻。目前，文莱有保险公司26家，其中最大的是文莱国家保险公司，其他多数是外国保险公司在文莱开设的分支机构和辅助机构。文莱伊斯兰金融及保险业务发展迅速，目前全国40%的银行业务由伊斯兰银行和金融机构经营，26%的保险业务也伊斯兰化。

保险业协会，是文莱国内保险业的代表机构，其主要业务是促进和保护全体成员的利益。主要的保险种类有：第一，友邦服务化保险。美国国籍集团（AIG）是世界领先的金融服务保险机构，在世界上130多个国家和地区设有分支机构。AIG为商业、机构和个人客户提供全世界最大范围的财产和人寿保险。第二，国民保险。国民保险提供商业、企业和个人保险服务。第三，文莱保险。覆盖所有与日常生活相关的保险。

2013年11月15日，根据文莱《联合日报》报道，文莱金融管理局董事经理拿督哈芝莫哈末罗斯里表示，截至2013年第三季度，除了人寿和家庭保单，国内回教家庭保单及人寿保单为15万份，相等于人口的38%，国内教育和医药保单数量也不多。文莱国内回教保险和普通保险业总资产占全国金融资产的5%，自2006年实施保险业法令后，国内保费增加了65%，其中以车险占多数。即便如此，文莱国内的保险和回教保险业仍有很大发展空间。

三、文莱金融法律制度的产生和发展

文莱的金融法律制度起源于文莱第一部银行法的颁布。文莱的第一家商业银行是1935年开立的邮政储蓄银行。由于文莱当时的金融经济十分落后，直至1957

年1月1日经文莱苏丹陛下批准生效了第一部文莱《银行法》，后经多次修改，现行有效的是2006年银行法。1973年8月1日，经苏丹陛下批准，文莱通过并实施了文莱《金融公司法》，该法对金融公司的许可和控制及有关事务作出了规范。随着经济的发展，文莱《金融公司法》也表现出了一些不适应文莱金融环境的地方。文莱于2006年对《金融公司法》进行了修改，现行有效的是2006年金融公司修改法。到2000年文莱才出现了文莱《国际银行法》，至此文莱金融法律制度的雏形才完全展露在世人的面前。由此可见，文莱的金融法律制度起源于1957年《银行法》，发展于1973年《金融公司法》，形成于2000年《国际银行法》。世界上每部法律的颁布都不是一帆风顺的，文莱金融法律制度也不例外。经过了大概65年的时间，文莱金融法律制度才完整的出现。

文莱金融法律制度未来将如何发展也是十分重要的一个问题。2012年10月4日据文莱《联合日报》报道，文莱发展部长兼金融管理局副主席苏约伊在文莱召开的全球经济与金融市场研讨会上表示，文莱正着手制定证券法，未来将开启本地资本市场，推动金融业发展。苏约伊表示，证券法的制定，将吸取全球金融危机的教训，借鉴国际最佳做法，塑造强大有效的司法框架，保障本地金融业健康有序地发展。

四、文莱金融法律制度的主要内容

文莱金融法律制度包括三个大的方面：第一部分是文莱银行法；第二部分是文莱金融公司法；第三部分是文莱国际银行法。这三大板块构成了文莱金融法的主体，文莱采取了一系列措施从这三个方面对文莱金融法律制度进行完善。

文莱《银行法》共计16条，涉及文莱银行的设立、文莱银行的财务管理、行政管理、法律责任的内容。该法的立法宗旨是规定银行业务的管理和许可。银行是依法持有有效银行执照的公司，具有公司的特征，所以在法律的适用上，银行法是对公司法的补充，如果银行法对相关事宜未作规定。《银行法》的规定应增补而非减损文莱现行的有关公司的任何成文法的规定。

文莱《金融公司法》的主要内容涉及金融公司的设立、金融公司的许可、金融公司的风险准备金、股息及资产负债表、业务管理、财务管理、行政管理等多个内容，共计八章43条。该法的立法宗旨是规定对金融公司的许可和控制及其相关事务。

文莱《国际银行法》可以称为2000年国际金融法，是根据文莱宪法第83条第（3）款的授权，经由苏丹陛下批准，以《政府公报》形式予以公告并于文莱财政部长指定之日起生效实施的。《国际银行法》用于指定国际银行业务，是为经营国际银行业务实体发放经营许可证的法规，并用于相关目的。

文莱《国际银行法》的立法宗旨是用于制定国际银行业务规章和国际银行业务实体发放经营许可证的法规提供依据，并未实现其他国际银行业务的相关目的。该法对国际银行业务经营许可证的发放、行政管理、税收免除和关税、一般性规定、过渡性条款及保留与免除等内容作出了全面具体规范，全部的内容共分为六个部分35条。

第二节　文莱银行与银行法

一、文莱银行的概念与特征

（一）文莱银行的概念

文莱银行法规定，银行是指任何从事银行业务，或者在任何非英语的语言中，或者在该语言的任何方言中使用“银行”一词或者相当的词汇，作为其名称中的一部分而开展业务，或者使用暗示其从事银行业务的任何名称，依法律规定持有有效银行执照的公司，但不包括依照任何成文法而合法注册或持证的合作社或汇款店。①

（二）文莱银行法的特征

由银行的概念可知，文莱银行具有以下特征：

第一，文莱银行是依法持有有效银行执照的公司，具有公司的特征。银行同一般的公司一样，都是以营利为目的的，具有公司的基本特点，在文莱银行法没

①陈云东、米良主编：《东盟国家金融法律制度研究》，北京：中国社会科学出版社，2008年，第170页。

有相关规定时可参照文莱公司法的相关规定，但银行的设立必须具有业务经营所需的自有资金，必须持有有效的银行执照，依法设立，依法经营，自担风险，自负盈亏。

第二，文莱银行主要从事银行业务。所谓的银行业务主要是指：以来往或存款账户从公众收取款项，支付或托付客户开具或收取的支票，从事向客户预付款的服务，并且包括了部长可能依照银行法而报请苏丹陛下批准而规定的其他业务。（注意：在文莱银行法中“存款”除了指金钱外，还包括任何贵重金属、宝石，全部或部分由任何贵重金属或宝石组成的任何物品，以及部长可能规定的任何其他物品或物件）在文莱银行法中，如无特别规定，“部长”主要指财政部部长。

第三，文莱银行不包括合作社和汇款店。文莱银行法仅包括依照银行法规定持有有效银行执照，从事银行业务的公司，不包括合作社和汇款店。

二、文莱银行法的主要内容

（一）设立银行的法律规定

银行的设立是指银行的创办人依照法律规定的条件和程序，使银行取得法定的主体资格的法律行为。

1. 从事银行业务的主体资格

根据文莱《银行法》的规定，除了公司或国际银行外，任何人在文莱不得从事银行业务。根据《银行法》规定的经过部长同意的持证银行、伊斯兰银行和国际银行才能从事银行业务。

2. 设立的程序

在文莱设立银行还必须履行法定的程序，如下图所示：

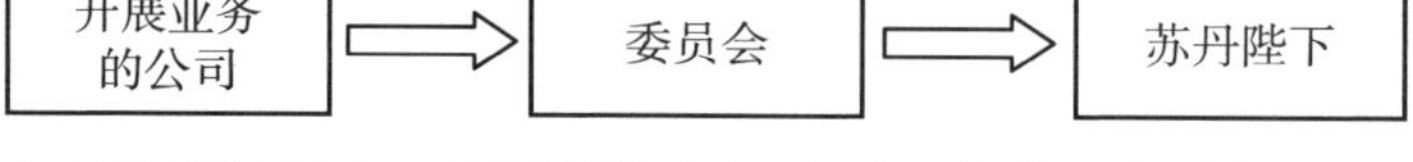

文莱银行法规定，要开展业务的公司，首先要向委员会提出设立银行的申请，经苏丹陛下批准，颁发营业执照后，方可从事银行业务。但是，最终决定权在苏丹陛下手中，其可以任意决定批准与否。

3. 设立银行的资本最低限额

根据文莱《银行法》的规定，在文莱境内成立一家开展银行业务的公司，其认缴资本不得低于300万文莱元；在文莱境内已经成立的公司，如若要发展银行业务，其认缴资本为300万文莱元，已经被认缴且实际缴付现金不低于150万文莱元；认缴资本超过300万文莱元，已经认缴300万文莱元且已经实际缴付现金不低于50万文莱元。

在文莱境外其他国家注册成立的公司，要在文莱开展银行业务，其实际缴纳资本不少于600万文莱元。另外，以上设立的最低实缴资本和认缴资本，经部长报请苏丹陛下批准，发布在《政府公报》上，今后可加以修改。

（二）银行财务管理的法律规定

银行财务管理包括三个方面：首先是准备金制度，其次是最低现金余额准备金制度，最后是流动资产最低限额制度。

1. 准备金

根据文莱银行法的规定，凡是在文莱境内注册成立的银行，应保持存款准备金，每年从分配股息之前的净利润中，划转一笔钱作为准备金，该笔钱的数额相当于利润的20%，直到准备金达到实缴资本为止。

2. 最低现金余额准备金

部长可以随时要求除国际银行以外的银行保持最低现金余额，不超过每家银行存款及其他债务的30%，存放于部长处，作为其存款及其他债务的准备金。部长可以对不同类型的债务规定不同的最低现金余额准备金金额比例。这一比例对所有银行是一致的。对于最低现金余额准备金的任何要求和变化，在部长向银行发出将要采取这种行动通知30天后才能生效。

3. 银行流动资产的最低限额

文莱《银行法》规定，部长可以不时地以书面通知每家银行（除国际银行外）应当随时保持的流动资产的最低限额。当部长发出通知后，应当给予各家银行不少于7天的统一的宽限期，以便银行能遵守规定。在此期限外，未经部长批准，不得出借或预付任何款项给任何人。部长可以用书面形式通知各家银行提交部长认为实施本条所必须的申报表。在计算银行的最低流动资本限额时，应包括该银行在文莱境内的办事处和分行。任何银行未遵守上述规定的，应部长要求在亏欠持续期间，每天收取1000文莱元或更大数额的罚息。

（三）银行行政管理法律规定

1. 部长的职权

首先，为了公共利益，部长可以命令持证银行作如下事项：第一，命令银行出示在指明期间的任何账簿、账号或文件；第二，在命令确定的期间里，从其开展业务过程中使用的名称中删除“银行”字样或任何派生词汇；第三，停止开展银行业务；第四，把其执照交还给部长，以便撤销。对于上述前三项的任何命令，部长应当书面通知该银行，并给其书面陈述的机会。部长撤销该持证银行，则该银行应该在《政府公报》中公布执照被撤销银行的名称。违反部长上述命令的，即构成犯罪，除了应受《银行法》第15条规定处罚外，从违法之日起，在违法行为持续期间，每天还应处以100文莱元的罚金。部长除了上述两种职权外，还可以修订持证银行应缴纳的费用，改变《政府公报》相关附表中的要求，制定文莱《银行法》的实施条例。

2. 银行的义务

第一，缴纳年费。文莱《银行法》规定，每家持证银行都应当向政府缴纳所需费用，这种费用应根据第四条规定在发放执照的当天缴纳，以后每年的同一天缴纳。第二，出示工资负债表。文莱《银行法》规定，每家持证银行在每年的4月30日之前，在文莱境内的每个办事处及支行应持续展示其经审计的上一财务年度的资产负债表，直至接下来的一个财务年度的资产负债表也如此展示为止。资产负债表提交出席股东年会的各股东之日前后，在《政府公报》或在文莱境内发行的报纸上刊登一份副本。第三，银行不得披露任何人的银行账号。

3. 银行人员的资格限制

曾经为一家被法院清盘的银行董事，或者直接或间接地参与该银行管理的人，因涉嫌背信弃义而被一家有管辖权的法院处以监禁，其监禁期没有被完全赦免的人。以上人员未经部长明示地授权，不得担任或继续担任任何持证银行的董事或者参与该银行的管理。

4. 任何人的义务

文莱《银行法》规定，任何人是指除了政府根据《放贷人法》持证开展放贷业务的人；根据《典当商法》，持证开展业务的任何人；根据《合作社法》而注册的任何合作社；根据《金融公司法》而获得许可的金融公司；根据《伊斯兰文莱法》而成立的伊斯兰银行；经部长批准从事保险的人；根据成文法授权，可以接受、接纳或吸收存款的法定机构；以及与上述提到的人有关联的任何人。

除了以上几种人，任何人不得接收、接手或接纳被禁止的存款；任何人不得主动拨打电话招揽或促使他人存款；任何人不得自己或者为他人发行、发布或以其他方式发行或发布法律禁止的广告；任何人不得通过法律禁止的手段引诱另一个人签订或不签订存款协议。

5. 调查员制度

在文莱，调查员是部长顺利开展银行监管工作必不可少的重要助手，对部长做好银行监管有着十分重要的意义。因此，文莱《银行法》对调查员的各项法律制度作出了全面的规定。其内容包括调查员的产生及其地位、调查员的权利及其义务等。

三、与文莱银行业务密切相关的其他金融制度

（一）文莱的货币与信贷

1. 货币

文莱货币名称：文莱元（简称文元）。文莱采用货币发行局制度（Currency Board Arrangement）的汇率政策。

文莱自从沦为英国的保护国之后，在相当长的时期里没有发行本国的货币，只是用他国的货币，最初使用英镑，后来使用新加坡和马来西亚的货币。1938年，在英国的操纵下，马来西亚、新加坡及文莱等国联合成立一个货币基金管理局，管理货币的使用和流通。1952年1月1日，马来西亚、新加坡、沙捞越、北婆罗洲和文莱联合设立一个货币局，负责管理各自事宜。该货币局有权发行货币，在五个地区里流通，该货币实际上是马来西亚货币。根据1952年的协定，该局发行的货币是文莱唯一合法的货币。1967年6月2日起，根据与马来西亚和新加坡之间设立的三国通货相互等价交换协定，文莱币的票面价值与新加坡元、马来西亚林吉特相等，并可以自由流通，并且首次发行了1、5、10、50和100文元的纸币，1979年后又发行了面额为500和1万的纸币；2006年为纪念苏丹60华诞新发行了500和10000的新纸钞。1973年5月8日，马来西亚废除同文莱相互通货等价交换协定，文莱决定从1973年6月21日起，也同马来西亚停止通货等价交换协定，但仍同新加坡保持两国间通货自由等价交换至今。但是人民币与文莱元不可直接兑换。

2007年6月27日，文莱苏丹博尔基亚和新加坡总理李显龙在文莱王宫庆祝“两国货币等值兑换协定”签署40周年。双方领导人强调了该协定的重要性，并指出

货币等值兑换协定在经济方面稳定了两国的货币和物价，使两国双边贸易关系更加密切，也制造了更多的就业机会。博尔基亚说：“文莱人民都深刻了解文新货币等值交换协定的重要。有了这样的安排，让他们对前途更具有信心，而两国关系也一年比一年好。”①

2014年，国际货币基金组织（IMF）认为文莱银行体系健全、资本充足，对文莱在加强金融体系建设、加大反洗钱和打击金融犯罪力度等方面的举措表示欢迎；认为文莱元与新加坡元等值流通有利于文经济发展，文莱应加强汇率管控，并鼓励私营部门借贷。

近年来，受美元持续贬值影响，文莱货币对西方主要货币的汇率呈稳定的上升态势，美元兑文莱元汇率从2009年底的1.43下滑至2011年1.26左右，并基本保持至今。

2. 信贷

文莱银行业起步比较慢，但是发展迅速，规模不断扩大。银行存贷款规模相比前几年有所下降，存贷款比例也比较低，反映了银行有大量的闲散资金，没有达到资金的充分利用，是对金融资源的一种浪费。有关贷款的去向，其中，个人贷款是最大的借贷流向，比重仍有上升趋势。贷款比重有所增加的部门有：信贷和融资部门、制造业部门、专门服务贷款等；相反，农业部门、交通运输部门、建筑业一般商业贷款和抵押贷款的总额都有所下降。

1997年东南亚金融危机爆发后，东盟大部分国家金融机构背负着大量的不良贷款，文莱企业也面临着严重的财政问题，致使银行坏账问题日益突出，资产状况恶化。为此文莱政府十分重视国内银行金融体系的重组与改革，采取措施提高商业银行的信贷业务质量，迅速处理银行金融机构不良资产，强化金融风险管理，取得了一定效果。文莱财政部门于2005年5月下令银行限制个人贷款后，不良贷款比例有所下降。经过多年的努力，文莱商业银行的信贷资金整体质量水平有所改善。文莱金融机构的建立以及在金融危机出现后的应对措施，都加大了文莱同世界的交流，增强了外商对文莱投资的信心。

①《李显龙强调新加坡与文莱货币等值互换非常重要》 《中国新闻网》，2007年6月29日。

（二）文莱的外汇制度

2003年，文莱成立了第一家证券交易公司——国际文莱交易公司（简称IBX）。该公司在文莱的证券交易有别于一般传统的交易所，成为首家亚洲交易所，即整个东南亚地区的公司及投资者可不必通过在文莱设立业务的情况下参与。这在文莱外汇市场的发展方面具有里程碑意义。文莱无外汇管制。根据文莱与新加坡两国签署的协议，文莱元与新加坡元同等值，并可以在两国自由流通。文莱过去曾与马来西亚和新加坡一起组成统一的货币流通区域，其货币单位也采用林吉特（马元）。1967年，三国货币流通区域解体，文莱成为一个独立的货币流通区域，其货币也随之改为文莱元，迄今为止，文莱的银行票据交换主要在新加坡进行，其巨额的美元外汇也存放在新加坡的银行。文莱元与美元可在文莱自由兑换，外汇可以自由汇入汇出，货币比价随行就市，便利了国际资本的流通，有利于吸引外资。文莱成立了离岸金融中心，其目的是为投资者提供金融增值服务，并定制了适应国际贸易需要、提高效能、降低成本的相关法律，其目标是把文莱建设成为一个“无税天堂”。

第一，文莱汇率。文莱货币金融理事会的职责除了发行货币，还要管理国际储备以及维持文莱元汇率和币值稳定。文莱实行的是盯住新加坡元的货币局汇率制度，文莱元与新加坡元的固定比率是1∶1，这种汇率制定有利于控制通胀预期。2008年，由于全球爆发了金融危机，美元趁机升值，加之新加坡元由于新加坡出口的大幅下滑出现了大幅贬值的现象。文莱元也同样地出现了此种状况。

第二，外汇的管制程度。从国际直接投资的环境角度看，东道国的外汇管制程度应该是越低越好。文莱无外汇管制，银行允许非居民开户和存款，文莱元和美元可以在文莱自由兑换，外汇可以自由汇入和汇出，便利了国际资本的流动，有利于吸引外资。按照文莱和新加坡所签署的协议，文莱元和新加坡元同值并可以在两国通用。

第三，国际储备状况。一国国际储备资产的充裕度是维系该国对外信誉的基础。一国国际储备充裕，国际清偿能力就强，就能够在按期偿还债务的情况下进一步扩大内需放松外汇管制，这不仅有利于该国的对外贸易和经济发展，而且也有利于吸引更多外资。当然，为维持一定清偿能力而储备的资产并不是越多越好，超量储备就要付出代价，这种代价主要表现在，如果货币当局持有超量储备，则此储备就可以用于商品劳务进口，为国内经济增长和消费增添新的实际的资源，增加国内就业和国民收入，这就是持有超量储备的机会成本。

一般认为国际储备应该能满足3个月的进口需要，约占全年进口额的25%左右。据亚行统计，文莱近年的外汇储备增长迅速。2004年为4.89亿美元；2006年增加到6.67亿美元；2008年为7.51亿美元；2009年猛增至13.5亿美元。到2010年，文莱的外汇储备已达15.63亿美元；截至到现在，文莱的外汇储备已逾300亿美元。由此可见，一方面表明文莱对外信誉度较高，有利于外资的流入；另一方面表明文莱持有国际储备的机会成本高，实际经济增长率低于经济增长的潜力。

伴随着文莱近几年的外汇储备迅猛增长，文莱与中国的外汇业务往来也随之增多。2010年3月，中国银联与佰都利银行合作，开通了银联卡在文莱刷卡服务。2011年4月，佰都利银行开始发行银联卡。汇丰银行（文莱）从2011年1月开始办理人民币结算业务，是文莱首家开展该业务的银行。

第四，外汇买卖。由于文莱没有外汇管制，人民可以自由买卖外汇。为加强文莱人民的外汇交易知识，掌握外汇市场结构及解决基本外汇操作的陷阱，文莱伊斯兰银行的金融和管理中心于2007年7月举办了外汇交易研讨会，其后在8月举行了第二次研讨会，内容主要关于介绍伊斯兰外汇交易及分析外汇基本走势，推行文莱政府实行经济多元化的发展政策，加大招商引资的力度，加速了资本市场的发展。文莱每年通过海外投资获得的利润已超过销售石油和天然气的收入，这些外汇有1/3由文莱投资局进行操作，2/3由8家外国机构进行操作。文莱全部外汇的80%用来购买外国政府发行的公债，其余则以现金、股票、黄金和房地产的方式保存。

第三节　文莱金融公司与金融公司法

一、金融公司的概念与特征

（一）金融公司的概念

文莱《金融公司法》规定，金融公司是指根据《金融公司法》获得许可，从事融资业务的任何公司，通过吸收存款、发行权证或承认及证明欠公众债务的其他文件，从公众那里借钱，承诺随时还款或者在约定期间届满时还款；以及借款给公众或一家公司，该公众或公司承诺一段约定的时间内，或者是分期还款，并且包括因租购协议而发生的融资性租购交易业务。[①]

（二）金融公司的特征

根据金融公司的概念，可知金融公司的特征如下：

第一，金融公司是依《金融公司法》获得许可的公司，具有公司的特征。金融公司是公司的一个种类，也以盈利为目的，具有法人资格，具有公司的基本特征，在文莱金融公司法没有相关规定时可参照文莱《公司法》的相关规定，但金融公司必须具有业务经营所需的自由资金，必须持许可执照，依法设立，依法经营，自担风险，自负盈亏。

第二，金融公司主要从事金融业务。金融业务主要是指通过吸收存款、发行权证或承认及证明欠公众债务的其他文件，从公众那里借款，承诺随时还款或者在约定期间届满时还款；以及借款给公众或一家公司，该公众或公司承诺一段约定的时间内还款，或者是分期还款；还包括因租购协议而发生的融资性租购交易业务。

二、金融公司与银行的区别

金融公司与银行分别从事不同的业务。金融公司的金融业务主要是通过吸收存款、发行权证或承认及证明欠公众债务的其他文件，从公众那里借款，承诺随时还款或者在约定期间届满时还款；以及借款给公众或公司，该公众或公司承诺一段约定的时间内还款，或者是分期还款；还包括因租购协议而发生的融资性租购交易业务。银行业务主要是以来往或存款账户从公众收取存款，支付或托收客户开具或收取的支票，从事向客户付款服务，并且包括了部长可能依照《银行法》而报请苏丹陛下批准而规定的其他业务。两类公司从事业务的不同导致它们在设立条件、设立方式、管理形式、业务管理、行政管理、财务管理等方面都有区别。

①陈云东、米良主编：《东盟国家金融法律制度研究》，北京：中国社会科学出版社，2008年，第189页。

三、金融公司法的主要内容

（一）金融公司法的适用范围

该法不适用于：（1）根据《银行法》或《伊斯兰银行法》或《国际银行法（2000年）》的规定持有牌照的银行；（2）根据文莱任何法律注册的任何合作社；（3）根据《典当法》规定持有牌照的人从事的典当业务。无论该法中有何规定，经苏丹陛下批准，部长可以通过免除任何金融公司使用本法中的任何规定。

金融公司是公司的一个种类，具有公司的特征，所以在法律适用上，金融公司法亦是对公司法的补充。如果金融公司法对相关事宜未作规定，可以适用公司法的相关规定。文莱《金融公司法》中的任何规定都不影响文莱《公司法》的实施。任何根据《公司法》注册成立的公司都应继续有效，但《金融公司法》和《公司法》出现冲突时，如果前者另有规定，应以前者为准。另外，部长委员会还可以制定实施《公司金融法》所必须的《实施条例》，并根据该法授权或要求，对任何事宜作出规定。

（二）金融公司设立、变更和终止的法律规定

1. 金融公司设立的原则

文莱金融公司的设立原则类似于核准主义原则，即除了符合法定条件外，还需经有关机关的审查批准。在文莱《金融公司法》中，部长对金融公司的授予执照随时附加任何条件。任何金融公司都必须遵守执照上的附加条件，否则构成犯罪，应处以2000元的罚金。

2. 金融公司设立的条件

成立一家金融公司，其认缴的资本最低限额是10万元；只有从事金融公司业务的企业才可以使用“金融公司”一词。

3. 金融公司的设立程序

申请人提交相关资料→财政部长审批许可→财政部长公布名单。

4. 金融公司的合并

《金融公司法》规定，经过部长批准，在文莱境内的金融公司可以合并或收购任何其他金融公司的多数股权，在审批过程中，部长有权索取其需要的信息。该条采取的是核准主义原则。

5. 事项的变更

打算修改《公司章程》和《公司简章》的金融公司，其拟作的修改须经部长的批准。金融公司应遵守部长的要求，否则构成犯罪，在犯罪行为持续期间，按每天1500元处以罚金。

6. 金融公司中的终止

终止是指金融公司出现解散、被宣告破产等法律规定的情形而消灭其法律主体资格的法律行为。金融公司终止的原因有以下两种：第一，被吊销执照；第二，结业。

（三）金融公司财务管理的法律规定

1. 金融公司风险准备金

《金融公司法》规定，每家金融公司都应维持风险准备金，即要求金融公司保持最低现金金额，以防范经营过程中的风险。风险准备金以金融公司的实缴资本来划分。实缴资本不少于200万元，每年在预留税金之后，从纯利中划转。准备金不到实缴资本的50%，就从纯利中划转不少于30%的金额；超过50%但不到100%，就从纯利中划转不少于15%的金额；准备金不少于实缴资本的100%，就从纯利中划转不少于5%的金额。实缴资本少于200万元，每年在预留税金之后，从纯利中划转的准备金额为：准备金不到实缴资本的50%，就从纯利中划转不少于50%的金额；超过50%但不到100%，就从纯利中划转不少于25%的金额；准备金不少于实缴资本的100%，就从纯利中划转不少于10%的金额。

2. 最低现金余额

部长可以时不时地要求金融公司保持最低现金金额，不超过金融公司存款及其他债务的30%，存放在部长处，作为其存款及其他债务的金额；部长可以视不同类型的债务以不同的比例，并可以进一步规定计算要求。这些规定应对所有的金融公司一致。如最低准备金发生变化，这种变化只有在部长向金融公司发出通知30天后生效。

3. 股息支付的限制

《金融公司法》规定，金融公司不得对其股份支付任何股息，直至所有的资本化开支[①]足够冲销为止。

4. 提交资产负债表和金融公司的信息及统计资料

提交的资产负债表用于审计。在审计之后，金融公司都应当在每个办事处及分公司醒目的位置全年展示其经过审计的上一财政年度的资产负债表，以及该金融公司董事的完整名单。并在每个财务年度结束之后不超过6个月内，将资产负债表发布在至少一份国内报纸上。金融公司都应当按部长规定的时间和方式提交金融公司的信息及统计资料。

（四）金融公司业务管理的法律规定

1. 承认负债

一旦金融公司收到了任何人作为存款的货币，就应当在收到货币之后2个月内向当事人出具一份文件，承认或证明公司对该存款负有债务。

2. 一般规定

任何金融公司都不能接受存款人对金融公司开具的见票即付票据和命令的任何存款；不得交易黄金或任何外汇；不得发放超过法律规定数额限制的贷款；不得给予任何客户以任何形式的超过金融公司实缴资本和公开公积金的100%的贷款、预付款等。

3. 购买股份的限制

除非法律另有规定，否则任何金融公司不得为任何人购买股份提供帮助或利用优势购买自己的股份。

4. 贸易行为的限制

《金融公司法》第20条规定：“任何金融公司不得为自己或接受他人的委托，从事批发货零售业务，包括出口贸易，为了开展金融业务从事的贸易除外。”

5. 金融公司投资的限制

金融公司不得收购、持有或以其他形式在金融、商业、农业、工业或其他经营事业中有直接的权益，超过该金融公司实缴资本和公开公积金的25%。如果是因为实现债权的原因，不视为违反规定，但应当尽快处理掉。金融公司可以向部

①资本化开支：包括开办费、组建费、出售股份佣金、经纪费、发生的亏损、非描述为动产的任何支出。

长提出申请并经其同意把比例提至50%。根据《金融公司法》的规定，金融公司在投资不动产时比例不得超过25%。

6. 部长的职权

文莱《金融公司法》规定，部长可以下达命令并规定：各类金融公司的最高利率；持有贷款或预付款占总资产的百分比；发放各类贷款或预付款的最低分期付款或定金的最长到期期限；收取各类贷款或预付款的利息、佣金或其他费用的最高利率，以及利息、佣金或费用的计算方法；公司可以规定对个人或一类人发放贷款或预付款的最高限额。

第四节　文莱国际银行与国际银行法

一、国际银行概念与特征

（一）国际银行的概念

文莱国际银行是一个经营国际银行业务的机构，并包括以《国际银行法》为目的而在文莱境内设立的所有经营许可的分行办公机构。[①]国际银行是依法持有有效国际银行执照的公司，具有公司的特征，所以在法律适用上，《国际银行法》是对《公司法》的补充，如果《国际银行法》对相关事宜未做规定，可以适用《公司法》的相关规定。

（二）国际银行的特征

首先，国际银行是具有国际银行持证许可的公司，其具有公司的特征。国际银行同一般的公司一样，都是以营利为目的，具有公司的基本特点，在文莱《国际银行法》没有相关规定时可参照文莱《公司法》的相关规定，但国际银行必须具有业务经营所需的自由资金，必须持有有效的国际银行执照，依法设立、依法

①陶晴、安树昆主编：《文莱达鲁萨兰国经济贸易法律指南》，北京：中国法制出版社，2006年，第215页。

经营、自担风险、自负盈亏。其次，文莱银行主要从事国际银行业务。这也就是国际银行与银行的区别、国际银行与金融公司的区别。最后，值得注意的是，在《国际银行法》中，“存款”是指一笔以偿还为支付条件的金钱，按要求在某一时间某一情况下代表某人收取或支付金钱，但是一笔金钱不能成为一笔存款。

二、国际银行业务范围

银行业务包括以吸纳公众现金、开立储蓄账户和通过信用证形式办理存款业务，包括但不限于发行信用卡、汇款收款、外币兑换、开立保函、贸易金融、财政和部长开放信贷、消费者信贷、投资银行、伊斯兰银行业务、经济业务、风险管理服务，以上业务无论是用传统实际操作还是使用互联网或者其他电子技术，皆包括在内（包括电子银行）。

文莱《国际银行法》中规定的国际银行业务范围包括银行业务范围，但不包括以下两个方面：第一，支取居住于文莱的任何人的存款借款给居住于文莱的任何人，或是以其他方式与居住于文莱的任何人进行银行业务。但以下情况除外：经营许可证持有人；经营国际性业务公司；外国国际性公司；国际性有限公司；经2000年登记注册，代理人和托管人经营许可证发放规定可持有经营许可证的人。第二，以文莱货币计数开立的有效账户，以文莱货币借款，或是以其他方式以文莱货币进行的银行业务。

三、国际银行法的主要内容

在文莱开展国际银行业务属于特别许可事项，仅限于经营许可证持有人。根据文莱《国际银行法》规定，任何人未经该国主管当局批准，不得以任何形式或名义在文莱境内境外经营国际银行业务。

（一）国际银行的设立、变更和终止的法律规定

1. 设立原则

文莱国际银行的设立原则类似于核准主义原则。除了符合法定要求外，还须经有关部门的批准。

2. 设立条件

国际银行的设立主要集中在文莱《国际银行法》中的第3条、第4条以及第5条当中。其应具备条件归纳如下：第一，必须达到法规规定的最低资本金。申请机构符合法律规定的最低资本的要求；同时，申请机构的资本金不能减损，必须按规定保持。第二，有符合要求的内部章程。如果成为伊斯兰国际银行，申请机构将遵守伊斯兰教义，并根据伊斯兰会议建议的规定来制定与之相互适合的内部章程。第三，有具备任职专业知识并具有优良品质的经理人、高级经理人、财务管理者、董事或者控制者。第四，有符合要求的经营场所。根据文莱《国际银行法》，申请机构须在文莱保持一间经营场所，并且该经营场所将由一位居住在文莱的人士担任董事并经营管理。第五，有符合要求的申请国际银行业务的申请机构的名称。

3. 设立程序

第一，申请国际银行业务经营许可证①。要开展国际银行业务或者设立国际银行的申请机构都必须按照规定的格式向当局申请经营许可证。第二，当局评估申请人的资料。当局收到申请书后可以要求申请人递交其他当局认为必要的资料，之后当局可以根据《国际银行法》全面评估申请人的资料。第三，发放经营许可证。文莱《国际银行法》规定，当局在收到提交的申请之后3个月内作出同意发放或者拒绝发放所申请经营许可证的决定。此决定为最终决定。对拒绝发放经营许可证的决定，当局无需说明理由，申请人也不得以上诉或是司法复审的方式来对抗拒绝发放的决定。

4. 国际银行的变更

国际银行设立后，会因某些原因而发生变更。国际银行的变更主要是国际银行业务经营许可证的变更。此变更需经过当局的同意。其他变更须尽可能快地向当局提交书面通知并列明更改的性质和情况。

5. 国际银行的终止

文莱《国际银行法》规定，如果经营许可证持有人终止开展业务，可以向当局申请放弃经营许可证。

①经营许可证：《国际银行法》规定，经营许可证包括以下四种：完全国际经营许可证；国际投资银行许可证；国际伊斯兰银行经营许可证；限制性国际银行经营许可证。

（二）对国际银行的行政监管

1. 当局的职权和职责

当局职责的界定。当局在部长的监督下，行使监督管理权，并且为协助监督管理部门发挥其实质性的监督管理作用。当局可以行使法定的相应权利，这些权利包括：检查调查权；要求提供相关信息；要求提供相关文件；审核董事、经理人等高层次管理人员是否是该位置的合适人选；当局可以根据相关法条向高等法院申请法令指控行为人的行为有罪；当局以行政通告的方式宣布其行使的职权；当局可以在任何时候强制实行、修改或撤销发放经营许可证的要求和其中的附加要求；制定《国际银行法》的实施条例；以及其他的规定。

2. 国际银行业务经营许可证持有人的义务

不得为任何操行不良的人开立账户；需保持完整的会计记录；经营许可证持有人须提供符合当局认可的格式及级别要求的经营许可证的保证书；缴费的义务；必须遵照当局所制定的适用《国际银行法》有关问题的规章要求；提交经营许可证中每一位控制者的姓名的书面通知；根据当局要求提供相关信息；不得泄露客户信息；应当依法向当局提交其经营业务的年度审计报告；经营许可证持有人的财务审核相关义务。

（三）国际银行的税收优惠

根据文莱《国际银行法》的规定，以下内容属于免除相关税收：

第一，来源于许可证持有人的股份、债券或有价证券所得或利息或其相关所得或利息，应免除所得税、资本收益税和其他直接税。

第二，来源于许可证持有人的股份、有价证券、存款、其他借款或其管理的资产的股息、利息或其他收益，应免除所得税、资本收益税和其他直接税。

第三，不得征收与许可证持有人的股份、有价证券、资产相关税或此类股份、有机证券、资产转让相关的不动产税、遗产税、继承税和类似的税收。

第四，与许可证持有人转让或受让财产相关的文据，与许可证持有人股份、债务，或其他有价证券交易相关文据，与许可证持有人资产和行为相关的文据，不可以征收印花税。

第五，非在文莱国境内生产或制造的货物，以及实质上专门用于在文莱国的国际银行业务经营目的的设备或器材，可以免除关税。

（四）违反《国际银行法》应承担的法律责任

1. 违反国际银行变更程序要求

将被指控并宣告有罪，处以5万以内的罚金；对于连续违反者，将自宣告有罪之日起计算连续违反的时间，处以每日1000元的额外罚金。

2. 提供虚假文件的法律责任

未按照规定的格式向当局申请经营许可证，而任意或者故意提供虚假文件者，将被指控并宣告有罪，处以10万元以内罚金，或处以2年以内监禁，或并处罚金和监禁。

3. 妨碍当局查处违法犯罪的法律责任

妨碍当局查处洗钱违法犯罪的权力，以及妨碍当局行使为了保护经营许可证持有人的存款人、其他债权人、客户、投资者和与经营许可证持有人交易方各自的利益，或者为了保护文莱的金融和安全的权力的行为，将被指控并宣告有罪，处以5万以内罚金并处以3年以内的监禁。

第五节 文莱伊斯兰金融制度

2013年，全球伊斯兰金融资产比20年前翻了一倍，达1.8万亿美元。2014年10月13日，文莱发展部长兼金融管理局副主席苏约伊在参加第十届文莱投资圆桌会议时表示，在金融危机中，伊斯兰金融表现出较强的适应性和恢复能力。近年来，文莱大力发展伊斯兰金融，有研究预测，到2020年，伊斯兰金融在文莱金融领域的市场份额将增长至50%。可见，文莱伊斯兰金融在文莱金融领域的地位越来越重要，在促进文莱经济发展过程中发挥的作用越来越重要。本节将从三个方面介绍文莱伊斯兰金融制度。

一、文莱伊斯兰银行

伊斯兰银行出现于20世纪50年代末，最早在巴基斯坦印度北部的穆斯林中进行一种无利息的金融往来，是客户与银行分摊盈亏的银行机构，之后很快传到阿拉伯地区。1963年埃及出现了第一家无息银行——米特贾母斯储蓄银行。但当时这类银行资金少、规模小，仅属于实验性质。1975年以后，伊斯兰银行在各地大规模兴起。中东地区著名的阿联酋迪拜伊斯兰银行、埃及和苏丹的费萨尔伊斯兰银行、科威特的金融社等一大批拥有大量资金的伊斯兰银行在20世纪70年代中期先后建立起来。至今所有的伊斯兰国家都建立了某种形式的伊斯兰银行。中东地区是伊斯兰银行活动的中心，在东南亚的马来西亚、印度尼西亚、文莱，南亚的印度、巴基斯坦和孟加拉国，非洲的喀麦隆、尼日利亚等国都出现了伊斯兰银行。此外，在欧洲的卢森堡、瑞士、丹麦和英国也设有伊斯兰金融机构，进入国际金融市场。为了加强和促进现有各国伊斯兰银行的合作和协调，1981年成立了“伊斯兰银行国际联盟”，总部设在埃及开罗市郊的米斯尔·贾底达。1983年该组织在塞浦路斯开办了一所“国际伊斯兰银行学院”，为各国培养合格的伊斯兰银行专业人才。

文莱最早的伊斯兰金融服务由文莱伊斯兰银行（IBBD）和文莱皇家信托基金（TAIB）提供。到20世纪90年代才开始出现伊斯兰银行服务。TAIB是文莱第一家伊斯兰银行，成立于1992年，最初是一家信托基金公司，主要为到麦加朝圣的穆斯林提供融资便利，后来文莱成立伊斯兰发展银行（IDBB），TAIB则专从事信托基金服务。第二家伊斯兰银行是IBBD，主要为穆斯林提供伊斯兰性质的贸易和商业融资。2006年，IBBD及IDBB合并，成立文莱达鲁萨伊斯兰银行（BIBD），成为文莱国内唯一的伊斯兰教银行。此次合并是文莱政府加强文莱伊斯兰银行和保险业等金融机构的举措之一，希望新的伊斯兰教银行更加具有竞争力和发展力，能够在新的银行服务领域和海外开展业务，提供更有效和竞争力的服务，为文莱经济发展，特别是伊斯兰教金融领域的发展作出贡献。据文莱《联合日报》2013年10月20日报道，“中国—东盟银行联合体理事会第三次会议暨中国—东盟互联互通建设、金融监管及银行风险防控研讨会”10月16—18日在北京举行。在此期间，文莱伊斯兰银行正式接替中国国家开发银行，成为新一届中国—东盟银行联合体理事会轮值主席，任期为两年。会议上，各成员行发起了《关于在中国—东盟银联体框架下建立经验共享和交流培训机制的倡议》（下称“倡议”），并就当前世界政经形势及应对措施进行了深入交流，提出了在银联体框架下深化务实合作的建设性意见和建议。

在金融服务方面，伊斯兰银行与传统银行有如下区别：在盈利方式上，传统金融服务是基于利息，伊斯兰金融服务是基于贸易或租赁；在交易工具上，前者是基于金钱或票据交易，后者是有形资产交易；收益来源，前者是基于资产和负债两边的固定收益，后者在存款方面基于利润共享，在资产方面基于经济回报；在融资方式上，前者为发放贷款给企业从事贸易活动，后者则积极参与实体经济。

二、文莱伊斯兰保险

穆斯林世界历来对任何种类的保险都看作是一种赌博形式，因此他们认为保险是多余的。但是随着全球经济一体化进程，保险在人民生活中发挥日益重要的作用。许多伊斯兰经济学家通过研究经典著作和社会实践，从伊斯兰教义和金融理论上创建了现代伊斯兰金融的保险业。伊斯兰保险思想来源于阿拉伯语“Kafal”，意为照顾某人的需要，具体表现为：一些人联合起来设立共同基金，给予遭受意外灾难的成员以经济补偿。它的出现和发展是伊斯兰复兴运动的结果。随着伊斯兰保险业的发展壮大，其范围已从伊斯兰国家逐渐扩展到整个世界。根据伊斯兰银行规避利息的经营模式和世俗保险公司业经营的具体实践，伊斯兰金融专家设计了伊斯兰保险业的产品和投资模式。在具体的业务实践中，伊斯兰保险公司提供符合伊斯兰教义的保险产品：一般保险、生活保险和再保险；进行符合伊斯兰经典要求的投资活动：直接投资和间接投资。因而伊斯兰保险业与世俗保险公司的主要异同点是：其相似之处在于二者将投保人的保险会用于投资，不同之处在于伊斯兰保险公司盈亏共担的投资基础和投保人获取利润的特权。另外在保险费数额、投资范围、投资受益和保险监管等方面也存在不同程度的差异。

文莱的伊斯兰保险（Takaful Brunei Darussalam Sdn Bhd）和Insurans Islam TAIB。2009年3月，文莱伊斯兰保险公司与马来西亚纳闽[1]再保险公司（Labuan Re（L） Ltd.）签署合作协议。根据协议，纳闽再保险公司将为文莱IBB伊斯兰保险公司提供2008—2009年的再保服务以减少后者在金融危机中可能面临的危险。此项协议的签署是文莱伊斯兰保险业发展中具有里程碑意义的事件。

①纳闽：即纳闽联邦直辖区（Wilayah Persekutuan Labuan，简称Labuan）是马来西亚的一个联邦直辖区。纳闽岛（Labuan）位于文莱湾的北部，面向南中国海，它是非常重要的境外国际金融中心。

文莱国际金融中心的成立，不仅要推动银行业的发展，保险业也是其重点发展领域之一。随着人民生活水平及安全防范意识的提高，文莱保险业发展规模逐渐增大，资产规模也不断扩大。目前，文莱26%的保险业务已伊斯兰化。

三、文莱伊斯兰债券

伊斯兰债券不支付利息，这是根据伊斯兰法禁止高利贷，并作为利润分享或出租的有形资产为基础的协议结构。2006年3月14日，文莱政府正式推出价值1.5亿文莱元、为期3个月的短期伊斯兰债券。这是文莱政府首次推出完全符合伊斯兰教义的债券。该债券是以产业买卖及租借的方式，让投资者受惠，不涉及任何利息，完全符合伊斯兰教义。2013年8月14日，文莱政府成功发行总值1亿文元的短期伊斯兰债券。负责管理发行该债券的文莱金融管理局在公告中指出，这次发行伊斯兰债券是自2006年以来第92次发行伊斯兰债券，总额已达60.3亿文元，回报率为0.20%。为了有效地发售伊斯兰教债券，文莱政府成立了文莱伊斯兰债券控股实业公司以及文莱伊斯兰债券公司。并将透过土地局，把国家一些资产转移给文莱伊斯兰债券公司，该公司把有关产业再转租给政府，而收到的租金，则会发给投资者。

第六章

对外资的监管和保护制度

文莱是典型的石油经济国家，自第二次世界大战后发现和开采石油以来，石油和天然气为文莱带来丰厚的收入。文莱人均GDP在东盟十国中仅次于新加坡，比较富有，人口少而人均国民产值高，人民生活质量较高，但经济结构较为单一，贸易、建筑、制造业在经济结构中所占比重较小，劳动力匮乏，同时受到马来化倾向的限制，这些不利因素阻碍和影响了外资的进入，外来投资集中在石油、天然气上。因此，为了加快发展本国的经济，调整本国经济结构，文莱制定优惠的吸引外资政策，鼓励利用外资来发展本国经济，对外资的监管和保护措施在东盟十国中也居于较高水平。

文莱政府积极改善投资环境，以服务和保护的态度吸引国外投资者的目光。21世纪以来，文莱政府一方面与主要贸易伙伴签署双边投资保护协定和避免双重征税协定，以此力图减少甚至消除国外投资者的投资障碍，“文莱利用外资的主要国家是：英国居首位，其次是荷兰、日本、美国。投资项目主要在石油勘探和开采、天然气液化工程及造船、发电等方面。2001年引进外资总额9.503亿文莱元，约合5.26亿美元。”①另一方面，文莱制定并颁布法律法规，修改一些投资法令，包括土地法令、租税法令和海外投资者有关的法律等，减少投资准入、投资企业运营的审批时间，简化审批手续。同时对于出口型、高科技等企业实行税收减免制度，税收优惠具有吸引外资的巨大优势。文莱有关政府部门也走出国门招商引资。立足于文莱的国情和经济状况，文莱积极提升制造业、服务业、人力资源业等行业的发展，以吸引外资发展本国经济。

放眼国际，文莱主要参与的区域合作有东盟自由贸易区经济合作、中国—东盟自由贸易区经济合作、东盟东部增长区和泛北部湾区域经济合作、“婆罗洲之心”计划等。各个区域合作都有发展路线以及发展规划，涉及投资方面的经济合作是其中的重点内容。特别从2002年开始，中国—东盟自由贸易区建设正式启动，中国和文莱双边经贸往来呈现出了良好发展、快速增长的态势。贸易的发展带动了中国与文莱的双边投资的快速增长。中国和文莱的互相投资的潜力巨大，主要体现为优势互补。文莱经济结构单一，政府正在进行经济结构调整；中国的制造业、建筑业、服务业、劳动力在文莱有广阔的市场。“中国企业具有优势的出口产品如家用电器、电子产品和零配件、化工设备和产品、电力设备、机械设

①马金案、黄斗：《文莱国情与中国——文莱关系》，北京：世界知识出版社，2008年，第125—126页。

备、农机、农药、建筑材料、药品、棉纺织品和针织品、服装原料等在文莱都有一定的市场。”①针对文莱的经济发展状况，我国的有关企业可以充分发挥优势，在文莱投资兴办制造业、资源开发型、生产型和售后服务型企业。文莱人口稀少，劳动力短缺，而中国具有丰富的劳动力资源，这是投资的重点内容，值得国内投资者关注。

有关投资的法律博弈主要包括投资促进、投资保护和投资监管，需要紧跟经济全球化的趋势作出相应的法律制度安排。在相关的法律制度中，部分法律法规既是对外资的促进，又是对外资的保护；或者既是对外资的监管，又是对外资的保护。促进、保护和监管三种法律制度，各有不同的侧重点，都是动态的需要互相补充促进的过程，其目的都是为了协调利益、促进投资。建立并完善对外资的监管和保护制度，是文莱制定投资相关法律法规的重要内容，以达到改善投资环境，吸引海外投资的目标。本章节主要介绍文莱对外资的监管和保护制度。

第一节 对外资的监管制度

一、投资监管制度概述

（一）投资监管的概念

投资监管制度是对投资进行监督管理的制度，是投资监管系统、手段、原则和目标的总称。“投资监管从字面上理解，意思即是对投资活动的监督管理，对投资活动的监管，目的在于营造良好的投资环境，维护有序的投资秩序。外商投资监督涉及许多方面，主要包括外资的进入、运营、退出，这是一个系统有序的过程。在现代公共服务理念下，监管制度与服务的制度有重合的部分，有些措施兼具监管与服务双重意义。尤其在民主制度下服务型政府的建立过程中，有些措施监管与服务的界限愈发模糊。

①马金案、黄斗：《文莱国情与中国——文莱关系》，北京：世界知识出版社，2008年，第324页。

（二）文莱投资监管的主体

外国在文莱投资事务由文莱工业能源部和下属的工业发展局管理，工业能源部分为初级能源部和高级能源部，文莱经济发展理事会是文莱负责招商引资的半官方机构。

文莱工业能源部是管理全国所有行业发展的主要部门，负责有关行业发展的事务及外商投资事务。工业能源部是国外投资者投资文莱的一站式服务机构，“它处理并解决来自各个方面对于在文莱投资的要求和申请。工业能源部使投资者在文莱的投资十分简便，是投资者在文莱投资中最可靠的伙伴。”如不需要政府设备投资，私人投资只需主管部门的批准就可以进行。而需要政府投资和帮助的投资也仅需要工业能源部处理以及其他部门的手续和另外必要的申请。在工业能源部所需的手续和程序如下：“投资意向的批准，建立企业的批准，投资计划的批准，投资运营的批准。”[①]工业能源部的目标之一即是，改善投资环境和国家的吸引力。

文莱工业发展局是工业及主要资源部的下属机构，是投资者在文莱设立制造业和合作及相关支持服务产业项目的第一个部门。它的宗旨是，作为一个高效而灵活的政府机构，为行业和合作提供一流的投资环境。主要任务是向政府提供一整套有针对性的、系统的工业发展和合作开发方案。文莱工业发展局是负责提供文莱完善工业区的主要机构，可以接纳国外的投资项目。文莱工业发展局确保工业区所提供的工业设施和基础设施符合投资人的期望，以保证工业项目的快速启动和运作，使投资人尽早实现投资盈利目标。

文莱经济发展理事会，是负责招商引资的半官方机构。

（三）文莱投资监管的法律依据

文莱对外资监管制度的法律依据主要分为以下几类：

1. 国内法

即2001年修正的《投资激励法》，规定了一些优惠政策，以促进和监管外来投资。文莱国内对承包当地工程的规定。

①梁立俊、莫洁玲：《文莱社会文化与投资环境》，广州：世界图书出版公司，2012年，第179页。

2. 双边投资协定

主要有《中华人民共和国政府和文莱达鲁萨兰国苏丹陛下关于鼓励和相互保护投资协定》、《中华人民共和国政府和文莱达鲁萨兰国政府关于对所得避免双重征税和防止偷漏税的协定》等。双边投资协定中对外资管辖权的规定是对外资进行监管的法律依据。东道国对外来投资的管辖权，体现了该国的主权，管辖权的内容主要有："东道国对其自然资源的永久主权，对外资准入的审批权，对外资进入后设立的企业从事经营活动的监督管理权，基于公共利益的征收权，按照东道国法律解决投资争议的救济权，等等。"[①]在国际投资领域中，东道国行使对外资的管辖权，分别通过立法的途径、行政的途径和司法的途径加以确定，东道国的国内法起着主导的作用。例如在两国双边投资协定中，允许外来投资者采取向东道国寻求救济的方式。一般包括向东道国行政主管部门或机构申诉并寻求救济，或向东道国有管辖权的法院提起诉讼。有些双边协定中还规定，对双方互相投资，除了受双边协定管辖外，还受东道国法律管辖，这在文莱与中国的《中华人民共和国政府与文莱达鲁萨兰国苏丹陛下政府关于鼓励和相互保护投资协定》中有所体现。《关于鼓励和保护投资协定》第十一条规定，本协定适用于在其生效之前或之后缔约任何一方投资者依据缔约另一方的法律和法规在缔约另一方的领土上进行的投资。

3. 与投资相关的区域性规则

主要有《东盟投资区框架协议》。

4. 加入的与投资相关的国际公约

主要有《多边投资担保机构公约》、《解决国家与其他国民之间投资争端公约》、《与贸易有关的投资措施协议》等。

以上关于投资监管的法律法规应实现国内法与国际通行规则的协调、双边协定与国际通行规则的协调这两个要求。

（四）对文莱投资监管的限度研究

对外来投资进行监管有其必要性，因为外资对于东道国来说，既有积极的一面，也有消极的一面，如果对外资疏于管理，过度放任，就无法进行良好的引

①呼书秀：《中国与东盟发展相互投资的法律机制研究》，北京：北京大学出版社，2005年，第115页。

导，有可能对东道国的经济发展甚至国际经济的发展带来不利影响，如损害民族工商业，致使经济畸形发展，经济命脉受到控制，污染东道国环境，过度占用东道国资源等等。而如果对外资严格管制，又会过度损害投资者的利益，不利于吸引外资。

综上所述，为实现东道国经济发展的目标的同时，实现外来投资获取利润稳步增长，有必要对外资进行有效的监督管理。对待东道国对外资的管辖权，既不能用投资自由化、便利化的理由压制东道国的管辖权，更不能对外资采取严格管制的措施。为实现东道国经济发展目标的同时实现外来投资获取利润的稳步增长，必须对外资进行有效的监督管理。

二、对外商投资方式的监管

（一）对外商投资方式的基本规定

根据《商务部文莱投资指南》的内容可知，文莱对大部分行业外资企业投资没有明确的本地股份占比规定，对外国自然人投资无特殊限制，仅要求公司董事至少1人为当地居民。

外资在文莱投资可成立私人有限公司、公众公司或办事处，但文莱本地小型工程一般仅向本地私人有限公司开放。文莱经济以油气资源产业为支柱，其他产业尚不发达，因此，外国直接投资以绿地投资为主，外资并购案例极少，政府没有出台专门针对外资并购的法律法规，具体操作时应向有关主管部门充分咨询过户手续及审批期限，必要时可寻求中国驻文莱使馆经商参处协助。

（二）对外商投资特殊方式的规定

BOT方式是外商投资的特殊方式，即“建设—经营—转让”，是私营企业参与基础设施建设，向社会提供公共服务的一种方式。具体来说，是指政府部门就某个基础设施项目与私人企业签订特许权协议，授予签约方的私人企业来承担该基础设施项目的投资、融资、建设、经营与维护，在协议规定的特许期限内，这个私人企业向设施使用者收取适当的费用，由此来回收项目的投融资，建造、经营和维护成本并获取合理回报，政府部门则拥有对这一基础设施的监督权、调控权。BOT投资方式的主要特点是所有权与经营权分离，其前期工作准备复杂，运营管理简单，有利于提高效率，引进技术、管理经验，政府的关键作用在于确定价格与特许经营期限。BOT的参与者包括项目发起人、产品购买商或接受服务者、债权人、建筑发起人、保险公司、供应商、运营商、政府等。

文莱供水、供电、废物回收处理等公用事业统一由政府经营管理，并给予大量补贴，道路交通设施完全由政府出资修建且不收取任何过路费，收费停车场亦屈指可数，因此，在文莱开展BOT暂时没有市场基础。

三、对外商投资进入的许可制度

（一）文莱外商投资的行业范围

文莱对外来投资实行准入规范，禁止行业包括武器、毒品以及其他与伊斯兰教义相悖的行业。限制行业为林业，鼓励行业包括化工、制药、制铝、建筑材料及金融业等行业，但文莱目前未设立本地证券交易市场。

（二）文莱外商投资可选择的企业形式及设立的条件

在文莱进行投资，设立企业的程序、条件与中国类似，申请者在收到批准证书或核准证书起一个规定的时间内，按照东道国有关规定，向登记管理机构办理登记手续。

注册文莱公司需要具备以下条件：确定公司名称；提供至少一位董事或股东，国籍没有限制；提供董事和股东的住址证明；签署注册文莱公司委托书。

投资者可选择的企业形式有：独自经营企业、合伙经营企业、公司、外国公司的分支机构。根据文莱国内法的规定，设立独资与合伙经营企业的条件是：合伙人不超过20个；经主管部门批准后，签发的企业名称证书；事先获得移民局、经济规划和发展局、劳工局的许可。

设立公司，包括私人公司和非私人公司的条件是：私人公司至少2名、不超过50名股东；非私人公司认股人7人或7人以上；向登记官进行登记；没有最低股本限制。私营企业要求：指定当地注册的会计师；逐年准备资产负债表。

设立外国公司的分支机构的条件是：注册时提供章程、董事会名单及详细情况；没有最低股本要求。指定在当地注册的会计师，准备年度财务表、资产负债表及董事会报告，准备分支机构账目，每年提交账目报表，逐年向公司注册处提交申报表。

（三）文莱保护民族资本的措施

为保护民族资本，外资与本地公司或商人合资的企业，文方须占51%以上股份。不涉及国家食品安全且产品全部出口的工业，外国人可占100%所有权。文莱提供海外离岸公司注册服务，需提交相关数据进行注册申请，预交一定的服务费用，付清余款并领取新公司资料，提供文莱公司注册地址。

四、对外资企业运营的监管制度

（一）对税收的监管

外商投资企业应当按照文莱有关法律的规定，缴纳各种税款。相关法律主要有《关于避免双重征税和防止偷漏税的协定》。该协定的主要内容是规定了中文两国互相投资涉及的税收管理。一至五条规定了协定的适用范围；在文莱的适用的税种是根据所得税法征收的所得税、根据所得税（石油）法征收的石油利润税；“税收”、“国民”、“国际运输”、“主管当局”（文莱的主管当局为财政部部长或其授权的代表）的定义；常设机构的范围及例外。以下就外商投资企业在文莱缴纳的公司所得税详述之。

1. 外商投资企业公司所得税的应税所得范围及免税的规定

在文莱注册的公司有义务对其从文莱或境外所获得的收入缴纳公司所得税，非本地注册公司只需对其在文莱获得的收入纳税。在文莱注册的外国股份有限公司或注册的分公司，必须缴纳30%的公司所得税。外国投资者可享有20年的免公司所得税的优惠政策。

2. 外商投资企业公司所得税的征税范围

不动产所得。协定规定，“缔约国一方居民从位于缔约国另一方的不动产取得的所得（包括农业或林业所得），可以在该缔约国另一方征税。‘不动产’一语应当具有财产所在地的缔约国的法律所规定的含义。”[①]不动产所得包括直接使用、出租或者任何其他形式使用不动产取得的所得。除了一般个人不动产，该条规定也适用于企业的不动产所得和用于进行独立个人劳务的不动产所得。

营业利润。缔约国一方的企业通过设在该缔约国另一方的常设机构在该缔约

---

①《中华人民共和国政府和文莱达鲁萨兰国政府关于对所得避免双重征税和防止偷漏税的协定》第六条。

国另一方进行营业，该缔约国另一方对其利润征税，但以属于该常设机构的利润为限。特别规定，在确定常设机构的利润时，应当允许扣除其进行营业发生的各项费用，包括行政和一般管理费用，不论其发生于该常设机构所在国或者其他任何地方。营业利润征税的例外情况有二：缔约国一方居民企业以船舶或飞机经营国际运输业务所取得的利润；参加合伙经营、联合经营或者参加国际经营机构取得的利润。在联署企业的情况下，本应由其中一个企业取得，但由于缔约国一方企业直接或者间接参与缔约国另一方企业的管理、控制或资本，或者同一人直接或者间接参与缔约国一方企业和缔约国另一方企业的管理、控制或资本，而没有取得的利润，可以计入该企业的利润，并对此征税。

股息。缔约国一方居民公司支付给缔约国另一方居民的股息，可以在该缔约国另一方征税。如果收款人是股息受益所有人，则所征税款不应超过股息总额的5%。缔约国双方主管当局应协商确定实施该限制税率的方式。对股息的征税不影响对该公司支付股息前的利润所征收的公司利润税。

利息。发生于缔约国一方而支付给缔约国另一方居民的利息或者从各种债权取得的所得，可以在该缔约国另一方征税。如果收款人是利息受益所有人，则所征税款不应超过利息总额的10%。缔约国双方主管当局应协商确定实施限制税率的方式。例外规定：发生于缔约国一方而支付给缔约国另一方政府的利息，如产生利息的活动具有非商业性的性质，应在该缔约国一方免税。

协定还规定了对诸如特许权使用费、独立个人劳务、非独立个人劳务、董事费、退休金的征税规则。

3. 消除双重征税的措施

在文莱，根据文莱现行法律规定，对来源于中国的利润或所得在中国缴纳的税收，不论这些税收是直接支付还是通过扣除的方式，根据文莱法律和协定规定，允许从对这些利润或所得缴纳的文莱税收中抵免。该条规定一定程度上也是对外来投资在文莱利益的保护。

（二）对外汇的监管

外商投资企业的一切外汇事宜，应按照东道国的外汇法律、法规的规定办理。

在国际投资领域中，涉及外汇的多是外国投资者在将其投资资产及收益、利润汇回本国或其他国家时发生的外汇风险问题，即东道国为平衡国际收支、应对外汇短缺问题采取外汇管制措施，致使投资者承担风险。这是对外资的保护制度所要解决的问题，将在下一节中详述。

在对外资的监管过程中，如存在不当的限制性措施，应予以纠正。对外来投资一方面要实行管辖，另一方面又不能限制过当。限制过当表现在，对外资进入的歧视性待遇，对外资经营的歧视性待遇。文莱与其他国家签署的双边协定中规定了消除歧视性待遇的国民待遇和最惠国待遇。

（三）对劳动用工的监管

外来投资在文莱当地开设公司，往往涉及到引进外来劳工的问题，这就需要法律进行监管。

1. 资遣回家制度

文莱劳动法规定了对外来投资涉及的劳工监管，主要规定了“资遣回家”制度。资遣回家是指雇主将工人送回到他的住所国或国籍国，包括从文莱境内的其他地方送回家。符合劳动法规定的协议或合同的一方当事人的工人，有权由雇主出资遣返原籍地或者距离工作地更近的聘用地，但应符合以下任一情况：协议或合同因期满终止；协议或合同因雇主不能履行协议或合同而终止；协议或合同因工人生病或出事故，不能履行协议或合同而终止；协议或合同因通知而终止；各方当事人协商终止协议或合同，除非劳动专员另有裁决。

2. 移民工人制度

劳动法还对雇用移民工人作了限制，“移民工人”通常指文莱境外的居民到文莱工作的人。雇用移民工人要得到专员的许可，否则雇主以及被雇用的移民工人应受到罚款甚至监禁这样的惩罚。

3. 引进劳工制度

在引进劳工的政策设置上，文莱政府采取开放的态度，但为了确保外来劳工不影响本地人的生活习惯，实际操作比较严谨。由需要输入劳务的公司将公司经营情况、所需劳务的数量、国籍、申请理由上报到劳工局。劳工局、移民局组成的审查委员会进行审批后发放劳工配额。申请引进劳工的单位获得配额后需缴纳相应的劳务保证金，申领劳工的工作签证。劳务人员在文莱需要接受卫生部门的体检，体检后办理一定期限的工作准证。卫生部规定了肺结核、乙肝、精神病等不适合工作的疾病，患有这些疾病的外来劳工需要遣返。劳工获得的工作准证到期后可申请延期。

（四）对申请专利和注册商标的监管

1. 对申请专利的监管

文莱总检察署负责商标、专利、工业设计等的注册。在英国、马来西亚和新加坡申请的专利，在文莱注册后3年内有效。在文莱申请注册的专利，有效期为7年，可延长至14年。文莱对版权保护尚无特别立法，但在需要时可适用英国的相关法律。

2. 对注册商标的监管

申请商标注册程序。在文莱使用商标的第一人可向有关当局注册。该国的商标分类是根据国际分类法，文莱接受服务商标的注册。文莱也提供多元分类、个别分类和综合分类的申请。

注册商标有下列情形的，有遭撤销之虞：商标于文莱无正当理由有连续5年未使用的情形的，该5年期间系自完成注册之日起算；商标之使用结果变成通用之商品或服务名称的，商标之使用结果易于在社会大众间造成混淆误认的。依新法之规定，提出上述撤销的申请人资格，不限定为利害关系人。再者，提出未使用撤销之申请人不必提出该商标未使用调查报告，举证责任系由商标所有权人提出。

商标注册申请流程。在文莱申请注册商标流程：（1）查询。商标查询通常是指商标注册申请人在申请注册商标前，为了了解是否存在与其申请注册商标可能构成冲突的在先商标权利，进行的有关商标信息的查询。申请人在申请注册商标前最好进行商标查询，了解在先权利情况。（2）确认费用已交齐的前提下，商标局会翻查商标记录，以确定在相同或类似的货品或服务，是否有其他商户已经注册或申请注册相同或类似的商标；同时，查核有关商标是否符合商标法律法规的注册规定。（3）登宪公告。商标局核准申请后，便会在商标周刊上公告，为期3个月，如无人提出异议，该商标就可以成功注册了。（4）注册。商标注册申请被核准后，便会把该商标的详细资料记入注册纪录册，并向申请人发出注册证明书。此外，商标局会在商标周刊中公布有关的注册公告。注册日期会追溯至提交申请当日，换言之，作为注册商标拥有人的权利，应由提交申请当日起计。（5）申请时间。有关申请如没有不足之处，又没有遇到反对，则整个程序需时可短至14个月。

五、对承包当地工程的监管

（一）承包政府工程的制度

文莱采用英国的投标承包制，政府各部门在其公告栏刊登招标公告，并同时在每周的政府公报上刊登。文莱政府工程项目的招标通告刊登在马来文的政府周报《文莱明灯》上，文莱对政府工程项目规定如下：金额在50万文莱元以下的项目，一般仅限于文莱本国公司有投资资格；对于50万文莱元以上的项目，外国公司与当地公司合资注册的公司可以投标，并向发展部公共工程局申请建筑工程执照。因此，外国公司不可以单独投标，如果要参与政府工程，需要与本地公司合作、合资设立公司或分包已经中标的工程。大的项目要对承包企业进行资格审查。

文莱政府工程项目无需预付款。支付方式一般采用按工程进度支付，滞后3个月左右，因此承包需垫资承包。政府项目一般不存在工程款拖欠现象。按惯例，项目标的在500万文莱元以下的项目一般会发标给第一标即最低标，而500万文莱元以上的项目则不一定是第一标中标，还要考虑其他因素。

承包政府工程的方式有二：直接向政府投标；向已经中标的建筑商分包。

（二）承包私人工程的制度

在私人工程方面，一般不公开招标，外国建筑商承包私人开发项目不需要有政府建筑执照，但必须得到劳工局的批准才可以申请公司职员和技术人员进入文莱的工作准证。

文莱对外国承包商承包当地工程没有规定禁止领域。主管文莱建筑工程的机构是文莱发展部及下属的公共工程局。文莱财政部下设招标委员会，负责招标相关事宜。

承包工程项目的程序首先是获取信息。政府各部门在其公告栏刊登招标公告，并同时在每周的政府公报上刊登。此外，各主要报刊也定期发布招标信息。其次是招标投标。按照有关规定，政府投资项目一律采用招标方式，大型项目的招标要经过漫长和严密的法律程序。自筹资金承建项目，可通过议标方式进行。最后是许可手续。文莱承包工程的主管部门是发展部，承包商承揽当地工程需要到该部门申请承包建筑工程许可，并接受该机构对承包工程的审查和项目监督。

中国企业在文莱投资进行工程建设有良好的机遇，为开拓文莱工程领域的市场，中国企业可在以下项目中寻求投资机会。

1. 政府工程

文莱政府的建设工程往往拆分为小项目，由本地承包商承包，中国企业可以与本地公司进行合作，或者承建分包项目。

2. 私人房地产工程

文莱私人房地产开发仍处于向上发展阶段，顺着这个趋势，中国企业可对其进行投资。

为配合文莱对外来投资的监管，投资者尤其要注意以下几个方面的问题：

（1）妥善应对本地劳动力短缺问题。文莱劳动力短缺，招募具备合格劳动技能的本地劳工有一定难度。外资企业如果招募本地员工，往往需要开展必备的劳动技能培训；如果引进外籍劳工，则需事先向文莱劳工局申请劳工配额，并向移民局申请工作准证。

（2）适应当地政府部门工作效率。文莱政府机构办事耗时较长，且宗教节假日较多。同时，由于机构重叠，项目审批时间较长。

（3）重视宗教影响。文莱为伊斯兰国家，要注意处理好宗教性敏感问题，遵守宗教习俗，如投资食品加工等行业，必须得到宗教部的批准等等。

第二节　对外资的保护制度

一、投资保护制度概述

（一）投资保护的概念

投资保护，意即维护权益，避免损害，保障投资发展。在双边投资协定中，鼓励和保护、促进和保护往往并用。可见，促进需要保护，保护为了促进。在有些情况下，某种措施既表现为保护，也表现为促进，对外资的保护制度，主要包括外商投资政治风险的防范和化解，投资争端的解决等方面。文莱政府已出台相关法律法规，与其他国家签署了双边或多边投资协定，致力于完善对外资的保护制度。

（二）投资保护的现实基础

投资活动充满各种风险，尤其是向海外国家进行投资，这就需要东道国对投资者进行一定的保护，以规避和化解风险，达到改善投资环境、保护投资者利益、最终促进投资者对本国投资的目的。投资风险是投资保护存在的现实基础。投资本身的风险可分为商业风险和非商业风险，而非商业风险又包括自然风险和政治风险。划分投资风险不同表现形式的意义在于对不同的风险，应采取不同的对付方法。商业风险属于投资者，经营者自己应当或者可以预测、防范、处理和补救，但政治风险受法律影响较大，也是相关法律、双边协定规定的重点内容。政治风险主要包括：

1. 战争或内乱风险

东道国发生战争或内乱，或者东道国与其他国家之间发生战争，使外国投资者遭受重大财产损失，以至外商投资企业无法继续经营。

2. 财产征收险

东道国基于国家利益和社会公共利益的需要，对外商投资企业进行国有化、征收措施，导致外国投资者财产损失。国有化是指国家为了社会公共利益的需要而采取的将其本国或外国的公民或法人拥有的企业全部或部分收归国家所有的措施。从广义上来说，国有化包括征收，国有化的主要措施之一就是征收。

3. 资本转移风险

东道国由于种种原因发生国际收支困难，因而实行外汇管制，限制甚至禁止外国投资者将其投资资本、利润和其他合法收入转移到东道国境外。外国投资者的资本转移，是指其将投资财产及其收益汇回本国或其他国家地区。主要包括两个方面的内容，一是允不允许自由转移；二是能不能自由兑换。广义的外汇风险包括外汇的商业风险与外汇的政治风险。商业风险泛指一切由于汇率变动给交易双方或一方带来的经济损失，政治风险则指一国采取的行动导致货币不能自由兑换和不能自由转移，给当事人造成的经济损失。主要来自东道国政府为应付外汇短缺、突发事件而采取的严格外汇管制措施，这也是投资保护法律制度中规定的内容。

4. 东道国违约风险

东道国对外国投资者实行毁约或违约，致使原定协议、合同无法履行或无法继续履行，因而造成外国投资者重大损失。东道国应当为外商投资提供适宜的经济、法律环境，但是由于种种原因，东道国也可能在接受外国投资过程中发生毁约或违约的行为。东道国的违约行为可包括东道国作为主权者的违约行为和作为一般商业伙伴的违约行为。依法律关系分析，东道国作为主权者的违约行为产生的是一种国家契约责任；东道国作为一般商业伙伴的违约行为产生的是一种契约责任。在这种契约关系中，主权国家不能享受豁免权，不应逃避它应尽的义务。

消除政治风险的对策，防范消除政治风险，需要东道国投资法所提供的稳定的政策和法律的保证，需要东道国与投资者母国所签订的双边投资协定所提供的法律保证，需要东道国与投资者母国共同参加的国际投资条约所提供的法律保证，需要投资者母国法所提供的海外投资保险等法律保证。消除国际投资的政治风险常用的主要策略有承诺、担保、代位、求偿等。针对上述几种风险，分别有下列对策：

1. 战争或内乱风险

中国和文莱的协定中规定为战争或其他武装冲突、全国紧急状态、暴乱、骚乱。对于因政治暴力遭受损失的外国投资的措施如赔偿、实行最惠国待遇等，将在下文详述。

2. 财产征收险

国际上对涉及外资国有化、征收问题存在两个方面的分歧和争论：一是一个主权国家是否有权对外资实行国有化和征收；二是对外资实行国有化和征收应如何补偿。一些西方国家学者坚持充分、及时、有效补偿三个原则。在实践中，1987年东盟六国签署的《保护和促进投资协议》中规定：只有为了公共利益，经过正当程序，在不予歧视并给予充分补偿的基础上，方可实行征收或国有化或其他类似措施。赔偿应是充分的，以可自由兑换货币自由转移，其金额应为财产被征收前的市场价格。文莱参与的《东盟投资区框架协议》肯定了这一条款。这三个原则在文莱对外资的保护制度中也有所体现。文莱的投资协定中解决三个方面的问题：第一，国有化或征收的条件；第二，方式；第三，补偿的标准及其实施。值得注意的是，文莱与中国的双边投资协定中采用的是适当补偿原则。

3. 资本转移险

东盟国家一般不实行外汇管制，文莱也采取自由外汇政策。东盟国家的双边投资协定对投资及其收益转移确定的原则为自由转移。主要解决了以下几个问题：第一，资本转移的权利，即投资者有权将投资财产及其收益转移出东道国，但应根据东道国的法律，应事先履行法定义务如缴纳税务。第二，资本转移的范围，即哪些款项可以纳入投资转移。第三，资本转移时采取的非歧视待遇、汇率、转移期限等。中国与文莱的双边投资协定第6条“汇回”对此有明确规定。

4. 东道国违约险

根据双边投资协定，如发生东道国政府违约的情形，外国投资者可采取以下几种措施：第一，当事人协商解决；第二，提交东道国有管辖权的法院；第三，提交双方共同组成的仲裁庭；第四，提交解决投资争端中心进行调节或仲裁。

在投资活动中，外来投资者可能与东道国政府发生投资争端，缔约国之间也是如此，投资活动中的争端是不可避免的，这也是东道国对外来投资者正当权益进行保护的现实基础。为应对投资中的争端和纠纷，一般有以下几种途径加以解决：（1）缔约一方的投资者与缔约另一方关于投资产生的争端，应尽量由争议双方友好协商解决；（2）如争议在一定期限内未能解决，当事任何一方可根据东道国的法律、法规将上述争议提交东道国有管辖权的法院去解决；（3）如果争议在期限内既未由争端双方协商解决，又未提交东道国法院，可提交专设仲裁庭。若均为华盛顿公约的成员国，可将争议提交解决投资国际争端国际中心进行调解或仲裁解决；（4）对民事契约不限于东道国的仲裁机构，还可提交双方协议同意的任何仲裁机构进行仲裁。

（三）文莱投资保护的法律依据

在投资领域，文莱政府制定了改善投资环境的计划，计划包括和其他国家签署双边贸易条约和备忘录，文莱目前已发布了《经济发展法》（2001）《投资激励法》（2001）及《工业调整令》等相关法规，在促进和保护外来投资者创业与发展阶段，文莱提供比其他国家更为优惠的条件以促进企业的壮大。文莱目前成立的离岸金融中心，其目的是为投资者提供金融增值服务，并制定了适应国际贸易需要、提高效能、降低成本的相关法律。

2000年9月，中国、文莱两国签署了《鼓励和相互保护投资协定》；2004年两国又签署了《避免双重征税和防止偷漏税的协定》和《促进贸易、投资和经济合作谅解备忘录》等协议。

放眼东盟区，文莱签署或加入的涉及投资保护的协议有《中国—东盟自由贸易区投资协议》、《中国—东盟自由贸易区争端解决机制协议》、《东盟投资区框架协议》等。由于此书主要为中国投资者提供法律指南，所以侧重分析中国—东盟自由贸易区相关的法律。

二、中国—东盟自由贸易区对外资保护的相关法律：《中国—东盟投资协议》

（一）《中国—东盟投资协议》概述

《中国—东盟投资协议》全称《中华人民共和国政府与东南亚国家联盟成员国政府全面经济合作框架协议投资协议》，属于“促进与保护投资协议”，虽然也以政治风险保证为主，但有关规定更具体、详尽，涉及投资领域、投资地位、国有化和征收条件及补偿，资本金及收益的汇兑，战乱的损害赔偿及争端解决等领域。

《投资协议》致力于在中国—东盟自由贸易区建立一个自由、便利、透明及公平的投资体制，相互给予投资者国民待遇、最惠国待遇和投资公平公正待遇，提高投资相关法律法规的透明度，减少相互投资中的不合理限制和管制。为中国和东盟各国的相互投资提供制度性保障，因此协议的签订必将极大地促进中国与东盟之间的相互投资。

《投资协议》的实施为投资合作提供了有利的软环境。文莱经济的快速发展，对外来资金有迫切需求。文莱将逐步消除本国投资障碍，进一步开放投资领域，降低准入门槛，有利于全方位、多领域的投资合作。投资环境的优化，有利于保护企业在东盟国家投资安全，降低因国家政策变化带来的风险，企业赴东盟投资更有保障。

《投资协议》的目标在于促进东盟与中国之间投资流动，建立自由、便利、透明和竞争的投资机制，为中国和东盟之间的投资提供保护。投资自由化与便利化是指通过双方互相给予最惠国待遇、国民待遇和投资公平公正待遇，提高相关法律法规的透明度，通过进一步增强政策透明度，提高政府办事效率，简化审批程序，缩短审批时间，实现为投资者的签证提供便利。

（二）保护措施之一：投资待遇

投资待遇主要体现为三类：

1. 国民待遇

协议规定，各方在其境内，应当给予另一方投资者及其投资，在管理、经营、运营、维护、使用、销售、清算或此类投资其他形式的处置方面，不低于其在同等其本国投资者及其投资的待遇。这是防止文莱政府对外资采取不当的限制性措施的基本待遇条款，能保证缔约方投资者受到公平公正的非歧视待遇。

2. 最惠国待遇

协议规定，各缔约方在准入、设立、获得、扩大、管理、经营、运营、维护、使用、清算、出售或对投资其他形式的处置方面，应当给予另一缔约方投资者及其相关投资，不低于其在同等条件下给予任何其他缔约方或第三国投资者投资的待遇。

最惠国待遇存在例外情况，不符措施不适用国民待遇和最惠国待遇的情况。不符措施条款是从各国的社会经济发展需要出发，对于国民待遇和最惠国待遇的适用进行的限制性规定。但协议对上述例外，进一步规定了限制性义务，要求各缔约国政府应当尽力逐步消除这种不符措施，并要求中国东盟经济部长或其指定代表在协议实施之日起一年内召开会议，之后应每两年或在其他适当的时候召开会议，审议本协议，以推进设定的目标。

3. 公平待遇

协议规定，各缔约方应给予另一方投资者投资公平和公正待遇，为投资者提供全面保护和安全。为进一步明确，公平和公正待遇是指各方在任何法定或行政程序中有义务不拒绝给予公正待遇，和全面保护与安全要求各方采取合理的必要措施确保另一缔约方投资者投资的保护与安全。

这三类投资待遇属于基本待遇条款，从原则的高度上保护外来投资者的利益。

（三）保护措施之二：对征收的限制

如上文所述，财产征收险是外国投资者在作出投资决策时需要着重考虑的风险。对征收的限制则是为降低这一风险作出的法律安排。

投资协议规定了具体的征收机制，体现了对投资者的保护。具体内容包括：第一，实施征收的条件，任何一缔约方不得对另一缔约方投资者的投资实施征收、国有化或采取其他等同措施，但如符合下列条件，为公共目的，符合可适用的国内法，包括法律程序。第二，补偿的标准。应以非歧视的方式实施。此补偿应以征收公布时或征收发生时被征收投资的公平市场价值计算，孰为先者作准。补偿应允许以可自由兑换货币从东道国自由转移。所谓的公平市场价值是指在征收公布时或征收发生时被征收投资的公平市场价值，以发生在先的作准。第三，补偿的及时性。补偿的偿清和支付不应有不合理的拖延。公平市场价值不应因征收事先被公众所知而发生任何价值上的变化。一旦发生拖延，补偿应包括按主要商业利率计算的从征收发生日起到支付日之间的利息。包括应付利息在内的补偿，应当以原投资货币或应投资者请求以可自由兑换货币支付。第四，补偿的例外情形。任何相关土地征收的措施，应由各缔约方各自现有的国内法律、法规及任何修正案进行解释，对于补偿金额也应依据上述法律、法规解释。对于一缔约方所征收的法人财产，若该法人为根据其法律、法规以股份形式组成或建立，且另一缔约方的投资者拥有其中股份，本条前述几款的规定应适用，以保证支付给此投资者的补偿符合其所征收财产的利益。但根据WTO协定附件ic《与贸易有关的知识产权协定》给予的与知识产权相关的强制许可不适用该规定。第五，被补偿者的确定。

值得关注的是，投资协议对补偿的规定有一定的局限性。公平市场价值一般情况下是指被征收资产在东道国的公平市场价值，但在东道国经济、金融动荡时期，被征收资产在东道国的市场价值可能被严重扭曲，在此情况下确定被征收资产的公平市场价值会存在较大争议。不合理的拖延比较模糊，需要考虑的因素会比较多，每个国家的立法或判例将会存在不同。

国际贸易中还有另一种形式的征收，需要与本协议的规定区别开来，在国际贸易中，专利保护是发达国家非常看重的因素。保护专利的目的，是通过授予所有者垄断的权利，通过经济利润刺激企业对研发的投资，从而促进技术的不断进步。在有些情况下，某些专利所保护的产品涉及重大公共利益，在必要的时候，政府可以授权非专利所有者直接使用专利，这就是所谓的专利强制许可。例如在爆发大规模疫情时，如果针对该疫情的疫苗处于专利期，政府即可启动强制许可程序。专利的强制许可是较为特殊的现象，WTO协定附件中对此有相关规定，所以投资协议规定，征收条款不适用根据WTO协定附件ic给予的与知识产权相关的强制许可。

（四）保护措施之三：对损失的补偿及对投资收益的保护

企业赴境外投资，目的是赚取利润，投资者的根本目的在于营利，这是左右外来投资者决策的首要因素，对于投资者的意外损失的弥补和已获得收益的保护至关重要。

针对损失的补偿，协议规定，一缔约方投资者在另一缔约方境内的投资，如果因另一方境内战争或其他武装冲突、革命、国家紧急状态、叛乱、起义或骚乱而遭受损失，则另一缔约方在恢复原状、赔偿、补偿和其他解决措施方面，在同等条件下，给予该投资者的待遇不应低于其给予任何第三国投资者或本国国民的待遇，并从优适用。

针对投资收益，企业拥有对利润的处置权，包括自由地转移和汇回，这是保护投资的基本要求之一。投资收益能否及时安全地汇回国内是投资者关注的焦点问题，利润处置权面临的最大风险是汇兑限制风险，这是由于东道国防止国际收支困难而实行外汇管制，禁止或限制外国投资者将本金、利润和其他合法收入转移到东道国境外，而给外国投资者造成的经济损失。具体来说，它包括两个方面的风险，一是资本不允许自由转移，二是资本不能够自由兑换。由于外汇管制，投资产生的利润等收益不能及时汇回，投资收益得不到保障。为了保护投资者的利益，保护外资，促进外汇自由流动，保障投资收益，《投资协议》第十条规定，任一缔约方应允许任何其他方投资者在该缔约方境内的投资的所有转移，此类转移包括，初始投资及任何用于保持或扩大投资的追加资本，任何其他缔约方投资者的任何投资所产生的净利润、资本所得、分红、专利使用费等等能以转移当日外汇市场现行汇率兑换为可自由兑换货币，允许此类转移不延误地自由汇入或汇出该方领土。这就确立了自由转移的原则。并不是所有情况下，缔约方都必须保证其他缔约方投资者投资的顺利转移。缔约方可以阻止或延迟某些转移，但必须在公平、非歧视和善意的基础上。

国民待遇原则在收益保护的措施中得到了贯彻。协议规定，各方给予的待遇，在同等条件下，应等同于任何其他缔约方或第三国投资所产生的转移。

但财产的转移并不是绝对自由的，存在一些例外情况，包括：破产，丧失偿付能力或保护债权人能力；未履行东道方的关于证券、期货、期权或衍生产品交易的转移要求；未履行税收义务；刑事犯罪和犯罪所得的追缴；社会安全、公共退休或强制储蓄计划；依据司法判决或行政决定；与外商投资项目停业的劳动补偿相关的工人遣散费，必要时用于协助执法或金融管理机构的财务报告或转移备案记录。

（五）保护措施之四：投资保险制度

海外投资保险是资本输出国政府为保护本国海外投资者的法律制度。政府通过设立海外投资保险机构的方式，为海外投资者在东道国遇到的政治风险提供保证，并由保险机构代位行使投资者向东道国政府索赔的权利，使投资者和母国的契约关系从国内法层面上升到国际法层面，使单纯的投资关系转化为复杂的国际政治关系，从而保护海外投资者的利益。协议规定的代位条款是国际保护投资的一种法律措施，是一种附加的外交保护，以承认投资者所有权利和请求权利的转让和让位。

协议规定了代位权人，代位权行使时间；对投资者权利的限制；代位权限。

如果任何一方或其指定的任何代理、机构、法定机构或公司，依照保险向其本国投资者就相关投资或其中任何一部分依据本协议形成的要求权进行了支付，其他相关方应当承认前述缔约方或其指定的任何代理、机构、法定机构或公司有资格代位履行其投资者的权利和要求权。代位权利或要求权不应超过投资者的原始权利或要求权。

如一方或其指定的任何代理、机构、法定机构或公司已向其投资者进行了支付，并已接管该投资者的权利及请求，则该投资者不得向另一方主张这些权利或请求，除非其得到授权，代表该方或进行支付的代理机构采取行动。

（六）保护措施之五：缔约方与投资者间争端解决

协议规定了缔约一方与其他缔约方投资者产生争端时的解决方式。

争端的范围包括一缔约方与另一缔约方的投资者之间产生的，涉及因前一缔约方违反本协议第四条（国民待遇）、第五条（最惠国待遇）、第七条（投资待遇）、第八条（征收）、第九条（损失补偿）、第十条（转移和利润汇回），通过对某一投资的管理、经营、运营、销售或其他处置等行为给投资者造成损失或损害的投资争端。但不适用于在本协议生效前，已发生的事件引发的投资争端、已解决的投资争端或者已进入司法或仲裁程序的投资争端；也不适用于争端所涉投资者拥有争端所涉缔约方的国籍或公民身份的情况。

争端解决的方式有：

1. 磋商

争端所涉方应尽可能通过磋商解决争端。

2. 提交法院或行政法庭

如果提出磋商和谈判的书面请求后6个月内，争端仍未解决，除非争端所涉方另行同意，否则应当根据投资者的选择，将争端提交有管辖权的争端缔约方法院或行政法庭。

3. 提交国际投资争端解决中心

如果争端所涉缔约方和非争端所涉缔约方均为国际投资争端解决中心公约的

成员，则可根据《国际投资争端解决中心公约》及《国际投资争端解决中心仲裁程序规则》提交仲裁；如果争端所涉缔约方和非争端所涉缔约方其中之一为国际投资争端解决中心公约的成员，则可根据国际投资争端解决中心附加便利规则提交仲裁。

4. 提交仲裁

双方可根据《联合国国际贸易法委员会的规则》提交仲裁；或由争端所涉方同意的任何其他仲裁机构或根据任何其他仲裁规则进行仲裁。

将争端提交调解或仲裁的期限是在争端所涉投资者知道，或者在合理情况下应当知道对本协议义务的违反对其或其投资造成损失或损害之后的3年内；争端所涉投资者应当在提交请求90日前以书面方式将他（或她）提交调解或仲裁的意愿通知争端所涉缔约方。

争端所涉投资者有权在启动任何争端解决机制的程序之前，寻求过渡性保护措施，以保护其权利和利益，条件是该措施不涉及需争端缔约方法院判决和行政裁决的伤害补偿与争端实质问题的解决。

任何缔约方不得对其投资者和任一其他缔约方依照本条应同意提交或已提交调解或仲裁的相关争端，提供外交保护或国际要求，除非此缔约方对此争端未能遵守所作出的裁定。

综上所述，投资协议规定了磋商、仲裁的争议解决方式。争端所涉方应尽可能首先通过磋商解决争端。磋商不成的，提交诉讼或仲裁。协议规定了仲裁的提起，时效问题，临时保护，争端解决机制与外交保护冲突，关于税收与争端的特别约定。投资协议对税收措施与征收问题，特别规定了一个争端缔约方和非争端缔约方的磋商程序，而且经该磋商程序得出的有关税收措施是否等效于征收或国有化的结论将对于争端解决起决定性作用。但依据该条款启动磋商程序以及磋商的结果如何，都不影响投资者启动争端解决的一般机制。

（七）其他保护措施

1. 透明度义务

协议确定了各方确保透明度的义务。透明度是指在国际贸易和投资协定中保证相关规则和程序明确可测的一般要求。一般来说，其核心要素是：公开相关法律、法规和政策信息；向利益相关者通知有关法律、法规及其变更；向利益相关者通知有关法律、法规及其变更；确保法律、法规执行的统一、公正、合理。

基本方式有：发布在其境内关于或影响投资的所有相关法律、法规、政策和普遍使用的行政指南；及时并至少每年向其他方通报显著影响其境内投资或本协议下承诺的任何新的法律或现有法律、法规、政策或行政指南的任何变化；建立或指定一个咨询点，其他方的任何自然人、法人或任何人可要求并及时获取前款要求公布的与措施相关的所有信息；至少每年一次通过东盟秘书处向其他方通报该方作为缔约方的任何未来的给予任何优惠待遇的投资相关协议或安排。

2. 促进投资便利化

缔约方应按照其法律法规，在中国和东盟间开展以下投资便利化合作：

为各类投资创造必要环境；简化投资适用和批准的手续；促进包括投资规则、法规、政策和程序的投资信息的发布；并在各个东道方建立一站式投资中心，为商界提供包括便利营业执照和许可发放的支持与咨询服务。

具体来说，要做好投资便利化，更好地保护投资者及其相关投资，需要注意做到：第一，提供投资服务，在投资决策前的投资服务需集中向潜在投资者提供设计东道国市场、政策法规、当地资源、当地供应商之类的信息服务。在投资决策后的投资服务应着眼于协助审批和获得许可方面的服务。提高与投资有关的政策和法律法规在制定和实施中的透明度与连续性。要逐步公开所有与投资相关的政策法规或信息，增强法律法规的透明度。同时为所有投资者提供平等的待遇，确保政策与法律法规的连续性，让投资者有合理的预测和展望，应尽可能建立一套机制，使投资者有机会在制度实施前，对新法律规章制度进行评论。第二，提供稳定的投资环境，加大对投资的保护力度。稳定的投资环境不仅需要灵活的汇率制度安排，统一的资本市场建设，良好的风险保险机制，还需要政府能保护企业投资的财产安全性。为此，应以不断优化企业合作环境，不断深化金融改革，维护金融稳定，逐步地有条件地放松资本项目的管制和减少货币兑换的成本。应积极鼓励或建立有效的官方争端解决机制以处理争端，鼓励使用仲裁等替代性争端解决方式以解决私营业主之间的国际商业争端。第三，提高政府的管理水平和管理效率，简化与投资有关的手续，为了改革外资审判程序和增加透明度以提高政府管理水平和管理效率，各国政府可以从企业投资申请、注册到发牌和税收手续等各个方面，设立专门的机构实行一站式管理，以简化审批手段，提高审批效率，缩小审批范围，放宽审批标准，提高审批透明度并确保投资者以最小代价获得许可证、执照和特许权等。逐步实现商品、资本、服务和技术的自由流通。

对外来投资的保护并不是没有限制的，在一些例外情形下，东道国为保护公共道德或维护公共秩序，为保护人类、动物或植物的生命或健康，为使其他有效法律法规得到实施（法律法规包括：防止欺骗与欺诈行为或处理合同违约；保护个人隐私及保护个人记录账户的机密性；安全），为保证对投资者课税等等，政府可采取相应措施，不受协议的限制或阻止。

投资协议为投资企业解决了后顾之忧，提供了更好的安全保障。在对东道国进行投资时，应重视与东道国当地政府的关系。政局的动荡和不稳定性，为海外投资带来了不可忽视的政治风险，对投资者的财产和人身安全构成了巨大威胁，这就要求投资者具备一定的政治敏感度，时刻关注东道国的政治走向，以便在发生政治动乱时及时作出应对措施，减少损失。要把双边投资保护协议与东道国法律相结合，东道国的征收和国有化措施是主要的政治风险，而保护投资协议对实施征收等措施具备的条件及补偿方法都有明确规定。应选择一个好的合作伙伴，共同发展。融入当地的经济文化环境，地位得到巩固，利益也得到保障。

投资协议的签署进一步提升了中国和东盟战略伙伴关系。中国—东盟自贸区已经建成，这充分显示了中国和东盟各国携手抗击金融危机，推进贸易投资自由化，互利共赢的坚强决心和坚定立场，将为东亚地区和全球经济的复苏与发展作出积极贡献。投资协议的签署将为双方搭建一个新的投资合作平台，营造更加稳定开放的投资环境，减少相互投资中的不合理限制和管制，为双方企业创造更多的投资和贸易机会，为东盟各国的投资提供制度性保障，实现优势互补，增强竞争力，推动相关产业的发展。

三、《中国和文莱关于鼓励和保护投资协定》

该协定制定的认识基础在于认识到相互鼓励、促进保护投资将有助于激励投资者的经营积极性及增进两国繁荣，认识到基于投资的技术转让和人力资源发展的重要性。

协定首先定义了相关概念，如“投资”一词系指缔约一方投资者依照缔约另一方的法律和法规在后者领土内所投入的各种财产，特别包括，但不限于动产、不动产及其他财产权利；公司的股份、股票、债券和其他形式的参股，以及由缔约一方发行的证券；金钱请求权、工业产权和知识产权、法律或合同授予商业特许权。

（一）保护和待遇

与中国—东盟自由贸易区投资协议类似，中文保护协定规定了保护待遇的基础条款，即公正与公平待遇、国民待遇、最惠国待遇。

缔约任何一方的投资者在缔约另一方的领土内的投资和与投资者有关的活动应受到公正与公平的待遇。缔约任何一方的投资者在缔约另一方领土内的投资，应始终受到充分的保护和保障。缔约任何一方均不得采取任何任意的或歧视性的措施，损害缔约另一方的投资者在其领土内对投资的管理、维持、使用或享有。投资和再投资的收益应与投资享受同等保护。

上述的待遇和保护不应低于其给予任何第三国投资者的投资及与投资有关的活动的待遇和保护。

上述的待遇和保护，不应包括依照现存的和将来的关税同盟、自由贸易区、经济联盟，避免双重征税任何协定或安排以及方便边境贸易的协定而给予第三国投资者的任何优惠待遇。

（二）征收

征收条款也与中国—东盟自贸区投资协议类似，但相比较而言较为简单。

除非为了公共目的，非歧视地给予适当的补偿，否则缔约任何一方的投资者在缔约另一方领土内的投资不得被直接或间接地征收、国有化或采取与征收或国有化效果相同的措施。

补偿应等于被征收的投资在征收行为发生或已为公众所知前一刻的真正价值，并应当包括直至付款之日按当时通行的商业贷款利率计算的利息。

（三）损害或损失补偿

缔约一方的投资者在缔约另一方领土内的投资，如果由于战争或其他武装冲突、全国紧急状态、暴乱、骚乱而遭受损失，缔约另一方在恢复、补偿或其他有价值的报酬方面给予该投资者的待遇不应低于其给予任何第三国国民或公司的待遇。

缔约一方的投资者在缔约另一方领土内，由于缔约另一方的军队或当局征用了其财产，缔约另一方的军队或当局非因战斗行动或情势而毁坏了其财产，应予以恢复或给予公平与充分的补偿。本条发生的支付应以可兑换的货币自由转移，并应按照第六条汇回。

公平与充分的补偿中的充分在实践中如何掌握标准，尚需探索。

（四）汇回

缔约任何一方应按照其法律和法规，保证缔约另一方投资者转移在其领土内的投资和收益，包括利润、股息、利息；初始资本投资和增资的全部或部分销售或清算产生的款项；与投资有关的贷款协议的偿还款项。

货币的转移应以该资本初始投资时的可兑换货币或缔约一方相关投资者与缔约另一方同意的任何其他可兑换货币不迟延地实施。转移应按照接受投资的缔约方在转移之日的市场兑换率进行。在市场兑换率不存在的情况下，汇率应等于支付日国际货币基金组织用于有关货币兑换特别提款权的汇率套算的交叉汇率。

（五）代位

如果缔约一方依照其对在缔约另一方领土内某项投资的保证向其投资者作了支付，或者缔约一方领土内的投资在依法设立的制度下就非商业风险进行了投保且保险人依照有关投资的保证作了支付，则在不损害缔约前者一方的权利的情况下，投资在其领土内的缔约另一方应当承认缔约前者一方的国民或公司的任何权利或请求权，依法或通过合法交易转让给缔约前者一方或适当的保险人。缔约另一方应承认缔约前者一方或保险人代位主张与原权利人同等的权利或请求权。

（六）投资争议的解决

缔约一方的投资者与缔约另一方之间关于投资产生的争议应尽量由争议双方友好协商解决。如争议自争议当事一方提出之日起6个月内未能解决，争议缔约一方在此同意将争议提交仲裁解决，但条件是争议缔约一方可要求用尽当地行政争议程序。争议双方可同意提交当地法院。

仲裁庭设立程序，仲裁员产生，仲裁庭的裁决作出的程序、效力、裁决是终局的。仲裁庭应根据接受投资缔约一方的法律包括冲突法规则、本协定的规定以及为缔约双方所接受的普遍承认的国际法原则作出裁决。

协定要规定仲裁程序的费用承担、执行程序、仲裁庭举行地点等。

与中国—东盟自贸区投资协议相比，中文保护协定的规定较为精简，便于理解，但也缺少更具体的规定，可能会出现一些法律争议，需要在实践中作出解释。

四、《投资激励法》

投资促进也是广义上投资保护的一种方式。

《投资激励法》是为保障外来投资享有税收优惠、促进投资和文莱经济发展制定的法律。企业根据投资项目可能带来的实际利益，可享受适当的税务优惠。文莱工业与初级资源部依据该法令，划定了“先锋产业”和“先锋产品”。

先锋产业要同时满足三个条件：符合公众利益；该产业在文莱未达到饱和程度；具有良好的发展前景，且该产品在该行业具有领先性。具体包括：实验、顾问和研发的工程技术服务，计算机信息服务和其他相关服务，工业设计的开发和生产，休闲和娱乐服务，出版和教育产业，医疗服务，有关农业技术的服务，有关提供仓储设备的服务，组织展览和会议的服务，金融服务，商业顾问，管理和职业服务，风险资本基金业务，物流运作和管理，运作管理私人博物馆，部长指定的其他服务和业务等。

先锋工业产品包括：航空食品，搅拌混凝土，制药，铝材版，轧钢设备，化工，造船，纸巾，纺织品，听装、瓶装和其他包装食品，家具，玻璃，陶瓷，胶合板，塑料及合成材料。

投资先锋产业项目的有限公司，按照投资金额，从生产之日起，可享受不同程度的免税优惠。投资金额在50万到250万文莱元的，可5年免税。投资总额在250万文莱元以上的企业，8年内免税。企业可申请免税期延长，每次3年，总共不超过11年。在政府建设的高科技园内进行投资的企业可享受11年的免税期，企业同样可以申请每次5年的免税期延长，总共不超过20年。投资“先锋产业”的公司，建厂所需的材料、机械及文莱本地没有的生产原料，在进口时都可以免交关税。文莱政府还会为这些外商投资企业优先在工业区安排场地。

根据促进需要保护，保护为了促进的理念，在税收上的优惠措施有利于保护投资者的利益，促进其发展壮大。

第七章

中国和文莱的投资协议

第一节　中国和文莱的双边投资保护协议①

一、协议背景

2000年11月17日，中国国家主席江泽民在文莱王宫与文莱达鲁萨兰国苏丹和国家元首苏丹·哈吉·哈桑纳尔·博尔基亚举行会谈。双方在友好的气氛中就加强两国在21世纪的双边关系等问题交换了意见和看法，并取得一致。会议中中文两方签署了《中华人民共和国政府和文莱达鲁萨兰国政府关于鼓励和相互保护投资协定》。本协议自缔约双方完成各自国内法律程序并以书面形式相互通知之日起下一个月的第一天生效。

二、协议的主要内容

（一）保护对象

1. 投资者

国民和公司。“国民”一词在中华人民共和国方面，指具有中华人民共和国国籍的自然人；“公司”包括个体业主、合伙、公司、商号、协会或其他组织。公司可以根据缔约一方法律在其境内设立并具有有效的经营场所，或根据第三国法律设立，缔约一方的国民或公司在其中享有实质或监控利益。

2. 投资范围

投资是由缔约一方投资者依照缔约另一方的法律和法规在后者领土内所投入的各种财产。特别包括但不限于：（1）动产、不动产及其他财产权利，例如留置权、抵押权。（2）公司的股票、股份、债券和任何其他形式的参股，以及由缔约一方发行的证券。（3）金钱请求权或其他具有金钱价值的与投资有关的合同项下的行为请求权。（4）工业产权和知识产权，特别是著作权、专利、注册外观设计、商标、商名、商业秘密、工艺流程、专有技术和商誉。（5）法律或合同授予商业特许权，包括勘探、耕作、提炼或开发自然资源的商业特许权。

①我国和文莱双边投资保护协议主要体现在《中华人民共和国政府和文莱达鲁萨兰国政府关于鼓励和相互保护投资协议》文本中。

（二）缔约方及缔约方投资者的权利

1. 享有最惠国待遇的权利

缔约任何一方的投资者在缔约另一方领土内的投资和与投资有关的活动应受到公平与公正的待遇。此处要求缔约任何一方不得采取任何任意的或者带有歧视性的措施，损害缔约另一方的投资者对投资的享有、使用、管理或维持等权利。投资和再投资的收益应与投资享受同等保护。保护与待遇程度不应低于[①]其给予任何第三国投资者的投资及与投资有关的活动的待遇和保护。例外：此处的待遇和保护不包括依照现存的或将来的关税同盟，自由贸易区，经济联盟，任何避免双重征税协定以及方便边境贸易的协定而给予第三国投资者的任何优惠待遇。

2. 汇回权

缔约任何一方应按照其法律和法规，保证缔约另一方投资者转移在其领土内的投资和收益，包括：（1）利润、股息、利息及其他合法收入；（2）初始资本投资和增资的全部或部分销售或清算产生的款项；（3）与投资有关的贷款协议的偿还款项；（4）提成费；（5）技术援助或技术服务费、管理费；（6）有关承包工程的支付；（7）在缔约一方的领土内从事与投资有关工作的缔约另一方国民的收入；（8）赔偿支付。

汇回权还包括货币的转移。转移的货币包括两部分：（1）以该资本初始投资时的可兑换货币；（2）缔约一方相关投资者与缔约另一方同意的任何其他可兑换货币。货币转移应不迟延地实施，不迟延即无论基于任何原因，上述期限应自提出相关要求之日起不超过4个月。转移应按照接受投资的缔约方在转移之日的市场兑换率进行。在市场兑换率不存在的情况下，汇率应等于支付当日国际货币基金组织用于有关货币兑换特别提款权的汇率套算的交叉汇率。

3. 代位权

缔约一方依照其对在缔约另一方领土内某项投资的保证向其投资者作了支付，若缔约一方领土内的投资就非商业风险进行了投保且保险人依照有关投资的保证作了支付，则在不损害缔约前者一方的权利下，投资在其领土内的缔约另一方应当承认缔约前者一方的国民或公司的任何权利或请求权，依法或通过合法交

①任何限制原材料、辅助材料、能源、燃料或生产资料的购买或任何方式的经营，妨碍在所在国境内外的营销，以及采取任何具有相似效果的措施，应视为“待遇低于”。但为了公共安全与秩序、公共卫生或道德而采取的措施，不应视为“待遇低于”。

易转让给缔约前者一方或适当的保险人。缔约另一方还应承认缔约前者一方或保险人代为主张与原权利人同等的权利或请求权。缔约方可以为投资者在缔约对方境内的已经得到的批准的投资提供担保，缔约另一方应承认缔约一方的代位权。

4. 磋商权

缔约双方代表可因以下目的随时进行会谈：（1）审查本协定的执行情况；（2）交流法律信息和投资机会；（3）解决因投资产生的争议；（4）提出促进投资的建议；（5）研究与投资有关的其他事宜。磋商可轮流在中华人民共和国和文莱达鲁萨兰国举行。

5. 享有恢复财产和公平补偿的权利

缔约一方的投资者在缔约另一方内的投资：（1）若由于战争或其他武装冲突、全国紧急状态、暴乱、骚扰而遭受损失，缔约另一方在恢复、补偿或其他有价值的报酬方面给予该投资者的待遇不应低于其给予任何第三国国民或公司的待遇；（2）若由于缔约另一方的军队或当局征用了其财产，或缔约另一方的军队或当局非因战斗而必须损坏了其财产，应予以恢复或给予公平与充分的补偿。

（三）争端解决

1. 仲裁

（1）适用于缔约双方争端解决的仲裁

①缔约双方争端解决应尽可能通过外交途径或谈判解决，若争议在9个月内不能解决，可根据缔约任何一方的要求，将争端提交专设仲裁庭解决。

②专设仲裁庭应由3名仲裁员组成。自缔约一方收到缔约另一方要求仲裁的书面通知的2个月内，缔约双方应各指派一名仲裁员。这两名仲裁员应在书面通知收到之日起4个月内，同意一名与缔约双方均有外交关系的第三国的国民为仲裁庭首席仲裁员。若自收到要求仲裁的书面通知之日起4个月内尚未组成仲裁庭，又无任何其他协议，缔约任何一方可请求国际法院院长作出必要的指派，如院长是缔约任何一方国民，或因其他原因不能履行此项职责，则应请求非缔约任何一方国民的国际法院中最资深法官作出必要的任命。仲裁庭的裁决以多数票作出。裁决是终局的，并对双方具有约束力。

③仲裁庭应自行制定其程序规则。仲裁庭应根据本协定的规定和缔约双方均承认的国际法原则作出裁决。

④缔约双方应负担各自指派的仲裁员和出席仲裁程序的有关费用。首席仲裁

员和专设仲裁庭的有关费用应由缔约双方平均分担。仲裁庭可就费用事宜自行作出其他规定。

⑤仲裁庭应在缔约双方均认可的中立国举行会议。

（2）适用于投资争端解决的仲裁

①投资争端解决以双方友好协商解决为主。若自提出之日起6个月内未能解决，争议缔约一方可将争议提交仲裁解决，前提是争议缔约一方要用尽当地行政争议程序。若争议经争议双方同意被提交当地法院，则不适用仲裁。

②仲裁方式如下：当事双方应各任命一名仲裁员，该两名仲裁员应同意由一名与缔约双方均有外交关系的第三国的国民作为首席仲裁员。前两名仲裁员应在争议一方收到另一方提出要求仲裁书面通知之日后的2个月内任命，首席仲裁员应在上述之日起4个月内任命。如在上述规定的期限内仲裁庭未设立，争议任何一方可邀请巴黎国际商会的国际仲裁院的主席作出必要的任命。仲裁庭的裁决以多数票作出。裁决是终局的，对争议双方具有拘束力。缔约双方应承诺将根据其各自的国内法律执行上述裁决。

③仲裁庭应自行制定其程序。但仲裁庭在制定程序时可以参照“解决投资争端国际中心”的仲裁规则。仲裁庭应根据接受投资缔约一方的法律包括冲突法规则、本协定的规定以及为缔约双方所接受的普遍承认的国际法原则作出裁决。

④争议各方应承担其指派的仲裁员及出席仲裁程序的代表的费用。首席仲裁员和仲裁庭的有关费用应由缔约双方平均分担，仲裁庭可就费用事宜自行作出其他规定。

⑤ 在仲裁程序或仲裁裁决执行期间，争议缔约一方不得以缔约另一方的投资者已经根据保险合同接受了全部或部分损失补偿为由予以反对。

⑥ 仲裁庭应在缔约双方均认可的中立国举行会议。在缔约双方均已经成为《解决各国与他国国民之间投资争端公约》缔约国的情况下，除非争议当事方另有其他约定，否则争议应当根据上述公约提交仲裁。

2. **临时措施**

即使缔约方之间发生了冲突，在不损害国际法一般原则所采取的临时措施的前提下，双边投资保护协议仍然有效。无论双方是否重新建立外交关系，缔约双方之间的冲突一旦实际结束，上述措施应当立即取消。

三、《鼓励和相互保护投资协议》的意义

中国与文莱自1991年建交以来，两国关系发展顺利，双方高层互访频繁，在许多地区性和国际性问题上都有很好的合作。文莱虽然只是一个东盟小国，但中文两国睦邻互惠友好的关系，堪称国家不分大小相互合作的典范。《中华人民共和国政府和文莱达鲁萨兰国政府关于鼓励和相互保护投资协议》正是为这样的关系起到了锦上添花的作用。中文两国在经济上具有较强的互补性，中国在人力资源、市场、技术方面具有较大优势，文莱资金雄厚、油气资源丰富，两国在经贸领域的投资合作具有十分广阔的前景①。然而，中文两国在互利投资中不可避免地会发生冲突，《投资协议》为解决两国在相互投资过程中出现的纠纷提供了重要的标准和制度的保障，极大地推动了两国在投资领域的全面快速发展。

《中华人民共和国政府和文莱达鲁萨兰国政府关于鼓励和相互保护投资协议》作为中国与文莱签署的投资保护协议，有利于中文关系基础更加牢固，进入互利合作新时期；对促进石油化工业、旅游业和农业等重点领域的互利合作有着更加明确的保护措施并营造了更加良好的投资环境；同时，协议有利于鼓励民间进行多种形式的自主交流，包括两国青年、文化、教育等各个领域的交流；在一定程度上，协议也进一步加强了双方在国际事务中的合作。

①聂德宁：《中国文莱经贸关系发展的现状及前景》，《南洋问题研究》，2008年第4期，第38页。

第二节　区域性投资协议[①]之《中国—东盟自由贸易区投资协议》

一、协议背景与简介

（一）协议背景

中国—东盟自由贸易区是中国对外商谈的第一个自由贸易区。双方已于2004年签署了《货物贸易协议》，于2007年签署了《服务贸易协议》。此后，双方经过多轮谈判，于2008年11月就《中国—东盟自由贸易区投资协议》（以下简称为《投资协议》）达成一致。中国—东盟《投资协议》的签署对加强东亚区域经济合作、增强中国经济竞争力、实现东亚经济持续稳定发展有重要意义[②]。

（二）协议简介

中国—东盟《投资协议》包含27个条款，涉及定义、目标、适用范围、国民待遇、最惠国待遇、投资促进、投资便利等内容。中国—东盟《投资协议》适用于缔约方对另一缔约方的投资者和另一缔约方投资者在其领土内的投资。对中国而言，包括根据2001年12月11日中国加入世界贸易组织时世界贸易组织定义的全部关税领土。协议的目标旨在提高投资规则透明度，为一缔约方的投资者在另一缔约方境内投资创造有利条件，以此促进东盟与中国之间投资流动，建立自由、便利、透明和竞争的投资体制，逐步实现东盟与中国的投资体制自由化；同时促进缔约方和在其境内投资的投资者之间的互利合作，鼓励和促进缔约方之间的投资流动和缔约方之间投资相关事物合作；以及为中国和东盟之间的投资提供保护。

中国与东盟各国双边投资体现为以下特征：一方面，投资规模逐步上升，投资增速加快；另一方面，投资领域有所拓展。投资领域非常广泛：覆盖金融、化工、矿业等行业。同时，东盟许多大中型企业与中国在农业技术、矿产开采、旅

①区域性投资协议主要体现在《中国—东盟自由贸易区投资协议》文本中。
②增文革，王怡.《中国—东盟〈投资协议〉实施探究》，《经济问题探索》，2010年第4期，第14页。

游设施、金融服务等行业有着紧密合作①。

二、协议内容

（一）《投资协议》的保护对象

缔约方投资者：正在或已在其他缔约方境内进行投资的缔约方自然人或缔约方法人。缔约方法人是指已缔约方根据法律适当组建或组织的任何法人实体，无论是否以营利为目的，无论属于私营还是政府所有，并在该缔约方境内具有实质经营，包括任何公司、信托、合伙企业、合资企业、个人独资企业或协会。

（二）《投资协议》的适用范围

1. 投资的方式

一方投资者根据另一缔约方法律、法规和政策，对后者境内投入的各种资产，包括但不限于：（1）动产、不动产及抵押、留置、质押等其他财产权利；（2）股份、股票、法人债券及此类法人财产的利息；（3）知识产权，包括关于版权、专利权和实用模型、工业设计、商标和服务商标、地理标识、集成电路设计、商名、贸易秘密、工艺流程、专有技术及商誉等权利；（4）法律或依合同授予的商业特许经营权，包括自然资源的勘探、培育、开采或开发的特许权；（5）金钱请求权或任何具有财务价值行为的给付请求权。就投资定义而言，用于再投资的投资收益应被认作投资，投入或再投入资产发生任何形式上的变化，不影响其作为投资的性质。

此处的投资适用于一缔约方投资者在另一缔约方境内的所有投资，既包括设立于《中国—东盟自由贸易区投资协议》生效前，也包括协议生效后。进一步明确，即《中国—东盟自由贸易区投资协议》的规定不对任何缔约方，涉及在其协议生效之前发生的任何行动或事实或已终止的任何状态，具有约束力。

2. 除外规定

（1）任何税收措施。但不应损害缔约方关于：①根据WTO的权利和义务准予或征收的税收；②本协议中的征收与转移和利润汇回的规定；③投资者与国家

①乔小明，吴兮：《中国—东盟自由贸易区与亚元》，《经济问题探索》，2008年第7期，第1–2页。

之间的争端解决的规定；④避免双重关税的规定。

（2）政府机构为政府目的（政府采购）进行货物或服务采购，即该采购不以商业转售或为商业销售生产货物或提供服务为目的。

（3）一缔约方提供的补助或补贴，及接受或持续接受此类补助或补贴所附带的任何条件，无论该补助或补贴是否仅提供给国内投资者和投资。

（4）一缔约方主管机构行使政府职权时提供的服务。此服务是指既不以商业为基础，也不以一个或多个服务提供的任何服务。

（5）一缔约方采取或维持影响服务贸易的措施。

（三）投资者享有的权利

1. 获得“国民待遇”的权利

各方在其境内，应当给予另一方投资者及其投资，在管理、经营、运营、维护、使用、销售、清算或此类投资其他形式的处置方面，不低于其在同等条件下给予本国投资者及其投资的待遇。根据《中国—东盟自由贸易区协议》内容，只有中国与东盟国家间的投资者才能够成为享有国民待遇的投资主体。但是，并非所有投资活动都能够适用国民待遇，协议明确规定适用国民待遇投资活动的具体适用范围，并且强调其适用程度，即国民待遇是作为一个底线标准对待，在适用国民待遇范围内，不限制缔约国给予国外投资者高于本国投资者的待遇①。

2. 获得“最惠国待遇”的权利

（1）各缔约方在准入、设立、获得、扩大、管理、经营、运营、维护、使用、清算、出售或对投资其他形式的处置方面，应当给予另一缔约方投资者及其相关投资，不低于其在同等条件下给予任何其他缔约方或第三国投资者及其投资待遇。

（2）但如果一缔约方任何安排成员的将来的协议，给予另一缔约方或第三国投资者及其投资更优惠的待遇，其没有义务将此待遇给予另一缔约方的投资者及其投资。但是，经另一缔约方要求，该缔约方应给予另一缔约方充分的机会，商谈优惠待遇。

（3）例外：此协议不包括与非缔约方的双边、地区及国际形式的经济合作

①曾文革：《中国—东盟〈投资协议〉实施探究》，《经济问题探索》，2010年第4期，第148页。

中，给予投资者或投资的任何优惠待遇；东盟成员国之间及一缔约方同其单独关税区之间的任何协定或安排中，给予投资及其投资者的任何现有或未来优惠待遇。

3. 损失补偿权

一缔约方投资者在另一缔约方境内的投资，若因一方境内战争或其他武装冲突、革命国家紧急状态、叛乱、起义或骚乱而遭受损失，则另一缔约方在恢复原状、赔偿、补偿和其他解决措施方面，在同等条件下，给予该投资者的待遇不应低于其给予任何第三国投资者或本国国民的待遇，并从优适用。

4. 转移和汇回权

任一缔约方应允许其他方投资者在该缔约方境内的投资的所有转移，能以转移当日外汇市场现行汇率兑换为可自由兑换货币，允许此类转移不延误地自由汇入或汇出该方领土。

此类转移包括：（1）初始投资，及任何用于保持或扩大投资的追加资本；（2）任何其他缔约方投资者的任何投资所产生的净利润、资本所得、分红、专利使用费、许可费、技术支持、技术及管理费、利息及其他现金收入；（3）任何其他缔约方投资者的任何投资的全部或部分销售或清算所得款项，或减少投资资本所得款项；（4）缔约方投资者偿付任何其他方投资者的借款或贷款，只要各缔约方已认定其为投资；（5）任何其他缔约方自然人的净收入和其他补偿，该自然人受雇佣并允许从事与在该方境内投资相关的工作；（6）依据任何其他缔约方投资者或其投资所订立合同进行的支付，包括依据贷款业务进行的支付；（7）根据征收和损失补偿进行的支付。

例外：一缔约方在法律、法规基本上，在公平、非歧视和善意实施下列内容，可以阻止或迟延某一项转移：（1）破产、丧失偿付能力或保护债权人权利；（2）未履行东道方的关于证券、期货、期权或衍生产品交易的转移要求；（3）未履行税收义务；（4）刑事犯罪和犯罪所得的追缴；（5）社会安全、公共退休或强制储蓄计划；（6）依据司法判决或行政决定；（7）与外商投资项目停业的劳动补偿相关的工人遣散费；（8）必要时用于协助执法或金融管理机构的财务报告或转移备案记录。

（四）缔约方的权利

1. 代位权

（1）若任何一方或其指定的任何代理、机构、法定机构或公司，依照保险向其本国投资者就相关投资或其中任何一部分依据本协议形成的要求权进行了支付，其他相关方应当承认前述缔约方或其指定的任何代理、机构、法定机构或公司有资格代位履行其投资者的权利和要求权。代位权利或要求权不应超过投资者的原始权利或要求权；（2）若一方或其指定的任何代理、机构、法定机构或公司已向其投资者进行了支付，并已接管该投资者的权利及请求，则该投资者不得向另一方主张这些权利或请求，除非其得到授权，代表该方或进行支付的代理机构采取行动。

2. 利益拒绝权

在以下两种情况下，经事先通知及磋商，一方可拒绝将本协议的利益给予另一方投资者：（1）另一方投资者，如果该投资是由非缔约方的人拥有或控制的法人进行的，且该法人在另一方境内未从事实质性商业经营；（2）另一方投资者，如果该投资是由拒绝给予利益一方的人拥有或控制的法人进行的。

（五）缔约方的义务

1. 补偿的义务①

任何一缔约方不得对另一缔约方投资者的投资实施征收、国有化或采取其他等同措施，除非因：（1）公共目的；（2）符合可使用的国内法；（3）以非歧视的方式实施；（4）给予补偿。此补偿应以征收公布时或征收发生时被征收投资的公平市场价值计算，以先者作准。补偿应允许以可自由兑换货币从东道国自由转移。补偿的偿清和支付不应有不合理的拖延。公平市场价值不应因征收事先被公众所知而发生任何价值上的变化。一旦发生拖延，补偿应包括按主要商业利率计算的从征收发生日起到支付日之间的利息。包括应付利息在内的补偿，应当以原投资货币或应投资者请求以可自由兑换货币支付。

2. 透明度义务

透明度原则要求各方应做到：（1）发布在其境内关于或影响投资的所有相关法律、法规、政策和普遍使用的行政指南；（2）及时并至少每年向其他方通报显著影响其境内投资或本协议下承诺的任何新的法律或现有法律、法规、政策或行政指南的任何变化；（3）建立或指定一个咨询点，其他方的任何自然人、

①征收不适用于根据WTO协定附件《与贸易有关的知识产权协定》给予的与知识产权相关的强制许可。

法人或任何人可要求并及时获取第（1）项和第（2）项下要求公布的与措施相关的所有信息；（4）至少每年一次通过东盟秘书处向其他方通报该方作为缔约方的任何未来的给予任何优惠待遇的投资相关协议或安排；（5）协议的任何规定不得要求一方提供或允许接触机密信息，披露此类信息会阻碍法律实施、违背公共利益或损害特定法人、公众或私人的合法商业利益。

3. 其他义务

（1）若任何一方在协议实施之时或实施之后的法律或缔约方之间的国际义务使得另一方投资者的投资所获地位优于本协议下所获地位，则此优惠地位不应受本协议影响；（2）各方应遵守其对另一方投资者的投资业已作出的任何承诺。

（六）争端解决

1. 缔约方争端解决

《中国—东盟自由贸易区协议》中缔约方争端解决参照2004年11月29日于老挝万象签订的《中国—东盟全面经济合作框架协议争端解决机制协议》的相关规定。

2. 缔约方与投资者间争端解决

（1）此争端解决适用于一缔约方与另一缔约方的投资者之间，涉及因前一缔约方违反国民待遇、最惠国待遇、投资待遇、征收、损失补偿、转移和汇回权，通过对某一投资的管理、经营、运营、销售或其他处置等行为给投资者造成损失或损害的投资争端。

（2）争端以磋商解决为主：①若提出磋商或谈判的书面请求6个月内，争端仍未解决，除非争端所涉方另行同意，否则应该根据投资者的选择，将争端提交有管辖权的争端缔约方法院或行政法庭；②若争端所涉缔约方和非争端所涉缔约方均为国际争端投资解决中心公约的成员，则可根据《国际投资争端解决中心公约》及《国际投资争端解决中心仲裁程序规则》提交仲裁；③若争端所涉缔约方和非争端所涉缔约方其中之一为国际投资争端解决中心公约的成员，则可根据国际投资争端解决中心附加便利规则提交仲裁；④根据《联合国国际贸易法委员会的规则》提交仲裁；⑤由争端所涉方同意的任何其他仲裁机构或根据任何其他仲裁规则进行仲裁。

（3）在争端已被提交给适格的国内法院的情况下，所涉投资者如果在最终裁决下达前从国内法院撤回申请，可将其提交给国际争端解决机构。

（4）若同时满足上文（2）中②③④⑤项将争端提交调解或仲裁，选择何种方式，取决于：①将争端提交调解或仲裁发生在所涉投资者知道或应当知道对本协议义务的违反对其或其投资造成损失或损害之后的3年内；②争端所涉投资者在提交请求90日前以书面方式将他（或她）欲将此争端提交调解或仲裁的意愿通知争端所涉缔约方。争端所涉缔约方收到通知后，可要求争端所涉投资者在提交争端前根据上文（2）中②③④⑤项完成其国内法规规定的国内行政复议程序；③任何缔约方不得阻止争端所涉投资者，在（2）中所指任何争端解决机制的程序之前，寻求过渡性保护措施，只要该措施不涉及需争端缔约方法院判决和行政裁决的伤害补偿和争端实质问题的解决；④任何缔约方不得对其投资者和任一其他缔约方同意提交或已提交调解或仲裁的相关争端，提供外交保护或国际要求，除非此缔约方对此争端未能遵守所作出的裁定。此处，外交保护不包括为便利一项争端解决的单一目的进行的非正式外交交涉；⑤当一投资者提出争端缔约方采取或执行税收措施已违背征收义务，应争端缔约方请求，争端缔约方和非争端缔约方应举行磋商，以决定争议中的税收措施是否等效于征收或国有化。任何依照本协议设立的仲裁庭应根据本款认真考虑缔约双方的决定；⑥如缔约双方未能启动此类磋商，也未能在自收到磋商请求的180天内，决定此类税收措施是否等效于征收或国有化，则不应阻止争端所涉投资者根据本条款将其要求提交仲裁。

综上所述，《投资协议》明确将一缔约方与另一缔约方私人投资者发生的纠纷纳入争端解决的范围内。为解决争端，需要经过三层级别程序，依次递进，不经过第一道程序，不可直接到达第二、三级程序，进入第一个程序后，可任选第二和第三程序中的一个。第一程序，磋商。任何争端必须先进行磋商，且磋商需以书面形式提出，口头或者其他形式视为无效。磋商应在7天内答复，并约定磋商的时间、地点、人员等各项事宜，磋商应在30天内在保密状态下进行完毕。紧急情况下，时间可缩短为20天或者更短，但不得拖延。有实际利益的第三方可要求参加磋商。第二程序，调解或调停。争端双方在磋商后，若尚未达成一致意见，便可进入调解或调停程序，或者在争端双方磋商未果的情况下，直接进入仲裁，不用经过调解或者调停程序。当然，也可一边仲裁，一边调解。其中，调解或者调停人（包括机构）需经双方同意。调解或调停也应在保密状态下进行。最后的程序，仲裁。仲裁是争端解决程序中的核心，也是最后一道堡垒，若第一程序磋商未果或第二程序调解不成，便可书面请求仲裁，同时指定仲裁机构。双方需各指定一名仲裁员，若一方未能在规定的时限内指定仲裁员，则对方指定仲裁员将为独特仲裁员，第三位仲裁员需双方共同推选，第三位仲裁员为主席，同时为非争端当事国公民。若在主席的人选上不能达成一致，则最终由WTO总干事决定最终人选，双方无权反对。仲裁委解决争端的最终法律仲裁程序，一裁终局，对双方都有约束力。

（七）国际收支平衡保障措施

若发生国际收支严重不平衡、外部金融困难或威胁，一缔约方可采取或保留投资限制措施，包括与此类投资相关的支付和转移。认识到缔约方在经济发展过程中面临的保持国际收支平衡的特别压力，可在必要时采取限制措施或其他方式，确保维持适当的外汇储备水平以实施其经济发展计划。

限制措施包括（1）与国际货币基金组织协议的条款相一致；（2）在缔约方之间没有歧视；（3）避免对任何其他缔约方的商业、经济和金融造成不必要的损害；（4）不超过处理第1款中描述情形的必要限度；（5）属于临时性的，并在第1款所述情形改善时逐步取消；（6）给予任一其他缔约方的待遇不低于任何第三国。

三、《中国—东盟自由贸易区投资协议》的意义及影响

自开展中国—东盟自由贸易区建设以来，双方在贸易领域取得的成绩有目共睹，但在投资的领域，双方的合作还处于较低的层次，尤其是我国对东盟国家的直接投资，项目数量与项目金额都比较少。近年来，随着中国—东盟自由贸易区建设加快，中国与东盟之间相互投资不断扩大。与此同时，《中国—东盟投资协议》的实施为中国和东盟各成员国（包括文莱）搭建了一个新的投资合作平台，为中国与东盟各成员国的相互投资提供了制度保障，同时营造了更加稳定的投资环境，以此加强中国与文莱的投资合作，减少相互投资中的不合理的管制和限制，有利于实现双赢的局面。

《中国—东盟自由贸易区投资协议》的实施推进了2010年中国—东盟自由贸易区的建成。《投资协议》的签署标志着备受关注的自由贸易区建设的主要法律程序已经基本完成，这不仅为双方投资建立了法律保护，同时也促进了双方投资进程。

《中国—东盟自由贸易区投资协议》的实施为其他自由贸易区起到了示范作

用。《投资协议》的实施有利于中国—东盟自由贸易跻身成为一个高质量的贸易区，不仅仅涉及贸易自由化，还大大加强投资自由化。

《中国—东盟自由贸易区投资协议》的实施为中国和东盟各个成员国在应对金融危机时创造了一定的商机[①]。

①曾文革：《中国—东盟〈投资协议〉实施探究》，《经济问题探索》，2010年第4期，第149页。

第三节　区域性投资协议之茂物宣言大阪行动

一、协议简介

1994年11月16日，亚太经合组织非正式领导人会议在印度尼西亚的茂物发表了《共同决心宣言》，即《茂物宣言》。宣言指出：亚太经济合作组织需要在平等伙伴关系、共同承担责任、互相尊重、互利和互惠的基础上加强合作，以达到促进亚太贸易和投资自由化的目标。实现这一目标的时间表规定工业化国家不迟于2010年，发展中国家不迟于2020年。《茂物宣言》的发表进一步体现了亚太经济合作组织对促进区域内的政治协商、特别是经济合作起着积极的、重要的作用①。同时，宣言强调，亚太经合组织成员强烈反对成立一个同全球贸易自由化目标相背离的内向型贸易集团。宣言指出，亚太地区实行投资和贸易自由化，不仅可以减少各成员国相互投资的贸易壁垒，也可以减少亚太经合组织的壁垒，以此来加强和鼓励全球范围的投资和贸易自由化。②

《茂物宣言》目标在于促进APEC投资进程自由化和便利化，以实现贸易与投资自由和开放，其中APEC行动议程范围内的自由化和便利化措施将与世界贸易组织协定相一致。APEC经济体将努力确保其贸易与投资自由化和便利化的总体可比性，并考虑到每一个APEC成员的水平。此协议同时要求非歧视原则和透明度。透明度即每一个APEC的经济体要确保法律、规章和行政程序的透明度，法律、法规包括每个经济体各自的，将影响APEC经济体之间货物、服务及资本流动的，以便在亚太地区建立一个较开放和可预测的贸易和投资环境。

二、协议内容

贸易投资自由化、便利化（TILF）和经济技术合作（ECOTECH）通常被称为APEC运行的两个轮子。有时，也把便利化与自由化和经济技术合作并列起

①时永明：《从〈茂物宣言〉看亚太经济合作》，《国际问题研究》，1995年第1期。

②范新宇：《从目标到行动：亚太经济合作迈出新步伐——大阪会议评述》，《世界经济》，1996年第1期，第27页。

来，称之为APEC的“三大支柱”。《茂物宣言》分为两个部分，一部分为贸易投资自由化和便利化，另一部分为经济和技术合作。此处主要阐述与投资有关的投资协议部分，即贸易投资自由化和便利化。第一部分主要介绍其中与投资有关的八项内容：

1. 关税

通过建立关税数据库和其他方式交换信息，提高关税制度的透明度，逐步削减关税。在关税方面，APEC通过削减关税和确保APEC经济体各种关税制度的透明度来实现自由和开放贸易。

2. 非关税措施

通过建立非关税措施数据库、编纂非关税措施清单及受这些措施影响的产品清单等方式，提高成员非关税措施的透明度，并逐步取消出口补贴和不正当的出口禁令与限制，削减非关税措施。在非关税措施方面，APEC通过逐步减少非关税措施和确保APEC经济体各种非关税措施的透明度，来实现自由和开放贸易。

3. 投资

逐步向投资者提供最惠国待遇和国民待遇，提高投资体制透明度，促进投资制度和投资环境的自由化，同时通过技术援助和合作活动促进投资。每一个APEC经济体将利用WTO协议、APEC非歧视投资原则、其他有关本经济体的国际协议，及任何在APEC内制订并经一致同意的准则作为初步框架，并探讨APEC双边投资协议网络的扩大。

4. 海关程序

通过简化和协调海关程序促进本地区贸易。具体程序为：根据海关程序分委会行动方案和战略方向的条文，并充分考虑便利化、可说明性、一致性、透明性和简化性。APEC经济体采用或遵守1994年关贸总协定第七条协议（WTO海关估价协议）的原则，同时采用与贸易有关的知识产权协议中关于边境控制的原则来保护知识产权。

5. 知识产权

以《WTO与贸易有关的知识产权协议》及其他相关协议规定的最惠国待遇、国民待遇及透明度原则为基础，促进本地区知识产权方面的立法管理和执行工作。

6. 政府采购

增强对成员政府采购制度与实践的共同理解，实现本地区政府采购市场的自由化。APEC经济体将增加对政府采购政策和制度以及对每一个APEC成员政府采购做法的共同理解，并根据《茂物宣言》的原则和目标，实现亚太地区政府采购市场的自由化。同时每一个APEC经济体将加强其政府采购制度及其政府采购信息的透明度。

7. 争端调解

鼓励成员尽早通过合作方式处理争端问题，以便于在不发生对抗和升级的情况下解决他们的分歧，同时不损害WTO协议和其他国际协议项下的权利和义务，并避免与WTO争端解决程序重复或相悖；促进并鼓励使用及时和有效的程序，解决亚太地区私营企业与政府之间以及私营企业之间的争端；确保增加政府法律、规章和行政程序的透明度，以便减少和避免有关贸易与投资的争端，从而促进形成一个稳定的、可预测的商业环境。

每一个经济体将提供仲裁协议有效执行情况及仲裁裁决书的认可和执行情况； 提供适当的措施，以便使所有的法律、规章、行政准则及与贸易和投资挂钩的政策通过快速、透明和可运用的方式公之于众；通过采取和/或保持适当的、独立的评审或申诉程序，增加国内透明度，加速对行政行动的评审并在有保证的情况下纠正有关贸易与投资的行政行动。

8. 商业人员流动

交换商务人员流动规章制度的信息，通过简化和加速短期商业旅行和临时居住的处理，促进本地区商务人员的流动。APEC经济体将加强亚太地区从事贸易与投资行为商业人员的流动。APEC经济体将交换本地区商业人员流动规章制度的信息并探讨在区域一级确定合作范围的可能，以简化和加速短期商业旅行处理，从事贸易与投资活动的商业人员临时居住的安排。

除了以上8项，《茂物宣言》即《大阪行动议程》中贸易投资自由化和便利化工作的具体内容涉及其他多个方面，例如：（1）服务。逐步减少服务贸易的市场准入限制，为服务贸易提供最惠国待遇和国民待遇；（2）标准与合格评定。保证成员标准与合格评定的透明度，推动成员标准与国际标准接轨，实现成员间合格评定的相互认可，促进技术发展方面的合作；（3）竞争政策。通过实施充分、有效的竞争政策和法律，提高透明度以及促进合作，改善本地区竞争环境，最大程度地促进市场的有效运行，增强生产和贸易之间的竞争，保护消费者的利益；（4）放宽管制。提高成员管理制度的透明度，消除那些由于国内规章条例引起的贸易与投资扭曲；（5）原产地规则。保证与国际统一的原产地规则相一致，确保各成员原产地规则的规定和适用的公正性、透明度和中立。

《茂物宣言》第二部分经济与技术合作中，涉及投资的有关内容为“贸易与投资数据”部分。此部分强调加强APEC经济体之间贸易和投资数据的利用。APEC各经济体将提高贸易和数据的可比性，并为这类统计资料建立数据库，包括货物贸易、服务贸易以及外国投资等数据资料的贸易和投资数据库（TIDDB）。APEC将采用国际标准编纂服务贸易和外国投资数据，并为使用贸易和投资数据库（TIDDB）系统，采集、编纂、估算服务贸易和外国投资方面的数据资料提供培训。

三、《茂物宣言（大阪行动）》的影响

以实现自由、开放贸易为目标，同WTO的法规与原则一致，《茂物宣言》的发表进一步体现了亚太经济合作组织对促进区域内的政治协商，特别是经济合作的积极作用。《茂物宣言》有利于实现地区贸易和投资自由化的长远目标，有利于缓和北美和东南亚之间区域经济矛盾，有利于缩小发达国家与发展中国家发展水平及其矛盾。

实现《茂物宣言》的目标，可以使APEC的各个成员国都得到巨大的经济优惠。对中国来说，实现《茂物宣言》的目标，有利于加快我国的市场经济与世界经济的接轨。为实现《茂物宣言》中的自由、开放贸易的目标，这就要求中国的市场经济运作更加符合国际惯例，更加“透明”。《茂物宣言》同样对APEC其他成员有着重大的影响，为其他成员的经济发展同样提供了更多的机会。有学者预料，如果能够在2020年实现《茂物宣言》关于贸易自由的目标，APEC成员在世界贸易中所占的比重，将大大超过50%[①]。《茂物宣言》的实施为APEC成员间资本的自由流通和合理分配，提供了巨大的可能性。实现《茂物宣言》的目标，实现完全贸易和投资的自由化，可以大大缩小APEC成员之间经济发展差距，以此改变组织中南北成员之间的关系。

①沈骥如：《亚太经济合作组织〈茂物宣言〉评述》，载《百科知识》1995年第3期，第14—15页。

第四节　对双方有约束力的国际性投资协议[①]

一、协议背景和简介

（一）协议背景

《与贸易有关的投资措施协议》（以下简称《TRIMS协议》）的产生源于投资措施的国际管制问题日益尖锐，一方面，20世纪80年代初以来，在发展中国家的外资鼓励政策下，外国直接投资开始深入东道国经济的各个层面。而这时的发展中国家，外资立法尚不健全，这一发展利弊共存。因此为了控制外资的准入和运营，提高外国直接投资对当地经济的贡献，发展中国家对外资施加了各种各样的措施，而其中很多措施都阻碍了投资自由化，引起了外资及其母国的强烈反对。另一方面，东道国开始重视外资对国民经济的作用，不再常常对外国直接投资企业的财产实行征用或国有化，跨国公司与东道国在征用问题上的分歧减少。最终，国际投资协议的目的从开始出资保护转变为投资自由化。在这种背景下，国际社会需要对投资措施进行国际管制。但实际上，投资方面的国际协定非常有限，因此发达国家不得不采用其他途径来规制投资措施。随着贸易与投资一体化趋势的加深和投资自由化与贸易自由化相互融合趋势的加强，一些投资措施对贸易的流向产生了扭曲性的影响，这些措施被称为与贸易有关的投资措施（Trade-Related Investment Measure）[②]。

（二）协议简介

WTO的法律框架由《建立世界贸易组织的马拉喀什协议》及四个附件组成。《建立世界贸易组织的马拉喀什协议》只是关于WTO机构方面的规定，而四个附件主要体现了多边贸易规则。其中附件1中的多边货物贸易协议包括TRIMS协议，就TRIMS协议的法律效力而言，它同样拘束所有WTO成员。

《TRIMS协议》是世界上第一个专门规范贸易与投资之间关系的国际性协

①对双方有约束力的国际性投资协议主要体现在WTO《与贸易有关的投资措施协议》文本中。

②贾海燕：《〈TRIMs〉评析及其走向研究》，大连海事大学2005年硕士论文。

议，它将GATT（关贸总协定）体制内的一些基本法律原则引入投资领域，使传统的国际投资法发生了深刻变革。从立法角度来看，无论是从国内立法层面上还是从国际层面上，贸易与投资的政策和立法都是相对独立的。这将会导致两套政策的执行力不一定达到相互协调的程度。因此，发达国家为了本国的经济利益，促进贸易和投资的自由化，积极倡导制定有关国际投资措施管制规则。同时，发展中国家为发展国内工业和增加国民收入，采取了一些TRIMS，以获取对本国有利的贸易条件，从而促进经济的发展。另外，发展中国家为消除跨国公司采用限制性商业行为所造成的消极影响，同样也会采用一些TRIMS。[①]

二、协议内容

本节主要摘录《TRIMS协议》中与投资有关的主要内容：

（一）TRIMS协议的适用范围

TRIMS协议适用于与货物贸易有关的投资措施，而不适用于其他贸易形式。《关贸总协定》（1994）项下的所有例外[②]均应适用于TRIMS协议。发展中国家成员方有权根据《关贸总协定》（1994）中政府对经济发展的援助和关于国际收支条款的谅解以及1979年11月28日采纳的《为国际收支实施的贸易措施的1979年宣言》，暂时背离《与贸易有关的投资措施协议》第2条的规定，而实施限制性的与贸易有关的投资措施。

（二）投资者的义务

投资者的义务主要体现在“国民待遇与数量限制”中。TRIMS 协议在不损害《关贸总协定》（1994）项下的其他权利和义务的前提下，任何成员方均不得实施与该协定中国民待遇的规定不相符合的与贸易有关的投资措施。被禁止的措施包括：

①袁爱芬：《论〈TRIMs〉协议的理解》，中国政法大学2005年硕士论文。

②这些例外主要包括：一般例外、安全例外、非歧视原则的例外、数量限制例外、国际收支保障的例外、外汇安排的例外、紧急措施的例外、边境贸易、关税同盟和自由贸易区的例外等。

（1）与《关贸总协定》（1994）第3条第4款规定的国民待遇不符的与贸易有关的投资措施，包括那些国内法或行政命令项下的义务性或强制执行性措施，或为取得优势地位所必需的措施，以及要求达到下列事项的措施：

①是企业购买或使用本国用品或来源于国内渠道的产品，不论这种具体要求是规定特定产品、产品的数量或价值，或规定购买与使用当地产品的数量或价值的比重。此即当地成分要求；②是限制企业购买或使用进口产品的要求，并把这一数量与该企业出口当地产品的数量相联系。此即贸易平衡要求。

（2）与《关贸总协定》（1994）第11条第1款规定的普遍取消数量限制义务不符的与贸易有关的投资措施，包括那些国内法或行政命令项下的义务性或强制性或可予强制执行的措施，或为取得优惠所必需的措施，以及下列限制：

①是企业进口产品用于当地生产或当地生产相关的产品，一般以其出口当地产品的一定数量或价值进行限制； ②是通过把企业获得外汇与其外汇流入联系起来，以限制企业进口用于当地生产或当地生产相关的产品；③是规定特定产品、产品数量或价值，或是规定其在当地生产的数量或价值的比重，以限制企业出口或为出口销售产品。根据《关贸总协定》（1994）第3条第4款的规定，成员方领土的产品输入到另一成员方领土时，在关于产品的销售、推销、购买、运输、分配或使用的全部法令、条例和规章方面，所享受的待遇不低于相同的国内产品所享受的待遇。根据《关贸总协定》（1994）第11条第1款的规定，任何缔约国除征收税捐或其他费用以外，不得设立或维持配额、进口许可证或其他措施以限制或禁止其他缔约国领土产品的输入，或向其他成员方领土输出或销售出口产品。因此，根据这一规定，东道国对外国投资企业产品的输入应当用税捐等关税性措施来加以管理，而不应当实施配额、许可证等数量限制措施。

（三）缔约方的义务

1. 通知和过渡期安排

世界贸易组织成员国应在“建立世界贸易组织协议”生效后90天内向该组织的货物贸易理事会通告他们正在实施的与该协议不相符的所确与贸易有关的投资措施，不仅包括其基本特征，还包括其一般的和具体的实施情况。上述措施要限期取消，这个期限（即过渡期）是：发达国家成员2年，发展中国家成员5年，最不发达国家成员7年。货物贸易理事会应发展中国家成员的要求，可以延长其过渡期，但要求方必须证明在执行该协议时确实存在特殊困难。在“建立世界贸易组织协议”生效前180天内开始实施且与“协议”不符的投资措施不享受过渡期，应立即予以取消。在过渡期内，为了不对已建立的外商投资企业造成不利影响，成员国可以在两种情况下将那些已用于这些已建企业的具体的投资措施用于新建的外商投资企业。这两种情况是指：①新建企业生产的产品与已建企业生产的产品相同；②有必要避免在新建企业与已建企业间造成扭曲的竞争条件。在以上两种情况下采用的投资措施，应当向货物贸易理事会通报，并且要同对已建企业实施的投资措施一起取消。

2. 透明度

透明度原则是WTO所追求的三大终极目标（贸易自由化、透明度与稳定性）之一。具体是指WTO成员所实施的与国际贸易有关的法令、条例、司法决定、行政决定都必须进行公开，从而方便各成员方政府及贸易商了解和熟悉。关于透明度TRIMS协议规定，各成员方应做到：①与贸易有关的投资措施，各成员方应当重申其在《关贸总协定》（1994）第10条项下承诺的透明度和通知义务，并遵守1979年11月28日实施的《关于通知、协商、争议解决与监督的协议》，以及《通知程序部长决议》所包含的“通知”义务；②各成员方应向WTO秘书处通报其刊载与贸易有关的投资措施（包括由境内地区和地方政府机关所实施）的出版物；③ 各成员方应对提供信息的请求给予同情考虑，并向提出有关TRIMS协议任何事项的另一成员方提供足够的磋商机会；④在遵守透明度原则的同时，对那些会阻碍法律实施，或背离公共秩序或损害特定企业（包括公共企业和私人）合法商业利益的信息除外。

（四）违背协议中与贸易有关的投资措施的程序性规定

（1）在WTO规定生效之后90天内，各成员方应向货物贸易理事会通知其所有正在实施但与本协议规定不符的与贸易有关的投资措施。在通知此类普遍或特定适用的与贸易有关的投资措施的同时，应随同告知其主要特征。对于有自主权的机关实施的与贸易有关的投资措施，应通知各项措施的特定适用情况。但侵害特定企业合法商业利益的资料无须公审。

（2）发达国家成员方应在WTO协定生效后两年内取消按上述要求所通知的与贸易有关的投资措施，发展中国家成员方的期限为5年，最不发达国家成员方的期限为7年。

（3）经请求货物贸易理事会可延长某一证明其执行TRIMS协议条款存在实

施困难的发展中国家成员方，包括最不发达国家成员方的过渡期限。

（4）任何成员方在过渡期内取消与WTO协议不符的与贸易有关的投资措施，并不得实施新的与贸易有关的投资措施。

（五）TRIMS协议运行与执行的监督机制

1. 投资措施委员会

关于与贸易有关的投资措施委员会，WTO设立了“与贸易有关的投资措施委员会”，该委员会通过选举产生主席和副主席，每年至少召开一次会议，或根据任何成员方的请求召开会议。与贸易有关的投资措施委员会应履行货物贸易理事会分配的职责，并向成员方提供机会，以磋商与TRIMS协议的运行和执行相关的任何事宜。与贸易有关的投资措施委员会还履行监督TRIMS协议的运行和执行的职责，并且每年向货物贸易理事会汇报。

2. 审查

关于货物贸易理事会的审查在WTO协定生效的5年内执行，货物贸易理事会应审查TRIMS协议的运行和执行情况，并在适当的时候向部长会议提交文本的修改建议。在审查中，货物贸易理事会应考虑是否需要对有关政策和竞争政策作补充规定。

（六）争端解决

TRIMS协议项下的磋商和争端解决适用《关贸总协定》第22条“协商”的规定。笔者总结《关贸总协定》第22条内容为：协商并不是必须的。如果一缔约国对另一缔约国提出要求时，另一缔约国可酌情给予适当机会进行协商。经过协商，尚未圆满解决，提出请求的缔约国可继续与另一缔约国或另几个缔约国进行协商。

三、协议的争议及解析

（一）《TRIMS协议》适用范围

对于TRIMS协议，不同的国家对哪些措施可以为TRIMS协议的范围的见解并不相同。一些发达国家，以美国为代表认为：一项与贸易有关的投资措施就是限制或者扭曲贸易的投资措施。具体来说，是指任何限制或替代进口、限制或者代替要求出口，或者考虑到如果在未采用这些措施的情况下可能出现的直接或者间接损害某一缔约方就GATT或TRIMS应享有的利益等限制或扭曲贸易的投资措施。而一些发展中国家则认为是对贸易有直接且明显起反作用的投资措施。很明显，两种定义完全不同。正因为如此，各方争议太大，《TRIMS协议》不得不删除了协议草案中的定义，只能笼统地规定："本协议仅用于与货物贸易有关的投资措施。"

1. 与贸易有关

与贸易有关的投资措施，从内容和效果上看，这些措施可以深刻地影响到贸易发展的规模和流向等。根据上文提及《TRIMS协议》的规定，协议仅适用于与货物贸易有关的投资措施，即指与货物贸易有关，不包括服务贸易和技术贸易。投资措施从某些程度上一定会对贸易产生或多或少的影响，包括直接影响和间接影响。总结一些学者的观点，笔者认为，与贸易有关的投资措施中的"与贸易有关"应指对贸易有直接作用和影响的投资措施，即指这些措施直接关系或影响到货物的进出口。

2. 投资措施

《TRIMS协议》在理论上，可以分为狭义说和广义说。所谓狭义说是指资本输入国（东道国）及其政府，为贯彻本国的外资政策针对外国直接投资的项目或企业所采取的各种法律和行政措施。而广义的投资措施还包括资本输出国（投资者本国）为保护本国海外私人投资者的利益和安全所采取的各种法律和行政措施（主要为海外投资保险措施）。此外，有的观点还认为投资者自身采取不正当手段的某些措施，尤其是跨国公司的限制性商业行为，也应属于投资措施的广义范畴。但通常意义上的投资措施，仅指国家和政府的行为，不包括投资者自身所采取的各种措施。①

（二）《TRIMS协议》运行与执行的监督机制

协议第7条设立了"与贸易有关的投资措施委员会"，是负责磋商和监督与本协议的运行和执行相关的任何事宜，并每年向货物贸易理事会汇报这方面情况的专门机构。协议第9条赋予货物贸易理事会审查本协议的运行情况和向部长会

①瞿新忠：《〈TRIMS协议〉下我国外商投资立法的完善》，中国政治大学硕士学位论文，2005年。

议提交文本的修改议案的权力，并可考虑对有关投资政策和竞争政策作补充规定。以上监督机制虽然利于《TRIMS协议》的运行与执行，但仍然存在以下争议点和缺陷：

（1）《TRIMS协议》的自身预防和处理争议的能力是很弱的，因为它缺少持续报告和定期审议机制，无法预计到成员国会产生的一些争议，也使发展中国家执行情况不能得到及时的反映。而其他WTO协议的审议机制都比《TRIMS协议》要及时与频繁。TRIMS委员会的职能如此有限，主要是因为发展中国家的反对态度。缔结协议之时，发展中国家担心发达国家主张创设委员会的目的是将来在GATT的监督机制之外，建立为资本输出国服务的投资的全球规制机构。因而在发展中国家的反对之下，最后协议对委员会的职权规定得非常有限。

（2）审议机构也是不恰当的。与《TRIMS协议》关系最紧的TRIMS协议委员会只具有提供磋商场所的职能，没有审议的权利，而此权由货物贸易理事会享有。一旦发生争议，TRIMS协议委员会提供磋商场所的职能非常有限，很容易就会启动争端解决机制。但协议中没有明确规定专门的争端解决程序。[①]

（三）通知和透明度义务

透明度原则是关贸总协定所追求的三大终极目标（贸易自由化、透明度与稳定性）之一。具体是指世界贸易组织成员方所实施的与国际贸易有关的法令、条例、司法决定、行政决定，都必须予以公布，以便各成员方政府及贸易商了解和熟悉。《TRIMS协议》第5条第1款规定：“各成员方应向货物贸易理事会通知它正在适用的、不符合本协议规定的、所有与贸易有关的投资措施。此通告包括普遍适用或特别适用的与贸易有关措施，并说明其主要特征。”但是，对于哪些措施“不符合本协议规定”，由各成员方自己辨别。由于需要各成员自己来判断，而协议本身又有许多未定因素或含糊指出，因此必然会产生争议。

为增加透明度，使其他成员能够迅速并准确地了解各成员的有关措施，TRIMS协议第6条第3款规定，“每个成员应对另一成员提出的关于提供与本协议下产生的任何问题有关的资料的请求给予积极的考虑，并提供充分的磋商机会。”同时该款还规定了一个例外，即根据GATT1994第10条，不要求任何成员

①钱薇：《〈与贸易有关的投资措施协议〉的演进和展望》，武汉大学硕士学位论文，2004年。

披露会妨碍执法或违背公共利益或损害特定公私企业合法商业利益的信息。[①]

四、《TRIMS协议》的作用

（一）《TRIMS协议》的积极作用

世界范围内，投资性的法律的实质性成就很少，一些国家或者经济集团虽然制定了一些协定、行动守则，但其适用内容特定，适用范围狭窄，同时可能并不具有法律的强制性。《TRIMS协议》的制定，代表着管制投资立法方法的重大突破。在此之前，还没有一个统一的专门规范贸易与投资关系的国际性协议，《TRIMS协议》为海外投资者提供了一定规范和强有力的保证。它是第一部世界范围内有约束力的实体性投资协定，为投资领域的国际立法注入了新鲜血液。《TRIMS协议》加强了贸易与投资自由化的进程。在消除影响跨国投资及与贸易有关的投资障碍方面迈出了一大步，从而有效地促使国际投资与贸易自由化范围的不断扩大，程度不断加深，最终促进国际贸易和国际投资的自由化和国际化。

《TRIMS协议》也使各国外资法发生重大变化。虽然协议中明确禁止的投资措施只有五种，即：当地成分要求、贸易平衡要求、进口替代要求、进口用汇限制和国内销售。但这五种措施却涉及各国，尤其是发展中国家使用最多的投资措施。因此，全面禁止这五种与贸易有关的投资措施将会对各缔约国的外资法产生较大影响。同时，《TRIMS协议》规定，只要各成员方认为某缔约国使用某些其他种类的投资措施对贸易产生了限制或扭曲作用，也可对其提出控诉。尽管这主要是通过个案处理，但也会对各国的外资法造成一定的影响。另外，协议中提及的透明度原则，必将促进各缔约国外资法的完善[②]。

（二）《TRIMS协议》消极作用

《TRIMS协议》在一定程度上加剧了投资领域国际立法的不平衡性。它只对东道国的投资措施进行了约束和规范，对其他与贸易有关的投资措施，如资本输

①瞿新忠：《〈TRIMS协议〉下我国外商投资立法的完善》，中国政治大学硕士学位论文，2005年。

②邱潇可：《〈TRIMS协议〉评析》，《山东省农业管理干部学院学报》，2003年第4期，第11–12页。

出国的限制措施和限制性商业惯例未一并纳入多边约束的渠道。因投资东道国所采用的一些投资措施在很大程度上是为了抵消投资者所采用的限制性商业惯例对贸易的扭曲作用，所以对发展中国家具有较大负面影响。

协议中部分条文简单，文本含义模糊不定，表现出很强的不确定性，使投资者面对具体情况，解决实际问题时，产生了不小的阻碍。由于《TRIMS协议》是乌拉圭回合多边贸易谈判分歧最大、争论最激烈的议题之一，所以作为各缔约方讨价还价、折中妥协的产物。一方面经过各方妥协确定下来的协议条文的内容和体系都未完全定型。协议有限的范围使得各成员方决定将来是否对协议进行补充，增加投资和竞争政策的条款，协议内容有着很大的不确定性。另一方面，为了回避一些矛盾尖锐、难以协调的敏感问题，协议的一些重要条款含义模糊、抽象，缺乏必要的确定性和可操作性。

第八章

文莱外商直接投资争端解决机制

无论是全球性经济组织，还是区域性经济组织，它们都建立了自己的争端解决机制。不同的经济组织由于各自特点不同，经济实力各异，因此也有着不同的争端解决机制。国际上对于争端的解决主要有两种解决方法：一种是政治解决方法；一种是法律解决方法。

文莱达鲁萨兰国国内并存两套法律体系，文莱国内并存世俗法律和伊斯兰法律，两套法律体系都非常重要。该两套法律体系相互独立、平行适用。伊斯兰法律仅对穆斯林人适用，并不适用于非穆斯林人。在文莱，伊斯兰法律管辖范围非常有限，主要是穆斯林人的婚姻、穆斯林死者财产的继承和穆斯林人收养案件，在下文中我们将会具体介绍。

第一节　文莱外商直接投资争端解决概述

一、外商直接投资的概念和类型

（一）外商直接投资概念

所谓外商直接投资，根据经济学的一般定义，是指经济主体为获取预期收益，投入一定量货币或其他资源，进而形成资产（资金），来从事某项产业的经济活动，据此，投资是一种把资金直接或间接运用于生产经营活动，使现有资产增值的一项重要的经济活动。外商直接投资，是指一国的行为主体，包括官方机构、跨国公司、金融机构及居民个人等为实现特定的目的和获得预期的效益，将其拥有的货币资本或产业资本，通过跨国界流动和营运，实现价值增值，以求得较国内更高经济效益的经济行为。外商直接投资的内涵应包括如下方面：

1. 外商直接投资活动主体的多元化

投资主体是指具有相对独立投资权力的政府机构、经济实体和个人。在外商直接投资活动中包括官方机构、非官方机构、跨国公司、跨国金融机构及居民个人投资者等多种类型。

2. 外商直接投资资本形式的多样性

它既包括以货币形式存在的国际货币资本，也包括以债权、股票等金融资产形式存在的国际金融资产资本；它既包括以机器设备、商品等实物资本形式表现的国际实物资本，也包括以商标、专利等无形资产形式表现的国际无形资产资本。

3. 外商直接投资活动的趋利性

外商直接投资活动是为获取预期未来收益而将资本投放到国外实现价值增值的活动。

4. 外商直接投资活动的跨国性

外商直接投资活动是一国的行为主体将其拥有的货币资本或产业资本，通过跨国界流动和营运实现的价值增值。

5. 外商直接投资活动是对货币或产业资本的跨国经营活动

外商直接投资活动是指跨国间的生产要素的流动，是各种资本运营的结合，是在经营中实现资本的增值，所以它既区别于国际贸易也区别于单纯的国际信贷活动。国际贸易主要是通过跨国间的产品流动，实现商品的价值；国际信贷主要是通过跨国间的货币流动，即货币的贷出与回收。虽然其目的也是为了实现资本的价值增值，但在资本的具体营运过程中，资本的所有人对资本并无控制权。

（二）外商直接投资活动类型

按照不同的分类标准，外商直接投资可以有多种不同的分类，这些分类的角度不同，强调的重点也不同，实际上各种分类是彼此联系，相互交叉的。

1. 以时间长短为依据，外商直接投资可分为长期投资和短期投资

2. 以资本来源及用途为依据，外商直接投资可分为官方投资和私人投资

官方投资是指政府之间或国际组织与国家之间的资金融通，如外国政府、国际金融机构的投资、贷款、援助等。私人投资是指一国的自然人、法人及其他民间组织、企业团体的海外投资。

3. 以投资经营权有无为依据，外商直接投资可分为国际直接投资和国际间接投资

外商直接投资是指资本输出国的投资者依照文莱达鲁萨兰国的有关法规在文莱达鲁萨兰国单独出资或与其他投资者共同出资形成经营性资产，并按照文莱达鲁萨兰国的有关法规或与其他投资者所签订的有关投资协议获取该经营性资产的经营收益或承担其经营亏损的行为或过程。国际间接投资主要是指个人或机构购买外国发行的股票、公司债券或政府债券，只谋求取得股息、利息或买卖该证券

的差价收益，或提供国际中长期信贷、经济开发援助等形式进行的资本外投，而不取得对筹资者经营活动的控制权的一种投资活动。

本文中所要论述的外商直接投资主要是指国际私人直接投资，是指一国的私人投资者以营利为目的，将有形资产或无形资产投资于外国的企业，并对投资企业享有直接控制权的经营活动。国际私人直接投资最典型的特点是私人投资者对资本的使用有控制权，在经营管理中享有决策权。

二、外商直接投资争端的类型

外商直接投资争端，简言之，是指在国际私人直接投资活动过程中所产生的，与投资活动密切相关的各种争端的总称。具体而言，它是指在私人海外直接投资活动中，各类主体就与之相关的各种事项产生分歧而引起的各类争端，它包括不同国家的投资者之间因直接投资活动而产生的争端，不同国家之间因私人海外投资活动而产生的争端，外商直接投资者与文莱达鲁萨兰国政府间因直接投资活动而产生的争端。

（一）外国投资者与文莱达鲁萨兰国政府之间的争端

1. 因文莱达鲁萨兰国政府的行政管理行为而引起的争端

文莱达鲁萨兰国政府依其经济主权而享有管理外商直接投资、管理和监督外商直接投资者的权利，文莱达鲁萨兰国政府在行使这些权利时可能会与外商直接投资者发生争端，这种争端可能是由于行政机关行使职权而引起的，也可能是国家公务员在执行公务时引起的。

2. 因文莱达鲁萨兰国政府的立法行为而引起的争端

外商直接投资者还可能认为文莱达鲁萨兰国政府的立法侵害其利益而引起争端，特别是文莱达鲁萨兰国政府在外汇管制及税收方面的法律变化最可能引起争端，当然也可能因外商直接投资者违反文莱达鲁萨兰国法律而发生争端。

3. 因特殊原因而引起的争端

文莱达鲁萨兰国政府依其经济主权对于外商直接投资同样享有国有化或征收的权利。因文莱达鲁萨兰国政府采取上述措施或因文莱达鲁萨兰国内乱都可能会给外商直接投资者造成损失，因而可能会涉及对国有化措施的合法性或因损失的补偿问题而发生争端。

4. 因特许协议而引起的争端

对于文莱达鲁萨兰国政府与外商直接投资者签订的特许协议，如果是由于对协议的解释或执行产生争端，因其不会引起关于文莱达鲁萨兰国政府与外商直接投资者间基本关系或有关各方面全部安排和完整性的根本问题而较易解决，主要是根据契约的规定进行评判。但是如果是因文莱达鲁萨兰国政府违反特许协议而产生争端，则问题就变得非常复杂了。

（二）外商直接投资企业与文莱达鲁萨兰国国内其他企业之间的争端

这种争端在性质上属于文莱达鲁萨兰国企业之间的争端，一般适用文莱达鲁萨兰国国内法调整，因而较容易解决。

（三）外商直接投资者和文莱达鲁萨兰国投资者之间的争端

这种争端主要体现为合资或合作企业中双方的利益分配及权利之争，应依其投资契约解决。

三、外商直接投资争端的特点

在上述各种类型的投资争端中，唯有文莱达鲁萨兰国政府与外商直接投资者之间的投资争端最为复杂，也最难以解决，其主要特点表现在：

（一）主体的特殊性

争端一方主体为文莱达鲁萨兰国政府，而且是基于文莱达鲁萨兰国政府的“公行为”而引发的争端，因而在争端的解决过程中就必须会涉及主权豁免等问题。而且争端双方在主体资格上明显处于不平等地位，文莱达鲁萨兰国政府是以管理者的身份出现的。

（二）处理的两难性

文莱达鲁萨兰国政府在遇到此种争端时，不仅要考虑对自身利益的维护，也要考虑保持国内良好的投资环境，维护外商直接投资者的合法利益，增强外商直接投资者的信心。

（三）后果的特殊性

文莱达鲁萨兰国政府与外商直接投资者之间的投资争端往往会演变成为文莱达鲁萨兰国政府与投资母国的争端，特别是在投资母国行使外交保护权的情况下，就会使得投资争端政治化、复杂化。这种争端的处理不仅涉及国内法问题，而且涉及国际法问题。

四、外商直接投资争端的解决方式

（一）投资争端的政治解决

1. 协商与调解

这是通过政治途径解决投资争端的最常见的两种方法。

（1）协商。争端发生后，由争端双方当事人直接接触，进行磋商，在分清是非、消除误会、明确责任的基础上，以自愿、平等互利、协商一致为原则，达成解决争端的办法。它的突出特点是方便灵活、不影响双方的合作关系。

（2）调解。以第三者为调解人，直接参与双方当事人之间的争端，调整当事人的意见，分清是非，消除误会，提出解决条件，使争端在互谅互让的基础上，达成协议。国际上调解方法有两种：一种是指由解决投资争端国际中心、国际商会等常设机构进行的调解；一种是由临时机构进行的调解。

2. 外交保护

当本国国民在文莱遭到损害，未能通过当地救济解决时，通过投资者本国政府使用外交保护权或同文莱达鲁萨兰国政府进行外交谈判，或提起国际诉讼，以求解决投资争端。运用外交保护权作为解决投资争端的办法，只能在一定条件下才能发挥作用。这些限制条件如：国籍继续的原则、用尽当地救济原则和卡尔沃主义及卡尔沃条款，即坚持投资争端属地管辖权的限制等。一个国家在私人外商直接投资关系以及其他国际私人经济交往上是否行使外交保护权，还需考虑两国关系以及对外交政策的影响等。

（二）投资争端的司法解决

1. 国内司法救济

外商直接投资争端的司法解决，首先是国内司法解决。国内司法救济原则是国际公认的原则。外商直接投资者向文莱达鲁萨兰国法院起诉请求救济，这是行使外交保护权的前提条件。文莱达鲁萨兰国的司法机构或行政机构依照文莱达鲁萨兰国的程序法和实体法解决投资争端。这是当国际私人投资争端发生，通过协商和调解不能取得一致协议时，首先选择的方法。

2. 国际法院救济

投资争端发生后，外国私人以文莱达鲁萨兰国为被告，向国际法院提起诉讼，以求解决争端的方法。必须是在用尽当地救济未获得解决时，才可以采用的方法。国际法院诉讼一般有两种形式：追索诉讼和反托拉斯诉讼。

（三）投资争端的仲裁解决

由于政治解决和司法诉讼有很多弊端，特别是可能导致对国家主权和法律管辖权的挑战，因此，在外商直接投资领域最常用而有效，并易为争端双方所接受的解决外商直接投资中争端的手段就是利用仲裁程序。

1. 仲裁的含义

仲裁是指双方当事人自愿协议将争端提交他们所同意的无利害关系的第三者（仲裁者）居中审理，并作出对双方有约束力的裁决。通过仲裁解决外商直接投资争端是国际上最为普遍的方式。在解决外商直接投资争端中，第三者一般是由各方当事人以外的第三国有关机构或国际机构担任。仲裁始终贯穿当事人自治的原则，具有契约和司法两个特性。因为仲裁方式可以避免因诉讼管理权的分歧与法律背景不同等方面的困难，同时仲裁程序时间短，仲裁裁决具有终局性，利于投资争端的快速解决，执行也较为容易。

仲裁协议是仲裁庭受理投资争端案件的唯一法律依据。仲裁程序由双方当事人控制，具有较大的灵活性和自治性，不受政治因素影响，由中立的第三者主持，按照法律裁判投资争端的是与非。这样既能使争端通过一定程序公正解决，又能改善投资环境，有利于维持文莱达鲁萨兰国与投资者及其本国政府的友好关系。

2. 仲裁方式与调解方式和司法方式的不同

与调解方式比较，仲裁方式的主要特点是：仲裁员以裁判者身份对争端作出裁决。这种裁决一般为终局性的，对双方当事人均具有约束力。如果一方当事人不自动执行裁决，另一方当事人有权申请法院予以强制执行，而调解无此约束力。

3. 仲裁的形式和仲裁机构

仲裁有国家仲裁和国际仲裁，有临时仲裁和常设仲裁。临时仲裁指由双方当事人基于协议直接指定仲裁人，按一定程序组成仲裁庭进行仲裁和裁决，争端处理完毕，即自动解散。常设仲裁是指由常设的仲裁机构进行仲裁或裁决，有固定的组织和仲裁规则。这种仲裁机构依据国际条约或国内法律而设，能为争端当事人提供进行仲裁的必要条件，提供较多方便，包括仲裁场所和各类服务，而且较有经验，具有稳定性。不仅能够促成作出裁决，而且能够作出有关裁决是否有约束力的技术鉴定。正是因为常设仲裁机构有利于争端的解决，因此，一般倾向于利用常设仲裁机构处理争端。

第二节　诉讼解决途径

从传统而言，文莱国内涉及商业、贸易活动和个人之间纠纷的多数成文法总体上被称为普通法体系。它们基于英国法律和多数英联邦国家使用的普通法。依据这些民商法律审理案件的法院通常被称为“世俗法院”。世俗法院包括最高法院（由高等法院和上诉法院组成）和下级法院（由地方法院组成），皆对所有的民事和刑事案件享有管辖权。法院运用的程序规则以英国最高法院1999年以前的惯例为基础。

文莱立法中最为重要的一部分是法律适用法案，该法案规定英国普通法和公平断定原则以及英国1951年4月25日前适用或生效的成文法在文莱同样生效。该法案的附则规定，以上提及的普通法、公平断定原则以及广泛适用的成文法仅在文莱国情允许的前提下适用，它们受文莱本地环境和民俗的约束。

一、文莱的民商事司法制度

（一）文莱民商事诉讼的法律渊源

文莱曾是英属殖民地，其司法制度有普通法系（英美法系）的传统，独立后，其司法制度传承了原有的传统，与英联邦仍有千丝万缕的联系。在民商事诉讼制度上也与英联邦各国有很大的相似之处，其诉讼程序法渊源分为成文法渊源、司法渊源、判例法渊源。

1. 成文法渊源

民商事诉讼法的首要渊源是1963年生效的《最高法院法》和1983年生效的《初等法院法》。但是，法院适用的程序具体机制，大多由法院制定的规则所规定。

2. 司法渊源

文莱与普通法系的其他国家一样，《诉讼规则》往往是规定适用各种程序的一般规则，而制定细则的权利则由具体法院加以规定。法官在审理案件时拥有较大的自由裁量权，在法无明文规定的情况下，法官可以根据自我判断行事。

3. 英联邦的判例法

文莱作为英联邦的成员，其法院的活动在某些情况下遵循英联邦的司法判例。

（二）文莱的民事案件审理法院及其管辖权

在民商事诉讼在初等法院和高等法院进行，初等法院即治安法官法院。最高法院又分为高等法院和上诉法院，治安法官法院的民事管辖权有限，高等法院有较完整的民事初审审判管辖权，上诉法院管辖上诉案件，女王枢密院司法委员会管辖某些对上诉法院裁判的上诉案。

1. 治安法官法院及其管辖权

文莱的治安法官法院由一名或者多名治安法官组成，根据成文法或者普通法及其职责履行职务，属于初等法院，既可以依照简易程序审理也可以按正式起诉程序审理。文莱的《初等法院法》规定了治安法官法院的民事管辖权。

《初等法院法》规定下列案件治安法官法院排除管辖权：

（1）有关由苏丹陛下、议会、政府部门首脑和其他治安法官法院的命令而提起的诉讼；

（2）对依照《土地法》等级所有权有实体争端的不动产追索；

（3）不动产的分割；

（4）合同的特殊履行或者解除；

（5）票据的撤销与更正等。

2. 高等法院、上诉法院及其管辖权

文莱的最高法院是存卷法庭。存卷法庭是指能对藐视该法庭的行为处以罚金或监禁的法庭。

（1）高等法院

行使刑事案件、民事案件的初审和上诉审的管辖权。文莱《最高法院法》使用了概括式的表述规定了高等法院的民事审判权。

（2）上诉法院

上诉法院行使民事、刑事案件的上诉审的管辖权。《最高法院法》列举式规定了下列案件不属于上诉法院管辖：第一，不服判决或者裁定超过上诉时限的；第二，法律规定是终局判决或者裁定的；第三，当事人双方协议裁定的；第四，仅仅与诉讼费用有关的；第五，案件标的额没有超过1万元，没有上诉法院或者高等法院的允许；第六，没有高等法院或者上诉法院允许的中期判决。

3. 枢密院司法委员会及其管辖权

英国女王枢密院司法委员会是根据英国1883年《司法委员会法》成立的司法裁判机构，其成员包括枢密院院长和各前任院长、御前大臣、上议院常任上诉法官。文莱国内的主要私人法律职业者都在英国接受教育并获得相应的法律职业资格。目前由3名香港上诉法院的原法官主持上诉法院的工作，而高等法院的法官既有本地的，也有香港高等法院的原法官。文莱地方法院的法官多数在英国接受教育并获得法律职业资格。对于世俗事务，争端当事人可以在案件审判开始前或上诉法院审理前共同选定英国枢密院的司法委员会作为文莱的终审法院。

（三）不公开审判制度

在文莱，法院的审判活动以公开为原则，不公开为例外。在一般情况下，法院应采取措施保证案件公开审理。不过在某些情况下，法官可以在法官室进行不公开审理活动，如果认为有益于司法安全、司法公正、社会繁荣等其他充分的理由，法院有权不公开审理任何诉讼或者其中的某些部分。

二、文莱治安法官法院的民商事诉讼程序

（一）审理和裁判程序

文莱治安法官法院民事管辖权有限，对在其管辖权范围内的民事案件依据《治安法官法院（民商事诉讼）规则》采取简易方式进行审理和裁判。

1. 管辖

文莱高等法院和治安法官法院对民商事诉讼初审管辖权的划分主要依据是诉

讼请求的金额。在确定管辖权时可以依据以下规则：

（1）诉讼理由分离和合并的规则

原告不能为了规避管辖而分离诉讼理由，而在同一法院进行两个或者更多的诉讼。法官可以依申请或者依照职权将在同一法院进行的没有判决的诉讼进行合并，但是如果诉讼合并的总额超过了治安法官法院的权限，则不能够合并；如果基于不同诉讼理由，有数个原告对被告在同一法院进行数个诉讼，被告可以申请法院中止其他诉讼而只进行某个自己选定的诉讼。

（2）放弃部分诉讼请求的规则

如果原告有超出治安法官可以管辖的诉讼请求，原告可以放弃超出部分。由此，法院获得了对该诉讼的审判管辖权。在这种情况下，对于放弃的诉讼理由不得再提起，如果提起了需要法官全部驳回，并且作出判决记录。

（3）特殊原告的管辖

（4）对连带责任人的管辖

如果原告对两个或者两个以上诉讼连带责任人有诉讼请求，尽管其他连带责任人没有被送达诉讼文书、未被起诉或者不再管辖之内，只要诉讼文书送达其中之一即可。

2. 诉讼的提起

（1）地域管辖

原告可以向被告或者被告之一的处所地、业务进行地、全部或者部分诉讼理由发生地，作为民商事诉讼标的物的土地、人或者物的所在地法院提起诉讼。如果在文莱境内的其他法庭审理对于诉讼当事人或者证人有通常的便利，则治安法官可以责令诉讼在其法院进行。

（2）起诉的受理

原告提起民商事诉讼应提交起诉状。在起诉状中载明当事人、诉讼标的物的名称和所知的住址（住所地）以及诉讼理由。在缴纳规定的诉讼费用后，书记员将起诉书面登记于民商事诉讼登记册中。如果起诉状中未表明诉讼理由或者起诉状所载事项不在法院的管辖范围内，法院可以拒绝登记，书记员应该在民商事诉讼登记册中记录，并通知申请人。

（3）对被告发出传票

登记起诉状后，法院可以向被告发出传票，要求其在特定时间出庭，并且给予不少于7天的起诉状答辩时间。在传票发出后，法院可以要求被告在法院认为合适的时间内提交对起诉状的书面答辩。

3. 诉讼文书的送达

在文莱，诉讼文书应该在上午6：00以后到晚上10：00以前进行，除非法院通过背书送达的文件而指定其他方式。诉讼文书的送达有以下几种方式：

（1）普通送达

由传票送达员或法院指定的其他人通过以下方式传票送达有效：如果对个人，则送达本人；如果对机构或者公司，则可以送达合伙人之一、主管、秘书。本区代理人，或者将文书留置于其文莱的主要营业地。

（2）替代送达

如果诉讼文书的普通送达不能便利实现，则法院可以指令以下方式送达：

第一，在可以合理的证实受送达人能够通过代理人或者其他方式知悉的情况下，文件向受送达人或者其他人送达。

第二，在文莱发行的报纸上公告送达。

第三，在法庭、社区的公共场所、受送达人的通常或最后住所地或者业务进行地通告。

第四，在送达人的通常或者最后的住所地、业务进行地张贴。

第五，法院指令的其他方式。

4. 当事人的合并

（1）原告的合并

如果数个当事人分别对同一被告提起相同或者类似的诉讼，只要存在相同的法律或者事实问题，则当事人可以作为原告合并。如果原告合并会使诉讼阻碍或者延迟，则法院可以指定分别审理或者作出有利于诉讼的命令。

（2）被告的合并

如果原告对数个没有免除权的当事人提出相同或者类似的诉讼，只要存在相同的法律或者事实，被告就可以合并。

（3）代表人诉讼

如果众多人在一个诉讼中有共同的利益，则在法院的同意下，一个或者一个以上可代表所有利益相关者的代表人，可以为了所有利益相关人的利益进行诉讼、应诉、答辩。

（4）当事人的更换或者追加

如果法院认为原告不适格，或者不能确定原告是否适格时，可以责令更换或者追加法院认为合适的原告。法院也可以以任何一方的申请或者依职权，责令不适格的当事人退出诉讼，并追加应当参加诉讼的人。

5. 庭审程序

在一般情况下，民商事诉讼应当公开审理，但是，基于书面记录的特殊原因，法院可在仅有当事人、为当事人利益有资格出庭诉讼代表人和法院官员出庭的情况下审理特殊事项。

（1）双方当事人都出庭的程序。如果在开庭时，双方当事人都出庭，则可以采取以下庭审程序：

第一，法院向被告宣读起诉书，并要求被告作出答辩。法院应当将答辩记录在案，并在没有更多的辩护和争端时，通过简易程序进行审理和判决。

第二，负有证明义务的当事人在案件开始时向法院陈述。当开始一方的当事人结束他的陈述时，另一方当事人可以宣布他是否进行举证。如果他宣布不进行举证，开始的当事人为总结陈述的目的，向法院做第二次陈述，另一方当事人有权进行答辩。

第三，当开始的当事人结束陈述时，如果另一方当事人决定传唤证人，他也有权开始陈述、传唤证人，评论自己的证明和整个案件。

第四，在当事人陈述完毕后，原告方的证人进行陈述，原告可讯问证人或者提出为支持起诉的其他证据。在审理中询问证人时，法院应当责令其他证人退出法庭，法院可以裁定允许专业和技术证人留在法庭内。

第五，被告方的证人进行陈述时，被告也可以提出支持其辩护的其他证据。在法院允许的情况下，被告可以对原告方的证人进行质证。如果一方当事人反对开始举证的另一方当事人，则开始举证的当事人有权对整个案件进行答辩。

第六，如果存在较大争端，法院可以责令当事人更充分地陈述各自的事实，在此基础上找出所争论的问题。

（2）原告缺席程序

如果在开庭时原告未出庭，则采取下列程序：

第一，在审理时，原告未出庭，并且不能充分解释缺席原因，法院应该驳回原告的诉讼请求。

第二，如果原告未出庭，并且不能提出对诉讼请求的充分证明时，法院可以驳回诉讼请求或者作出被告胜诉的判决，而无需要求被告进行答辩。

第三，如果原告未出庭而被告出庭，则法院可以判决被告承担诉讼费用。

第四，在法院的同意下，被驳回的案件如符合合适的条件，可以重新起诉。

（3）被告缺席的程序

如果在开庭审理时被告未出庭，则采取下列程序：

第一，在审理时，原告出庭而被告未出庭并不能充分解释缺席理由或者法院要求其答辩而不答辩理由时，已经证明相关通知已经送达被告，且给予了充分时间以便被告出庭，法院可以继续审理，所作出的判决与双方当事人都出庭同样有效。

第二，如果法院不能确信被告有准备的合理时间，则法院可以将案件审理延期到合适的时间进行，并通知被告。

第三，如果被告对其缺席而作出的判决提出反诉，法院应该驳回反诉，除非法院认为有合理的理由可作出其他裁决。

（4）法院作出证据记录和民商事诉讼程序记录

在审理民事案件时，法院应当对以下事项作出书面记录：第一，在审理中出现的法律问题。第二，作出的法律辩护意见。第三，在庭前作出的口头证词。第四，基于对程序的判断而推迟判决。

（5）判决

在审理终结后，法院可以当庭或者择期对案件作出判决，并且在被告或者原告按要求缴纳了规定的诉讼费用的条件下，法院应将经过验证的判决书副本送达原告或者被告。

在民商事案件中，法院可以主动或者依照被告的申请，要求原告通过现金存放或者其他方式提供法院满意的诉讼费用担保，法院可以同样要求被告担保。

（二）上诉程序

如果败诉一方不服治安法官法院的裁判，可依照《治安法官法院》和《治安法官法院（民事上诉）规则》向高等法院提出上诉。

1. 上诉的提起

（1）上诉案件的管辖

高等法院管辖以下对治安法官法院裁判的上诉：

第一，不动产追索案件的最终判决、诉讼请求额和标的物价值超过了500元案件的最终判决。

第二，任何诉讼程序的中期命令或者裁定；对纠纷诉讼请求额和标的物价值超过500元案件的最终判决；仅就有关诉讼费用的裁定；经双方当事人同意而制作的裁定。对这几种裁判的上诉需要经过法官许可。

第三，高等法院不得受理上诉人满足了法院规则和其他成文法所规定的所有上诉条件之外的上诉。

如果上诉期限在采取或者完成诉讼行为之前已经届满，被上诉人在通知上诉人的情况下可申请高等法院驳回该上诉。

（2）上诉状的提出以及上诉状的内容

当事人提出上诉，应在原裁判作出一个月内向原审法院提交上诉状，并在此期间向受上诉影响的其他当事人送达。上诉状应该包括以下内容：

第一，诉讼案件编号、当事人姓名、原裁判的日期和上诉理由。第二，附有经过验证的原审判决书副本。第三，当上诉人仅对部分裁判提出上诉时，上诉状应当指明所针对的裁判部分，否则将视为对整个裁判的上诉。第四，上诉状应当写明给上诉人送达通知的地址，通知将通过邮件形式送达。第五，上诉状按规则确定的格式书写。

（3）诉讼文书的副本递送

上诉人应该在原审裁判作出3个月内向原审法院书记官提供每位被上诉人和上诉法院打印的诉讼文书副本。对此副本要求在原审裁判作出3个星期内提出。

2. **上诉案件的审理**

上诉案件应在登记官向当事人通告的时间和地点进行审理。上诉人有权出席上诉案件的审理，可以亲自出庭也可以由律师和法律顾问出庭。

（1）上诉人未出庭的审理

如果在开庭审理时上诉人未出庭，案件应该被驳回并且维持原判，并裁定上诉人支付诉讼费用。如果被上诉人也没出席，则由高等法院裁决诉讼费用的承担。

（2）上诉人出庭的审理

如果在开庭审理时上诉人出庭，则无论被上诉人是否出庭，高等法院应当进行审理，并且作出实体判决，而不考虑形式的缺陷。

（3）对附加证据的处理

高等法院可以裁定在确定的开庭日期之前进行举证，也可以将案件发回治安法官法院以获取证据，并由治安法官法院通报调查情况。涉及此类证据案件应当按照一审程序处理。

3. 高等法院裁判的确认和强制执行

当高等法院裁决上诉案件后，应向下级法院确认其判决或裁定。下级法院由此作出可使高等法院判决或者裁定生效的必要命令，如果必要，法庭记录应当作出与之相适应的修改。

在高等法院判决后，下级法院的治安法官拥有相同的管辖权和强制执行高等法院判决的权利，如同判决是自己所宣告的一样。

4. 原审裁判执行的中止

原审裁判作出后，当事人可以申请原审判决的执行。

（1）中止的条件

在当事人申请中止原审裁判的执行时，下级或者高级法院可以要求当事人符合以下一个或多个条件：

第一，上诉人应存放高等法院所规定数额的金钱，该数额不超过受到原审判决影响的金钱或财产价值；或者提供高等法院认可的关于上诉金额的担保。

第二，当原审法院判决与土地或者房屋的所有权有关时，上诉人应当提供高等法院认可的担保。

第三，上诉人没有进行上述存放或者担保，包括为没收和扣押的费用，其财产应被扣押并且没收。

（2）中止申请的提出

中止执行的申请可在提交上诉状的任何时间向原审的下级法院提出，如果原判决是高等法院作出的，就必须向高等法院提出申请。

（3）对中止申请的准予

法院对当事人提出的中止执行申请，可裁定中止执行，并应限定履行所要求条件的期限（不超过30日）。

5. 上诉的费用

高等法院可以对上诉费用作出裁定，如果上诉人放弃或者撤销裁定，而上诉状已经递送被上诉人，则高等法院裁定被上诉人应当获得的费用，尽管上诉未进行。

（三）执行程序

1. 法院的审查程序

（1）胜诉债权人向法院申请执行

希望执行判决的胜诉债权人可以通过口头或书面向作出判决的法院申请传

票，要求败诉债务人在规定的地点、日期和时刻出庭。

（2）法院要求败诉债务人履行债务

法院在受理胜诉债权人的申请并且收取相关费用后，即可发出传票。

（3）逮捕败诉债务人

如果败诉债务人不服从要求履行债务的传票而出庭，则胜诉债权人可以口头或者书面申请法院逮捕债务人的令状。

（4）讯问败诉债务人

2. 执行官的执行程序

当法院决定扣押和出败诉债务人的动产时，则胜诉债权人可以口头或书面申请发出第二张传票。

（1）扣押的方式

扣押应当通过占有财产来进行，如果执行扣押，应当移动此财产并转移到可以妥善保管财产的法院进行。

（2）执行扣押的限制

执行官在执行扣押时，受到以下限制：第一，扣押必须在6：00到22：00之间进行。第二，扣押所采取的措施必须是合理的，并且在必要限度内。第三，执行官应亲自携带表明其执行身份的有效证件。

（3）对扣押财产的异议

在执行中，如果第三方对依据扣押出卖令所扣押的财产提出权利要求时，则法院调查该权利要求和异议，并在听取利害关系人陈述后作出裁定。

三、文莱高等法院的民商事诉讼程序

（一）高等法院民商事诉讼程序的启动

在文莱，当事人可以根据不同的情况依法向高等法院申请传唤令、初始传票和提出初始申请而启动民商事诉讼程序。其他根据成文法向高等法院或高等法院法官提出申请的诉讼程序，必须依据初始传票启动，除非成文法或规则明文规定该申请可以依据其他方法提出。在待决的诉讼程序中提出的申请，不需要依据初始传票。

1. 申请传唤令或初始传票启动的诉讼程序的情形

如果规则或其他成文法规定诉讼可以由传唤令或初始传票而开展，或者规定可依据原诉动议或请愿书开展，则原告可以选择自己认为适宜的方式，即既可以依传唤令启动程序，也可以初始传票启动诉讼。

2. 依据初始申请启动的诉讼程序情形

诉讼程序可依据初始申请而启动，但这种启动必须是根据规则或成文法的明确规定或授权。

除了另有规定外，任何人（不论是否作为受托人或遗产代理人而起诉，也不论是否以任何其他代表的身份而起诉）均可由律师代表或亲自在高等法院启动并进行诉讼程序。除由成文法规定或授权，或者法院所准许的诉讼程序外，法人团体不得在法院启动或进行该诉讼程序，除非是由律师代理。

（二）民商事诉讼程序启动文书的送达及被告的同意应诉

法院受理原告的启动民商事诉讼的申请后，根据相应的情形发出相应的司法文书，并向被告送达。

1. 文书送达的一般规定

（1）必须向被告本人送达

根据成文法和诉讼规则，令状必须送达被告本人。如果被告的律师在令状上注明由其代表被告接受令状的送达，则令状视为已经适时送达被告，并已在所注明的日期送达。如果文书没有适时送达被告，但被告无条件同意应诉，则该文书视为适时送达被告，并已在被告同意应诉的日期送达。

如果文书已适时送达被告，除非送达人在送达之后注明了送达的日期、地点、收送达人（如受送达人非被告本人，则应注明受送达人的身份），否则法院无权在缺少被告同意应诉或答辩的情况下作出最终判决或中间判决程序，除非法院作出相反规定。

（2）向海外当事人的代理人送达

法院在受理单方面申请后，如果确信符合以下条件，则可批准将开始诉讼的令状送达该当事人的代理人。

第一，诉讼所针对的协议是在法院的司法管辖权范围内缔结的，或者通过一名代理人缔结的，而该代理人是在司法管辖权范围内居住或经营业务的个人，或是在司法管辖权范围内设有注册办事处或营业地点的法人团体。

第二，在该协议缔结时及在诉讼申请提出时，由代理人代为行事的当事人不是在司法管辖权范围内居住或经营业务的个人，或者不是在司法管辖权范围内设有注册办事处或营业地点的团体法人。

（3）在诉讼申请提出时该代理人的授权并未终止或仍与当事人有业务关系

如果开始诉讼的令状送达被告的代理人的，应确定被告必须同意应诉的时限，同时，该令状的副本必须以邮递方式送往被告在司法管辖权范围外的地址。

2. 对不动产所有权特定诉讼的令状送达

如果令状标明了收回不动产的请求，并且法院在接受单方面申请后，确信无人占有该不动产或不能以其他方式完成对被告送达，则可批准在该不动产的显著位置张贴令状副本，以完成对该被告的送达，对此视为对被告作出的妥善送达。

3. 被告的同意应诉

当启动诉讼的令状送达被告后，被告（不论是否作为受托人或遗产代理人而被起诉，也不论是否以其他代表的身份被起诉）可应令状的要求同意应诉，并可由律师代表或亲自就该诉讼进行答辩。如果被告为法人团体，则必须经过律师才能应诉作答辩。同意应诉的方式是填写同意应诉书及其副本，并在登记处交回或以邮递的方式送交登记处。如果是在高等法院司法管辖权范围内送达的令状，则在令状送达后8天（包括送达当日）内，被告应作出是否同意应诉的表示；如在司法管辖权范围外送达的令状，则由发出令状的法院确定被告同意应诉的时限。

（三）即决判决

1. 原告申请即决判决

可申请即决判决的情形。在文莱，原告可在法定的情况下，申请法院进行即决判决。即决判决是指无需陪审团听审而进行的判决。原告在已向被告送达诉状，而被告也已就诉讼同意应诉的前提下，可以以被告对包括在令状中的全部或部分请求无法抗辩为由，或以除损害赔偿款额外的全部或部分请求无法抗辩为由，向法院申请作出被告败诉的判决。但以下情况除外：（1）原告就永久形式诽谤、短暂形式诽谤、恶意诉讼、非法拘禁、诱奸或破坏婚约而提出请求的诉讼；（2）原告认为受欺诈而提出请求的诉讼；（3）其他法律规定的不可即决判决的情形。

2. 原告申请即决判决的方式

原告申请即决判决，必须依据由宣誓书支持的传票提出，而宣誓书则必须核实与申请所相关的全部或部分所依据的事实，并阐明宣誓人相信被告对该全部或该部分请求无法抗辩，或除损害赔偿款额以外的全部或部分事实无法抗辩。宣誓书可载有关于资料的陈述或所相信事实的陈述以及资料或所相信事实的来源和理由。传票、用以支持的宣誓书以及宣誓书中提及的物证副本，必须于被告呈交抗辩书日前10天或之前送达被告。

3. 法院对原告申请即决判决的处理

原告提出即决判决申请后，法院应进行审查，根据不同情况作出不同的处理：

（1）驳回申请

如果法院在审查中确信有以下情形，则应驳回该申请：第一，原告提出的申请不符合法律的规定；第二，全部或部分请求有应审讯的争端点或有争端的问题；第三，有应对该全部或部分请求予以审讯的其他理由。

（2）作出原告胜诉的判决

如果无上述情况，法院在考虑所请求的救济或补救性质后，可就全部或部分请求公正作出原告胜诉的判决。

（3）搁置执行

法院在作出即席判决后可裁定：在施加公正的条件后，搁置执行所作出的被告败诉的判决，直至被告在有关诉讼中提出的反诉审讯完毕为止。

（4）许可被告抗辩

被告可依据宣誓书或以法院满意的其他方法，对原告提出的即决判决申请提出反对的理由。法院可无条件或施加其认为适合的有关提供保证、审讯的时间或方式或其他方面的条件，而许可被告就该申请的全部或部分请求作出抗辩。

4. 被告提出反诉并申请作出简易判决

如果依据令状开始的诉讼中的被告已向原告送达反诉书，则被告可以以原告对该反诉中提出的全部或部分请求无法抗辩为理由，向法院申请就全部或部分请求作出原告败诉的判决。法院可以作出适当变通后，适用对原告提出即决判决申请的程序进行处理。

（四）审讯的方式和程序

1. 审讯的方式

在文莱，除法律另有规定外，民事诉讼案件或该案中所出现的任何疑问或争端点，可由一名法官或登记官开庭进行审讯。如果案件或相关事项所出现的疑问或争端点，不论是关于事实或法律或兼而有之，也不论是依据状书或其他方式提出，法院均可裁定在该案件或相关事项的审讯之前、之时或之后就该疑问或争端点进行审讯，并可就疑问或争端点的陈述方式作出指示。

2. 当事人未出庭的审理

如果当事人双方均没出庭，该诉讼可撤销，但此种撤销并不排除将该诉讼在法官的指示下重新列入有关审讯表内。当审理时，如其中一方没有出庭，法官可在其缺席的情况下进行该诉讼或反诉的审讯。

在一方缺席的情况下作出的任何判决、裁定或命令，可由法院依缺席一方的申请，按法院认为公正的规定而予以作废。缺席一方的申请必须在审讯后7天内提出。

3. 审理中陈述的次序

审理诉讼的法官可对当事人的陈述次序作出指示。除另有规定外，先开始一方及陈述次序须按如下顺序进行：

（1）原告首先开始陈述。

（2）如果被告选择不举证，而是盘问原告的证人或以其他方式提交文件，则原告也可在提供证据后作第二次陈述以结束其陈述，然后由被告进行陈述。

（3）如果被告选择举证，被告可在原告举证后开始陈述，并在自己举证后作第二次陈述以结束其陈述；在被告陈述结束后，原告可进行答辩。

（4）如果有2名或多于2名的被告各自出庭或各自有律师代表，则：第一，如被告选择不举证，各被告按照其姓名或名称在法庭记录中出现的次序进行陈述；第二，如各被告均选择举证，则各被告可按照前述次序开始陈述，而其举证也按照前述次序进行，在举证后，被告按相同的次序结束其陈述；第三，如部分被告选择举证，而另一部分被告选择不举证，则选择不举证的被告在原告人就其他被告陈述作答辩后，按照前述次序进行陈述。

（5）如果诉讼中所有争端点的举证责任均在于被告，或被告有2名或多于2名并各自出庭或各自有律师代表，而举证责任在于其中一名被告，则被告或该名被告有权首先开始陈述。

（6）如果并非有权作最终陈述一方在其陈述中提出新的法律论点或引用先前并未有引用的证据，则对方可再次陈述进行答辩，但这次陈述的内容只能关于该法律的论点或证据。

4. 法官的调查及登记官或适当司法官员的记录

审理任何案件或事实的法官，可调查与该案件事实所出现问题的任何有关的地方或检查任何与之有关的东西。因此产生的所有费用列入诉讼费。

法院的登记官或适当司法官员应当在审判记录上记载庭审的开始与结束时间，以及该审讯每天实际占用的时间。在诉讼的审讯完结时，登记官或适当司法官员应在审判记录上记载法官作出的判决，以及法官就诉讼费作出的裁定。

（五）判决及裁定

1. 判决、裁定及其送达

在审理案件或事实的基础上，法院作出的判决应在开庭审理或不开庭审理时向当事人送达，可当庭送达也可另定日期向当事人送达。作出判决的法官随后应书写作出此判决的理由，并送达各方当事人。在法院送达书面判决时，由法官签署的判决原件或副本应存档。登记处的官员应将法院作出的每一个判决或最终裁定的摘要登记在诉讼登记本上。

判决应遵循严格的形式，而裁定必须标注作出该裁定的法官或登记官的姓名并加盖印章。要求当事人作出一定行为的判决或裁定，必须明确限定送达后应履行的时限。如果判决或裁定要求当事人作出的行为是向某人支付一定数量的金钱，或转移不动产的占有，或转让动产，则不必在判决或裁定中明确限定履行的时限，但法院也可以根据案情作出限定。

2. 法院判决或裁定作出、宣告或给出的日期，但法院也可以根据案情裁定其他早些或晚些的日期

（六）判决及裁定的强制执行

1. 支付款项的判决的强制执行

除非法定的其他支付款项的判决或裁定，而且并非向法院缴存款项的判决或裁定，否则可用以下一种或多种方法强制执行。

（1）扣押和出卖财产令状。

（2）对案外债务人的法律措施。

（3）动产扣押令。

（4）委任接管人。

（5）交付羁押令。

向法院缴存款项的判决或裁定可用以下一种或多种方法强制执行：委任接管人；交付羁押令；暂时扣押令状。

2. 对领土外居住的人付款的裁判的执行

被裁决、裁定或者命令所要求向领土外居住的人付款或信用支付的人，必须无条件地根据已履行的条件向法院缴款，除非外汇管理官员已经依据外汇管制法案规定为支付提供许可之外。缴款人应当按照应缴总额向法院充分履行，且对于已向法院充分缴纳的款项不得通过判决、裁定或裁决强制执行。向法院缴款的事实应向原告、原告的律师以及根据判决、裁定或裁决有必要进行通知的其他的人通告。

3. 占有不动产的判决的强制执行

给予不动产的占有的判决或裁定可用占有令状或交付羁押令，或者两者并用进行强制执行。强制执行一项给予任何不动产的占有的判决或裁定的占有令状，除非是在适用的抵押诉讼中作出，否则未经法庭许可不得发出。除非有证明显示，实际占有该不动产的全部或部分的人均已收到相关法律程序的通知，而法院也确信他们可向法院申请其有权获得的任何救济，否则法院不得批准发出令状。

第三节　仲裁解决途径

文莱于1994年颁布仲裁法，正式批准1958年在纽约制定的《承认和执行外国仲裁裁决公约》在文莱生效。文莱仲裁法第二部分规定仲裁协议必须采取书面形式。而且应该从广泛和实际的角度来理解文莱仲裁法第二部分的含义，该部分并不意味着当事人必须签署书面协议。文莱仲裁法以英国1950年的旧版仲裁法而不是以联合国国际贸易法委员会关于国际商业仲裁的法律为基础。从传统上来说，文莱大多数成文法基于英国法律。虽然文莱仲裁法和联合国国际贸易法委员会关于国际商业仲裁的法律在众多根本性原则上是一致的，但是两者实际上仍有显著差异。

根据文莱现行仲裁法规定，如果一方当事人依据合同条款和另一方当事人也认可的仲裁协议条款提起诉讼要求确认合同，则即使其中一方当事人未实际签署合同，双方当事人仍受仲裁条款的约束。文莱仲裁法第四部分规定文莱法院对于1958年纽约公约成员国作出的仲裁裁决应予承认和执行，除非有对该仲裁裁决不予执行的确切理由。

外国法院判决在文莱的执行受1996年关于执行外国法院判决实行对等原则的法律和普通法规则的规范。1996年关于执行外国法院判决实行对等原则的法律（2000年重新修订）是文莱国内唯一规范对与文莱实行对等原则的国家之法院判决在文莱自动立案和执行的成文法。

在文莱执行外国法院判决实行对等原则，文莱法院将据此自动承认和执行任何相应承认和执行文莱法院判决国家作出的民事和涉及金钱给付的判决。外国法院的判决在文莱立案后就进入自动执行状态。对等原则意指只要外国法院执行文莱法院作出的判决，则文莱法院也会在文莱执行该国法院作出的判决。

如果外国法院作出的判决具有惩罚的性质，则文莱法院不会执行该判决。如果某项判决本身只是承认以往的外国法院判决，则该判决可予以执行，只要该判决符合文莱关于执行外国法院判决的法律。针对文莱政府的外国法院判决可予执行，但是涉及文莱主权豁免权的判决除外。

一、民商事仲裁主体

（一）民商事仲裁庭的组成

1. 组成人数

当事人有权确定仲裁员的人数，当事人未确定的，应由独任仲裁员进行仲裁。

2. 仲裁庭的组成规则

（1）当事人有权协商确定仲裁员的程序。

（2）若当事人没有达成一致意见，则由3名仲裁员进行仲裁，每一方当事人可以指定一名仲裁员，然后双方当事人协商确定第3名仲裁员；或者由独任仲裁员进行仲裁。

（3）若一方当事人在接到另一方当事人关于指定仲裁员的第一次要求后的30日内未指定仲裁员；或者双方当事人在接到对方通知后未能达成一致，则由指定仲裁员的机构指定。

（4）若在双方协商确定的仲裁员程序中，一方当事人未按照此程序的要求行事；双方当事人无法达成预期的协议，除非有关仲裁员指定协议提供了其他确保指定仲裁员的程序，否则，任何一方有权指定仲裁员的机构指定仲裁员。

（5）除非根据本法，否则不得针对指定仲裁员的机构所进行的指定提出任何异议。

（二）仲裁庭的效力

1. 指定专家的权利

除非当事人另有约定，否则仲裁庭应当指明一名或者多名专家就仲裁审理的特定事项向仲裁庭作出报告；并且要求当事人提供相关信息，或者提交相关文件或者物品。

除非当事人另有约定，否则一方当事人要求或者仲裁庭认为有必要，指定的专家应当在提交其书面或者口头报告后，参加审理程序。

2. 仲裁庭的一般权力

（1）当事人可以协商确定与仲裁程序相关的权力。

（2）在不损害当事人根据第28条第1款授予仲裁庭的权力的前提下，仲裁庭有权向任何当事人发出命令：提供仲裁担保；公布文件或者审讯记录；对当事人或者证人的宣誓进行审查；为仲裁程序之目的扣押、保管的任何证据。

（3）经法院许可，仲裁庭在仲裁过程中发出的所有命令或者指示具有与法院发布的命令相同的执行力。

（4）仲裁庭不得仅仅因为以下原因而命令申请人提供仲裁法第28条第2款规定的仲裁费用担保。

3. 不支付费用时仲裁庭拒绝裁决的权利

若当事人未完全支付仲裁员的报酬以及相关费用，仲裁庭有权拒绝公布仲裁裁决。

4. 仲裁员的报酬

仲裁当事人应当共同连带地向仲裁员支付其合理地报酬或费用。除非仲裁庭的报酬已由书面的协议固定或者此种协议约定，由当事人协商同意的人或者机构对仲裁庭报酬进行核对，否则仲裁的任何一方当事人均可请求最高法院的登记官对此报酬进行核定。

除非当事人另有约定，否则任何一方当事人不得因为国籍原因而被禁止担任仲裁员。

（三）仲裁员的披露和回避

1. 回避的理由

（1）任何有可能被任命为仲裁员的人均应当披露有可能导致对其公正性、独立性产生合理怀疑的情形。

（2）除非已经通知当事人，否则仲裁员应当在其被指定时直至仲裁结束全过程，毫不迟疑地将仲裁法第14条第1款中规定的情形披露给双方当事人。

（3）根据仲裁法第14条第4款，存在以下情形可以对仲裁员提出异议：存在导致对其公正性或独立性产生合理怀疑的情形；或者该仲裁员不具备双方当事人所约定的资格。

2. 回避的程序

（1）根据仲裁法第15条，当事人可以协商确定对仲裁院提出异议的程序。

（2）若当事人未就异议程序达成一致，意图对仲裁院提出异议的当事人可以在得知仲裁庭组成后的15日内，向仲裁庭提交记载有异议的书面声明。

（3）若异议未得到仲裁庭的支持，受害人可在接到驳回异议申请决定后的30日内对异议进行裁决。

（四）仲裁员任期的终止

1. 仲裁员任期终止的情形

（1）仲裁员的权利因死亡而终止。

（2）当事人撤销仲裁员的任职，或者仲裁员因特殊理由而放弃资格。

（3）双方当事人同意终止的。

2. 仲裁员的替换

（1）仲裁员在法律上或事实上不能履行其职责，或者没有按照本规则的要求或在规则规定的期限内履行应尽职责时，仲裁委员会主任有权自行决定将其更换；该仲裁员也可以主动申请不再担任仲裁员。

（2）仲裁员因死亡、除名、回避或者由于自动退出等其他原因不能履行职责时，应按照原选定或者指定该仲裁员的程序，在仲裁委员会规定的期限内选定或者指定替代的仲裁员。

（3）替代的仲裁员选定或者指定后，由仲裁庭决定以前进行过的全部或部分审理是否需要重新进行。

（4）是否替换仲裁员，由仲裁委员会主任作出终局决定并可以不说明理由。

（五）仲裁员的责任

以下情形仲裁员不承担责任：仲裁员在其能力范围内为或者不为某行为上存在过失；或者仲裁过程中作出裁决的过程存在法律、事实或程序上的错误。

二、民商事仲裁协议以及仲裁管辖权

（一）仲裁协议的概念和类型

1. 仲裁事项

在供货合同中，是将因产品质量问题引起的争议，还是因产品数量问题引起的争议，或是因整个供货合同引起的争议提交仲裁解决，应在仲裁协议中明确。仲裁机构只解决仲裁事项范围内的争议。如当事人约定“就产品质量问题引起的争议提交仲裁”，这一约定就排斥了对因货物数量问题引起的争议进行仲裁的可能性。在具体约定时，对于已经发生的争议事项，其具体范围比较明确和具体，因而较容易约定；对于未来可能性争议事项要提交仲裁，应尽量避免在仲裁协议中作限制性规定，包括争议性质上的限制、金额上的限制以及其他具体事项的限制，采用宽泛的约定，如可以笼统地约定“因本合同引起的争议”。这样有利于仲裁机构全面迅速地审理纠纷，充分保护当事人的合法权益。

2. 仲裁协议的效力

（1）对双方当事人的法律效力——仲裁协议对当事人的法律效力表现为：约束双方当事人对纠纷解决方式的选择权。

仲裁协议一经有效成立，即对双方当事人产生法律效力，双方当事人都将受到他们所签订的仲裁协议的约束。发生纠纷后，当事人只能通过向仲裁协议中所确定的仲裁机构申请仲裁的方式解决该纠纷，而丧失了就该纠纷向法院提起诉讼的权利。

（2）对法院的法律效力——仲裁协议对法院的法律效力表现为：仲裁协议排除法院的司法管辖权。

（3）对仲裁机构的法律效力——仲裁协议对仲裁机构的法律效力表现为：授予仲裁机构仲裁管辖权并限定仲裁的范围。

（二）民商事仲裁管辖权

1. 仲裁程序中的管辖权异议

仲裁管辖权异议是指仲裁协议当事人一方在规定的时间内通过对仲裁庭审理争议案件并作出裁决的权力提出抗辩，以否定仲裁庭管辖权的制度。

（1）提出管辖权异议的时限

在文莱商事仲裁中，当事人如果对仲裁机构或仲裁庭的管辖权有异议，应及时提出。当事人善意地行使管辖权抗辩的权利，有助于保证仲裁程序在尊重当事人意愿及法律规定的基础上进行，也有助于仲裁庭及时准确审视并确定自己的管辖权。

（2）抗辩管辖权的理由

根据在确定仲裁管辖权时主要考虑的三个因素，抗辩仲裁管辖权的理由主要可以分为三类：对仲裁协议效力的异议；对仲裁机构及仲裁庭权限的异议和对仲裁范围的异议。

2. 法院对异议的处理

若法院根据仲裁法第6条第2款之规定发出了中止诉讼程序的命令，为保护双方当事人权利之考虑，在其认定为对作为与中止诉讼程序命令相关的纠纷标的之全部或者部分的任何财产合适的情况下，该法院应发出临时或者补充命令。

若仲裁当事人未在法院发出中止程序命令后两年内采取进一步的行为，在不损害任何一方申请中止诉讼程序的当事人利益的情况下，该法院应当依职权恢复被中止的诉讼程序。

如诉讼程序相关财产已经遭扣押或者进行了担保或者采取了其他保全措施以使其免遭扣押，根据仲裁法第6条之规定中止了诉讼程序的法院应当发出如下命令：未履行仲裁决定而保持对该财产的扣押状态，或者为履行仲裁决定，程序的中止状态视等效安全条款而定。

（三）撤销与执行裁决程序中的管辖权抗辩

法院对仲裁管辖权审查后，可能得出两个极端的结论：其一，法院认为仲裁庭的管辖权完全成立，如不存在其他异议或疑问，裁决将发生法律效力；其二，法院认为仲裁庭的管辖权完全不成立，无论是否还有其他异议或疑问，裁决将被撤销或者被拒绝执行。除以上两种极端情况外，法院的审查结论还有可能是仲裁庭超越其管辖权作出裁决或者没有充分地行使管辖权即漏裁，其相应的后果也不完全一样。

三、民商事仲裁程序

（一）提交誓言和文件

各方当事人和分别通过当事人提出主张的所有人，在不抵触法律上的禁止规定的情况下，都应当提交一份关于争议的誓言或誓词供仲裁员或者公断人审查，并且按照要求接受传讯。

（二）证人的出庭

只要证人在文莱境内，法院的法官就可以发出令状，强迫证人出席仲裁，仲裁员或者公断人有权根据协议的职权范围，管理各方当事人的誓言。

（三）法院在仲裁中的权力

法院为了仲裁的目的，如同在诉讼中一样，有权作出以下命令：

（1）仲裁费用的担保；

（2）公布文件和质询书；

（3）通过宣誓书，提供证据；

（4）审查出现在法庭官员面前的任何证人誓言，并且发出委托书或者请求，审查其管辖权之外的证人；

（5）留置、扣押或者出售仲裁标的的任何物品；

（6）担保仲裁中的争议金额；

（7）扣押、留置或者检查作为仲裁标的物或者可能出现问题的财产。

（8）发出临时强制令或者指令一名接管人。

四、仲裁裁决

（一）作出裁决的时间

仲裁员或者公断人有权随时作出最初裁决，但在仲裁裁决被法院裁定发回重新仲裁时，则必须在裁定作出之日3个月内重新作出裁决。法院或者法院法官可以延长作出裁决的时间，无论该事件是否过期。

应任何一方仲裁当事人的申请，法院可以撤销一名没有全力、合理、迅速介入仲裁并作出裁决的仲裁员或公断人的职务。

（二）仲裁裁决的效力

仲裁员或者公断人作出裁决后，具有与法院相当的效力，可以命令强制履行除了与土地或者土地权益相关的任何合同。仲裁裁决的效力相当于法院判决，根据仲裁协议作出的裁决，经法院或者法官的许可，可以按照与判决相同的方式进行。

五、仲裁费用及其评定

（一）仲裁费

（1）仲裁员或者公断人有权酌情确定仲裁费。

（2）当事人不得在仲裁协议中约定自行支付仲裁费。

（3）当事人可以要求仲裁员作出关于仲裁费的裁决。

（二）仲裁费用的评定

如果仲裁员或者公断人因为仲裁费没有得到支付而拒绝发放裁决书，则法院可以应当事人的申请，命令该仲裁员或者公断人在申请人向法院缴纳仲裁费用之后向申请人发放仲裁书。并且进一步命令由一名诉讼费用评定官来评定仲裁费，评定官可以确定合理的金额支付给仲裁员或者公断人，仲裁费可以按照诉讼的评定方式审议。

六、司法审查

（一）仲裁协议的上诉

在符合下列条件时，仲裁的当事人可以提出上诉：

（1）所有其他仲裁当事人同意。如果仲裁协议的当事人都决定将仲裁上诉，则法院可对该裁决上诉。

（2）当事人没有达成过符合法律规定的排除上诉的协议，并且得到法院的许可。

（二）对公约仲裁裁决的执行

文莱加入了1958年6月10日在纽约通过的《关于承认和执行外国仲裁裁决公约》，因此在《纽约公约》缔约国境内作出的仲裁裁决，除非文莱仲裁法明确了排除，否则文莱法院可应当事人的申请，承认并执行该仲裁裁决。

1. 公约仲裁裁决的效力

要么通过诉讼，要么经过法院许可，由一名仲裁员作出的公约裁决，可以执行。

2. 要求执行公约仲裁裁决应出示的证据

当事人要求文莱法院执行公约仲裁裁决，应当出示以下证据：

（1）经过正式认证的裁决书正本或者妥善证明的副本；

（2）仲裁协议正本或者妥善证明的副本；

（3）如果裁决书或者协议是外文，则应当出示经过政府官员、或做过宣誓的翻译、或外交领事代理人公正的译文。

3. 执行的拒绝

文莱《仲裁法规定》，如果出现以下情况，可以拒绝执行公约裁决：

（1）仲裁协议的一方，无充分的法律行为能力；

（2）根据各方当事人所选择的适用法律，或者在没有选择的情况下，根据裁决作出的法律，该仲裁协议无效；

（3）裁决处理了不希望提交仲裁的争议，或者不属于应该提交的争议等；

（4）仲裁庭的组成或者仲裁程序不符合各方的协议，或者不符合仲裁发生地国家的法律，或者没有这种协议；

（5）裁决对各方还没有约束力，或者已经被仲裁适用法律的国家废除或者搁置等。

主要参考文献

（一）中文文献

1. 专著

[1] 陶晴，安树昆．文莱达鲁萨兰国经济贸易法律指南．北京：中国法制出版社，2006：215–220.

[2] 梁立俊，莫洁玲．文莱社会文化与投资环境．广州：世界图书出版公司，2012：179.

[3] 罗殿龙．投资东盟国家法律问题研究．北京：法律出版社，2013.

[4] 陈志叔，米良．东盟国家对外经济法律制度研究．昆明：云南大学出版社，2006：140–150.

[5] 呼书秀．中国与东盟发展相互投资的法律机制研究．北京：北京大学出版社，2005：108–115.

[6] 廖东声，熊娜．中国・东盟经贸关系研究丛书：中国・东盟相互投资制度研究．北京：北京理工大学出版社，2013：90–100.

[7] 刘志雄.中国—东盟相互投资的效应及影响研究．北京：北京理工大学出版社，2013：40–50.

[8] 刘卉．中国东盟自由贸易区的外商直接投资效应与中国的引资策略研究．北京：经济科学出版社，2014：120–130.

[9] 张文山．东盟国家的产业政策与法律制度．南宁：接力出版社，2005.

[10] 李建伟．中国与东盟双向投资合作研究．北京：中国社会科学出版社，2012：100–110.

[11] 张晓君．中国—东盟法律评论第二卷第一期．厦门：厦门大学出版社，2013：65–137.

[12] 陶晴，安树昆主编．文莱达鲁萨兰国经济贸易法律选编．北京：中国法制出版社，2006.

[13] 蒋满元．东南亚经济与贸易．长沙：中南大学出版社，2012：50–60.

［14］杨临宏总主编．东盟国家金融法律制度研究(云南大学法学文库)．北京：中国社会科学出版社，2008：170–189.

［15］杨玉梅主编．东南亚国家商务法律制度概论．北京：法律出版社，2012：231–272.

［16］马金案，黄斗主编．文莱国情与中国—文莱关系．北京：世界知识出版社，2008：1，6–7，9，125–126.

［17］邵建平，杨祥章．文莱概论．北京：世界图书出版公司，2012：8，121–122.

［18］刘树森．中国—东盟自由贸易区丛书1（政策篇）．南宁：广西师范大学出版社，2009：3–18，179–213.

［19］李荣林，宫占奎，孟夏．中国与东盟自由贸易区研究．天津：天津大学出版社，2007：1–20.

［20］汪德荣，严志强，彭定新．中国—东盟贸易概论．北京：中国财富出版社，2011：20–40.

［21］米良，周麟．东盟国家公司法律制度研究．北京：中国社会科学出版社，2008：287–317.

［22］刘树森．中国—东盟自由贸易区丛书3（解读篇）．南宁：广西师范大学出版社，2009：37–46.

［23］李莉，乔欣．东盟国家商事仲裁制度研究．北京：中国社会科学出版社，2012：229–252.

2. 期刊论文

［1］黄瑛，罗传钰，黄琴．文莱经济社会发展与“一带一路”建设的互动分析．东南亚纵横，2015（11）：17–18.

［2］马静，马金案．文莱：2011～2012年回顾与展望．东南亚纵横，2012（3）：12–14.

［3］马静，马金案．文莱：2013年发展回顾与2014年展望．东南亚纵横，2014（2）.

［4］马静，马金案．文莱：2014年回顾与2015年展望.东南亚纵横，2015（3）.

［5］康霖．文莱南海政策评析．新东方，2014（4）.

［6］柳思思．伊斯兰教的“和平”与“中道”理念——伊斯兰教对于文莱政治社会发展的作用．东南亚研究，2013（2）.

[7] 宋锡祥，周聖．TPP关于投资者——国家争端解决的最新规制及其对中国的影响．国际商务研究，2016（4）：11，16.
[8] 杨果． TPP对我国经济的影响及策略选择．经济纵横，2016（6）.
[9] 彭基兰·卡里姆·彭基兰·哈齐·奥斯曼，苏莹莹，梁燕.从考古遗迹看文莱—中国友好关系．南洋资料译丛，2015（2）.
[10] 周雨思，阮雯，王茜，等．文莱渔业近况与发展趋势．渔业信息与战略，2013（4）.

（二）浏览的官方网站

[1] 新华网http：//www.xinhuanet.com
[2] 南博网http：//www.caexpo.com
[3] 中华人民共和国驻文莱大使馆网站http：//bn.china-embassy.org/chn
[4] 中华人民共和国驻文莱大使馆经济商务参赞处网站http：//bn.mofcom.gov.cn
[5] 中华人民共和国商务部网站http：//www.mofcom.gov.cn
[6] 中华人民共和国外交部网站http：//www.fmprc.gov.cn/web
[7] 文莱外交部网站http：//www.mofat.gov.bn/site/Home.aspx
[8] 文莱首相署网站http：//www.pmo.gov.bn/Theme/Home.aspx
[9] 中国新闻网http：//www.chinanews.com
[10] 中国日报网http：//cn.chinadaily.com.cn
[11] 广西新闻网http：//www.gxnews.com.cn
[12] 人民网http：//opinion.people.com.cn